풍성한 복을 누리게 하십니다.

가스펠 프로젝트

구약 **3**

약속의 땅
청장년 인도자용

지은이 · LifeWay Adults
옮긴이 · 손정훈
감수 · 김병훈, 이희성, 신대현
초판 발행 · 2017년 5월 25일
2판 1쇄 발행 · 2023년 10월 16일
등록번호 · 제1988-000080호
등록된 곳 · 서울특별시 용산구 서빙고로65길 38
발행처 · 사단법인 두란노서원
영업부 · 02-2078-3352, 3452, 3781, 3752 FAX 080-749-3705
편집부 · 02-2078-3437
디자인 · 땅콩프레스

책값은 뒤표지에 있습니다.
ISBN 978-89-531-4593-1 04230 / 978-89-531-4583-2(세트)

가스펠 프로젝트 홈페이지 · gospelproject.co.kr
두란노몰 · mall.duranno.com

차례

3

The Promised Land

발간사

두란노서원을 통해 라이프웨이(LifeWay)의 《가스펠 프로젝트》 성경 공부 교재 시리즈를 발간할 수 있도록 인도하신 하나님께 감사드립니다. 험한 소리로 가득한 세상에 이 책을 다릿돌처럼 놓습니다. 우리 삶은 말씀을 만난 소리로 풍성해져야 합니다. 주님을 만난 기쁨의 소리, 진실 앞에서 탄식하는 소리, 죄를 씻는 울음소리, 소망을 품은 기도 소리로 가득해야 합니다.

《가스펠 프로젝트》는 신구약을 관통하는 예수 그리스도의 복음을 발견하고, 그 가르침을 삶에 적용하는 지혜를 얻도록 기획한 성경 공부 교재입니다. 어린아이부터 어른에 이르기까지 생애주기에 따른 복음 메시지를 잘 배울 수 있습니다. 또한 거짓 진리가 미혹하는 이 시대에 건강한 신학과 바른 교리로 말씀을 조명해 성도의 신앙이 좌로나 우로나 치우치지 않도록 돕습니다.

두란노서원은 지금까지 "오직 성경, 복음 중심, 초교파적 관점"을 바탕으로 한국 교회와 성도를 꾸준히 섬겨 왔습니다. 오직 성경의 정신에 입각해 책과 잡지를 출판해 왔으며, 성경에 근거한 복음 중심의 신학을 포기한 적이 없습니다. 그리고 교단과 교파를 초월해 교회와 성도가 하나님의 나라를 바라볼 수 있도록 돕기 위해 노력해 왔습니다. 《가스펠 프로젝트》는 두란노가 지켜 온 세 가지 가치를 충실하게 담은 책입니다.

성경은 구원을 위한 책이며, 구원사의 주인공은 예수 그리스도입니다. 창세기부터 요한계시록까지 오직 예수 그리스도의 복음만을 전하는 《가스펠 프로젝트》 성경 공부 교재를 통해 복음의 은혜와 진리를 깊이 경험하고, 복음 중심의 삶이 마음 판에 새겨지기를 바랍니다. 그리고 예수 그리스도 복음에 굳게 선 한 사람의 영향력이 가정과 교회와 사회에 흘러감으로써 거룩한 하나님 나라가 확산되어 가기를 소망합니다.

두란노서원 원장 이 형 기

감수사

✝   두란노가 출간하는 《가스펠 프로젝트》는 무엇보다도 전통적으로 교회가 풀어 온 흐름을 충실히 따라 성경을 해설하고 있습니다. 그리고 그 방향은 궁극적으로 예수 그리스도를 향해 나아가고 있습니다. 이것은 예수님이 구약과 신약의 모든 성경이 자신을 가리키고 있다고 하신 말씀에 비추어 매우 타당한 것입니다. 게다가 그리스도 중심적 해설을 무리하게 전개하지 않습니다. 각 본문에서 하나님의 구원 언약과 그것을 실현하시는 하나님을 드러내면서, 그리스도의 예표적 설명이 가능한 사건을 놓치지 않고 풀어내고 있습니다.

성경 공부 교재는 명시적으로 혹은 암시적으로 제시하는 교리적 진술이 교리 체계상 건전해야 합니다. 《가스펠 프로젝트》는 99개 조에 이르는 핵심교리들을 일목요연하게 제시해 교리의 건전성을 확인할 수 있도록 도움을 줍니다. 《가스펠 프로젝트》의 교리는 교파를 막론하고, 예수 그리스도의 복음에 충실한 복음주의 교회들에게 환영받을 만합니다. 물론 교파마다 약간의 이견을 갖는 부분들이 있을 수 있겠지만 각 교회에서 교재를 활용하는 데는 무리가 없을 것입니다. 《가스펠 프로젝트》의 특징은 각 과에서 학습한 내용을 핵심교리와 연결해 주며, 그 결과 그리스도의 복음에 관련한 교리적 이해를 강화시킨다는 데 있습니다.

끝으로 《가스펠 프로젝트》는 어떤 성경 주해서나 교리 학습서가 갖지 못하는 훌륭한 장점을 가지고 있습니다. 그것은 학습자를 하나님과 그리스도의 복음 앞으로 나오도록 이끌며 자신의 신앙과 삶을 돌아보도록 하는 적용의 적실성과 훈련의 효과입니다. 아울러 본문과 관련해 교회사적으로 또 주석적으로 중요한 신학자와 목사의 어록과 주석을 제시하고, 심화토론 질문들(인도자용)과 선교적 안목을 열어 주는 적용 질문들을 더해 준 것은 《가스펠 프로젝트》에서 얻을 수 있는 큰 유익입니다.

추천할 만한 마땅한 성경 공부 교재를 찾기가 쉽지 않은 현실에서 《가스펠 프로젝트》는 성경을 개괄적으로 매주 한 과목씩, 3년의 기간 동안 일목요연하게, 그리고 그리스도 중심적으로 공부하도록 이끌어 준다는 점에서, 한국 교회의 기초를 성경 위에 놓는 일에 큰 공헌을 할 것으로 믿어 의심치 않습니다.

김병훈 _ 합동신학대학원대학교 조직신학 교수

✚　　아모스 선지자가 타락의 일로를 걷고 있었던 북이스라엘을 향해 선포한 메시지가 생각납니다. "보라 날이 이를지라 내가 기근을 땅에 보내리니 양식이 없어 주림이 아니며 물이 없어 갈함이 아니요 여호와의 말씀을 듣지 못한 기갈이라"(암 8:11). 주전 8세기 아모스 선지자의 외침이 오늘 이 시대에 다시 메아리쳐 오고 있습니다. 온갖 이단들이 영적으로 갈급한 성도들을 향해 검은손을 내밀고 있습니다. 이들은 성경 구절을 단편적으로 이해하고 왜곡해 교리를 구축한 후 성도들을 혼란에 빠뜨리고 있습니다. 두란노의 《가스펠 프로젝트》는 성도들이 겪고 있는 이러한 갈증을 해소해 줄 수 있는 참으로 유익한 성경 공부 교재입니다.

첫째, 《가스펠 프로젝트》는 성경 전체 흐름과 문맥에 따라 구성되어 성경의 큰 그림을 볼 수 있도록 도와줍니다. 또 성경 각 본문의 의미를 깊이 이해할 수 있도록 해당 분야의 전문 성경 신학자들의 주석적 견해를 잘 소개하고 있습니다. 둘째, 본문 연구와 함께 관련 핵심교리들을 적절하게 소개해 성경과 교리를 연결할 수 있습니다. 또 모든 세션에서 그리스도와의 연결점을 찾아 제시함으로써 구약 본문을 통해서도 복음을 깨달을 수 있습니다. 성경 공부 전 과정을 마치면 성도들이 복음에 대한 견고한 믿음을 가지게 될 것입니다. 셋째, 성경 공부를 통한 적용의 초점을 선교에 맞추어 성도들이 삶의 현장에서 복음의 증인으로서의 사명을 감당할 수 있게 도와줍니다. 마지막으로 주일학교에서 장년에 이르기까지 동일한 주제와 본문으로 성경을 공부하도록 구성했기 때문에 모든 교인이 한 말씀 안에서 한 믿음의 공동체를 이루며 성숙해 가는 영적 부흥을 경험하게 될 것입니다.

두란노의 《가스펠 프로젝트》를 통해 말씀이 갈급한 기근의 시대에 영적 해갈의 기쁨을 경험하시기 바랍니다.

이희성 _ 총신대학교 신학대학원 구약학 교수

✝ '가스펠 프로젝트'는 성경 안에 나타난 하나님의 구원 계획-실행-완성이라는 일련의 진행을 잘 요약한 말입니다. 구원의 소식은 예수 그리스도께서 오셨을 때 비로소 전해진 것이 아니라 창세 이전에 그리스도 안에서 하나님의 지혜로 계획된 것입니다. 이 복음 계획은 구약 역사가 진행되면서 더 구체적으로 알려졌고, 하나님의 아들 예수 그리스도께서 이 땅에 오심으로써 완전히 드러났습니다. 이 복음으로 하나님의 백성이 모두 구원을 받을 것이며, 그제야 세상에 끝이 오고 하나님의 가스펠 프로젝트는 완성될 것입니다. 두란노의 《가스펠 프로젝트》는 이러한 큰 그림을 염두에 두고 시대를 따라 진행되는 하나님의 구원 계획을 체계적으로 다루고 있습니다. 각 세션의 시작과 끝에 두 개의 푯대, 즉 '신학적 주제'와 '그리스도와의 연결'을 제시해 세션이 다루는 내용이 구원 역사의 큰 진행에서 어느 지점에 해당되는지 알려 줍니다. '신학적 주제'는 본문에서 하나님의 가스펠 프로젝트의 어느 지점에 주목해야 하는지 알려 주며, '그리스도와의 연결'은 이 지점이 가스펠 프로젝트 전체와 어떻게 연결되는지 확인시켜 줍니다. 가스펠 프로젝트의 부분과 전체를 아는 지식을 동시에 배워 가면서 이 시대를 향한 단기 비전과 앞으로 임할 하나님 나라에 대한 장기 비전을 함께 가질 수 있습니다. 《가스펠 프로젝트》는 이 비전들을 구체적으로 가질 수 있도록 매 세션 끝에 '하나님의 계획, 우리의 사명'을 두고 있습니다.

《가스펠 프로젝트》의 또 다른 큰 특징은 교회 안에 여러 세대를 그리스도 안에서 하나님의 말씀으로 연결해 준다는 것입니다. 장년, 청소년, 그리고 어린이들이 매주 동일한 본문 말씀을 배움으로써 그리스도 안에서 하나의 교회 전통을 세워 갈 수 있으며, 교회와 가정에서 동일한 하나님의 말씀으로 소통하며 언어가 같은 하나님 나라 백성의 삶을 체험할 수 있습니다.

《가스펠 프로젝트》는 성경의 한 부분에만 머물러 있는 우리의 생각을 그리스도 안에서 넓혀 주고, 분열된 세대들의 생각을 그리스도 안으로 모아 줍니다. 한국 교회 성도들이 두란노의 《가스펠 프로젝트》를 통해 예수 그리스도를 아는 지식에서 자라 가고, 모든 믿음의 세대가 그리스도 안에서 아름다운 신앙의 전통을 이어 가는 일들이 일어나길 소망합니다.

신대현 _《가스펠 프로젝트》 주 강사

추천사

✚　　우리 시대의 전 세계적 교회 부흥은 두 가지 샘을 가지고 있습니다. 한 샘은 오순절 부흥 운동의 샘입니다. 이 샘으로 많은 시대의 목마른 영혼들이 목마름을 해갈했습니다. 또 하나의 샘은 성경 연구의 샘입니다. 남침례교 주일학교 운동은 이 샘의 개척자입니다. 이 샘으로 지금도 많은 성도가 목마름을 해갈하고 있습니다. 미 남침례교 라이프웨이 출판사는 이러한 사역을 충실히 감당해 왔습니다. 《가스펠 프로젝트》는 모든 필요를 공급하는 원천이 될 것입니다. 《가스펠 프로젝트》로 한국 교회의 목마름이 해갈되기를 기도합니다. 《가스펠 프로젝트》는 쉬우면서도 결코 피상적이지 않습니다. 믿음의 단계를 따라 하나님의 자녀들에게 꼭 필요한 복음의 진수를 맛보게 해 줄 것입니다. 이 체계적인 교재로 이 땅에 새로운 영적 르네상스가 일어나기를 기대합니다.

이동원 _ 지구촌교회 원로 목사, 지구촌 미니스트리 네트워크 대표

✚　　《가스펠 프로젝트》는 예수 그리스도 중심, 즉 복음 중심의 제자 양육 교재입니다. 복음은 구원하는 능력뿐만 아니라 삶을 변화시키는 능력입니다. 성도들을 변화와 성숙으로 이끌어 주는 귀한 교재가 조국 교회와 이민 교회에 소중하게 쓰임받기를 바랍니다. 특별히 이민 2세들은 영어 교재 원본을 사용할 수 있는 까닭에 큰 도움이 될 것입니다.

강준민 _ LA 새생명비전교회 담임 목사

✛　　　성경은 예수 그리스도를 중심으로 하는 하나님의 구원 이야기입니다. 성경을 가르치는 일은 하나님의 구원에 동참하는 하나님의 사람을 만드는 일이며, 하나님의 사람의 탁월한 모델은 바로 예수 그리스도입니다. 《가스펠 프로젝트》는 예수 그리스도를 중심으로 성경을 배웁니다. 성경이 어떻게 그리스도와 연결되어 있는지, 또 성도의 삶이 그리스도를 중심으로 하는 하나님의 구원 계획에 어떻게 연결되어야 하는지 구체적으로 제시합니다.

특히 《가스펠 프로젝트》는 하나의 본문을 각 연령에 맞게 구성한 교재를 제공해 하나의 본문으로 전 세대를 연결하고, 가정과 교회를 하나 되게 합니다. 신앙의 전수가 중요한 시대에 성도와 교회와 가정이 한마음으로 다음 세대를 준비시키기에 적합합니다. 특히 가정에서 부모가 자녀와 말씀으로 대화를 나눌 수 있게 해 자녀 신앙 교육에 도움이 될 것입니다.

《가스펠 프로젝트》가 주일학교부터 장년에 이르기까지 전 교회와 성도의 각 가정에서 사용되어 예수 그리스도를 통한 하나님의 가스펠 프로젝트가 성취되기를 기도하면서 기쁨과 확신으로 추천합니다.

이재훈 _ 온누리교회 담임 목사

✛　　　하나님의 말씀은 생명을 살리고 힘 있게 하는 능력이 있습니다. 그래서 사역 현장에서는 그것을 효율적으로 전해 주고 가르칠 수 있는 좋은 방법과 교재에 늘 목말라합니다. 그런 점에서 연령대에 맞게 체계적으로 준비되어 사역 현장의 필요를 잘 충족해 줄 교재가 출간되어 기쁩니다. 사역의 현장에서 유용하게 활용되어 복음의 생명력과 역동성을 누리게 되기를 기대하며 추천합니다.

김운용 _ 장로회신학대학교 실천신학 교수

✝ 　성경은 하나님의 말씀입니다. 말씀 중의 말씀, 복음은 예수 그리스도 이십니다. 《가스펠 프로젝트》는 하나님의 말씀으로 우리를 초청해서 예수 그리스도를 만나게 하고 사랑하게 만드는 훌륭한 교재입니다. 《가스펠 프로젝트》의 매력은 하나의 커리큘럼을 가지고 연령대에 적합하게 공부하도록 제공한다는 점입니다. 자녀들이 교회 학교에서, 부모들이 소그룹에서 말씀을 공부한 후 저녁 식탁에 둘러앉아 예수님에 대해 함께 나눌 수 있다는 것은, 상상만 해도 너무나도 멋지고 복된 일입니다.

김지철 _ 전 소망교회 담임 목사

✝ 　예수님은 친히 요한복음 5장 39절에서, 모든 성경은 예수님 자신에 대한 증거라고 말씀하셨습니다. 그럼에도 불구하고, 성도들은 그 속에서 예수님이라는 보석을 쉽게 찾아 내지 못하고 있습니다. 《가스펠 프로젝트》는 신앙생활을 출발하는 어린이부터 장년까지 이런 눈을 활짝 열어 주는 놀라운 교재입니다. 요람에서부터 무덤까지 각 연령대에 맞게 구성된 본 교재를 통해, 한국 교회와 이민 교회가 잃어버린 예수님을 다시 발견함으로 견고하게 되기를 바랍니다.

최병락 _ 강남중앙침례교회 담임 목사

✝ 　성경을 공부한다는 것은 성경에 기록된 사실을 배우는 것이 아니라 성경이 가르치는 교리를 배우는 것입니다. 왜냐하면 성경은 독자에게 어떤 새로운 정보를 주기 위해 인간이 쓴 책이 아니라, 죄인인 인간에게 구원을 주기 위해 하나님이 쓰신 말씀이기 때문입니다. 그런데 이 구원의 도리인 교리를 성경 본문을 통해 배우기가 쉽지 않기 때문에 좋은 안내서가 필요합니다. 이번에 출간된 《가스펠 프로젝트》는 이와 같은 역할을 탁월하게 수행하고 있기 때문에 기쁜 마음으로 추천합니다.

이성호 _ 고려신학대학원 역사신학 교수

활용법

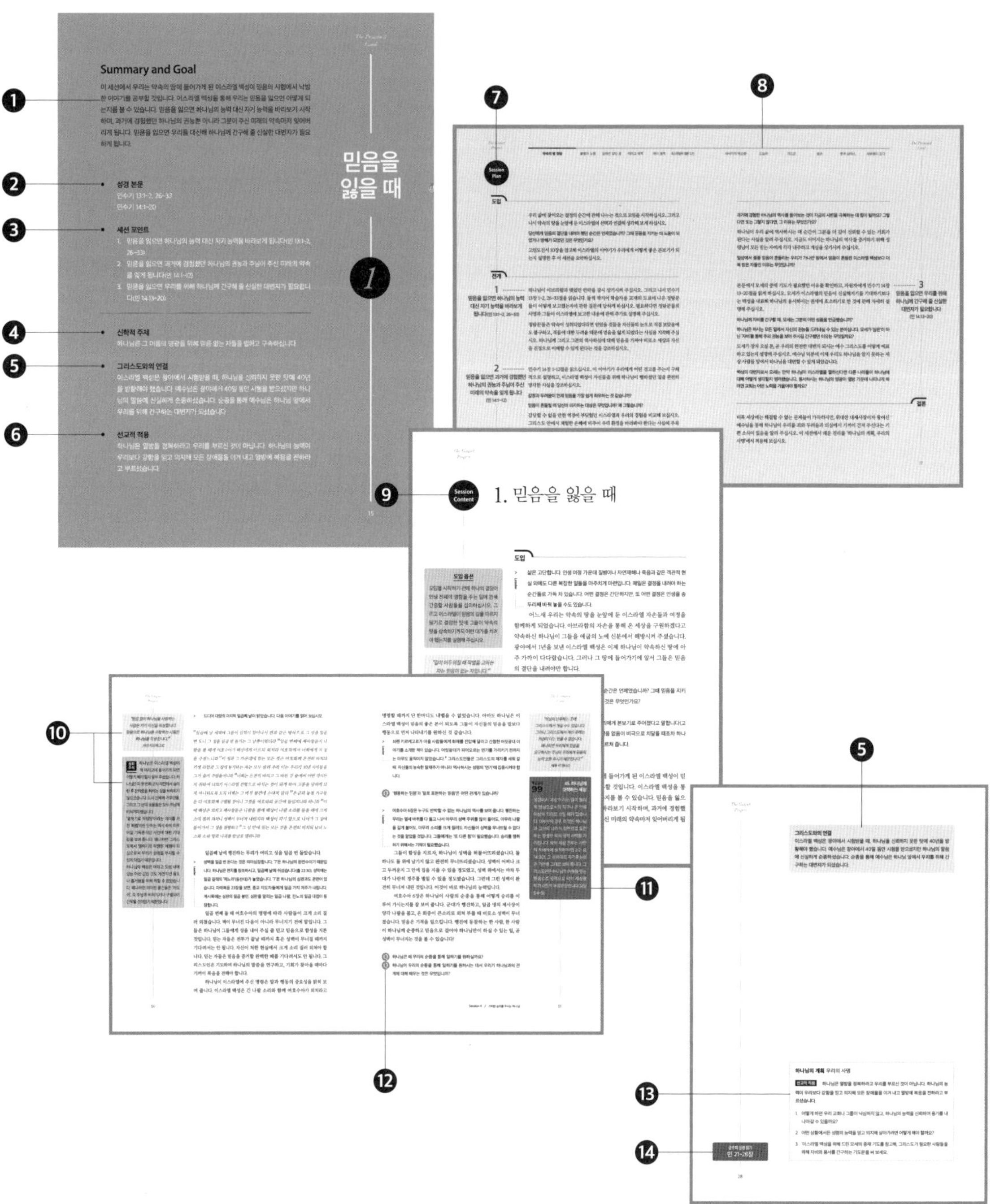

1. Summary and Goal

각 세션의 핵심 내용을 알려 주는 세션 요약과 강조할 포인트를 정리해 본문의 흐름과 교재의 학습 목표를 놓치지 않도록 돕습니다.

2. 성경 본문

각 세션의 내용과 주제에 해당하는 성경 본문을 제시합니다. 《가스펠 프로젝트》는 연대기 성경 공부 교재로 성경의 큰 흐름에 따라 본문을 구성했습니다.

3. 세션 포인트

각 세션에서 강조할 포인트를 세 가지씩 열거해 인도자가 한눈에 세션의 요점을 개관하도록 합니다.

4. 신학적 주제

하나님이 구속사에서 행하신 일에 초점을 맞춰 본문을 이해하도록 주제를 제시해 본문의 흐름을 놓치지 않도록 돕습니다.

5. 그리스도와의 연결

해당 본문과 주제가 어떻게 예수 그리스도를 가리키며 연결되는지 자세히 살핍니다. 예수님과 각 세션 포인트의 상관성을 발견할 수 있도록 돕습니다.

6. 선교적 적용

각 세션에서 드러난 하나님의 계획을 우리의 사명과 연결해 말씀을 삶에 구체적으로 적용하도록 돕습니다.

7. Session Plan

세션의 개요와 신학적 주제, 그리고 질문을 연결해 각 세션의 주요한 부분을 한눈에 볼 수 있게 함으로써 인도자가 수업을 설계할 수 있도록 돕습니다.

8. 연대표

각 권의 연대적 흐름을 이해할 수 있도록 한눈에 볼 수 있는 연대표를 제공합니다. 각 본문에 해당하는 단계를 표시해 성경을 시간 순으로 이해하도록 돕습니다.

9. Session Content

학습자용에 있는 내용이 모두 들어 있으며, 인도자를 위한 내용이 추가되어 있습니다. 인도자를 위한 내용은 여백에 'Leader'라고 표시되어 있습니다. 상자 안에 있는 명언, 심화주석, 심화토론, 도입 옵션 등도 인도자용에만 들어 있으며, 명언 가운데 일부는 학습자용에도 있습니다.

10. 명언, 심화주석 등

본문과 관련해 교회사적으로 또 주석적으로 중요한 신학자와 목사의 서적이나 기타 아티클을 발췌해 제시함으로써 신학적 이해를 돕습니다.

11. 핵심교리 99

기독교 교리 가운데 핵심이 되는 99개의 내용을 추려 각 세션과 관련 있는 교리를 제시합니다. 성경 본문에 대한 신학적 이해를 넓히는 데 도움을 받을 수 있습니다.

12. 관찰 질문

본문을 구체적으로 이해하도록 돕는 질문을 제공합니다. 이를 통해 생각의 폭을 넓히고 성경의 진리를 실제적으로 받아들이는 데 도움을 받을 수 있습니다.

13. 하나님의 계획, 우리의 사명

각 세션에서 드러난 하나님의 계획을 우리의 사명과 연결해 말씀을 구체적으로 삶에 적용하도록 돕습니다.

14. 금주의 성경 읽기

각 세션의 연대기적 흐름에 맞춰 한 주 동안 읽을 성경 본문을 제공합니다.

Summary and Goal

이 세션에서 우리는 약속의 땅에 들어가게 된 이스라엘 백성이 믿음의 시험에서 낙방한 이야기를 공부할 것입니다. 이스라엘 백성을 통해 우리는 믿음을 잃으면 어떻게 되는지를 볼 수 있습니다. 믿음을 잃으면 하나님의 능력 대신 자기 능력을 바라보기 시작하며, 과거에 경험했던 하나님의 권능뿐 아니라 그분이 주신 미래의 약속마저 잊어버리게 됩니다. 믿음을 잃으면 우리를 대신해 하나님께 간구해 줄 신실한 대변자가 필요하게 됩니다.

- **성경 본문**
  민수기 13:1~2, 26~33
  민수기 14:1~20

- **세션 포인트**
  1. 믿음을 잃으면 하나님의 능력 대신 자기 능력을 바라보게 됩니다
     (민 13:1~2, 26~33)
  2. 믿음을 잃으면 과거에 경험했던 하나님의 권능과 주님이 주신 미래의 약속을 잊게 됩니다(민 14:1~12)
  3. 믿음을 잃으면 우리를 위해 하나님께 간구해 줄 신실한 대변자가 필요합니다(민 14:13~20)

- **신학적 주제**
  하나님은 그 이름의 영광을 위해 믿음 없는 자들을 벌하고 구속하십니다.

- **그리스도와의 연결**
  이스라엘 백성은 광야에서 시험받을 때, 하나님을 신뢰하지 못한 탓에 40년을 방황해야 했습니다. 예수님은 광야에서 40일 동안 시험을 받으셨지만 하나님의 말씀에 신실하게 순종하셨습니다. 순종을 통해 예수님은 하나님 앞에서 우리를 위해 간구하는 대변자가 되셨습니다.

- **선교적 적용**
  하나님은 열방을 정복하라고 우리를 부르신 것이 아닙니다. 하나님의 능력이 우리보다 강함을 믿고 의지해 모든 장애물을 이겨 내고 열방에 복음을 전하라고 부르셨습니다.

도입

우리 삶에 찾아오는 결정의 순간에 관해 나누는 것으로 모임을 시작하십시오. 그러고 나서 약속의 땅을 눈앞에 둔 이스라엘의 선택과 연결해 생각해 보게 하십시오.

당신에게 믿음의 결단을 내려야 했던 순간은 언제였습니까? 그때 믿음을 지키는 데 도움이 되었거나 방해가 되었던 것은 무엇인가요?

고린도전서 10장을 참고해 이스라엘의 이야기가 우리에게 어떻게 좋은 본보기가 되는지 설명한 후 이 세션을 요약하십시오.

전개

1

믿음을 잃으면 하나님의 능력 대신 자기 능력을 바라보게 됩니다
(민 13:1~2, 26~33)

하나님이 아브라함과 맺었던 언약을 잠시 상기시켜 주십시오. 그러고 나서 민수기 13장 1~2, 26~33절을 읽습니다. 둘씩 짝지어 학습자용 교재의 도표에 나온 정탐꾼들이 어떻게 보고했는지에 관한 질문에 답하게 하십시오. 필요하다면 정탐꾼들의 사명과 그들이 이스라엘에 보고한 내용에 관해 추가로 설명해 주십시오.

정탐꾼들은 약속이 성취되었더라면 얻었을 것들을 자신들의 눈으로 직접 보았음에도 불구하고, 적들에 대한 두려움 때문에 믿음을 잃게 되었다는 사실을 지적해 주십시오. 하나님께 그리고 그분의 역사하심에 대해 믿음을 가져야 비로소 세상과 자신을 진정으로 이해할 수 있게 된다는 것을 강조하십시오.

2

믿음을 잃으면 과거에 경험했던 하나님의 권능과 주님이 주신 미래의 약속을 잊게 됩니다
(민 14:1~12)

민수기 14장 1~12절을 읽으십시오. 이 이야기가 우리에게 어떤 경고를 주는지 구체적으로 설명하고, 이스라엘 백성이 자신들을 위해 하나님이 행하셨던 일을 완전히 망각한 사실을 강조하십시오.

감정과 두려움이 언제 믿음을 가장 쉽게 좌우하는 것 같습니까?

믿음이 흔들릴 때 당신이 의지하는 대상은 무엇입니까? 왜 그렇습니까?

감당할 수 없을 만한 역경에 부딪혔던 이스라엘과 우리의 경험을 비교해 보십시오. 그리스도 안에서 체험한 은혜에 비추어 우리 환경을 바라봐야 한다는 사실에 주목하십시오.

하나님이 구해 주셨던 과거의 곤경과 비슷한 곤경에 또 처한 적이 있습니까?

과거에 경험한 하나님의 역사를 돌아보는 것이 지금의 시련을 극복하는 데 힘이 될까요? 그렇다면 또는 그렇지 않다면, 그 이유는 무엇인가요?

하나님이 우리 삶에 역사하시는 매 순간이 그분을 더 깊이 신뢰할 수 있는 기회가 된다는 사실을 알려 주십시오. 지금도 이어지는 하나님의 역사를 증거하기 위해 성령님이 모든 믿는 자에게 각각 내주하고 계심을 상기시켜 주십시오.

일상에서 종종 믿음이 흔들리는 우리가 가나안 땅에서 믿음이 흔들린 이스라엘 백성보다 더 복 받은 자들인 이유는 무엇입니까?

3 믿음을 잃으면 우리를 위해 하나님께 간구해 줄 신실한 대변자가 필요합니다
(민 14:13~20)

본문에서 모세의 중재 기도가 필요했던 이유를 확인하고, 자원자에게 민수기 14장 13~20절을 읽게 하십시오. 모세가 이스라엘의 믿음이 신실해지기를 기대하기보다는 백성을 대표해 하나님의 용서하시는 권세에 호소하기로 한 것에 관해 자세히 설명해 주십시오.

하나님께 자비를 간구할 때, 모세는 그분의 어떤 성품을 언급했습니까?

하나님은 하시는 모든 일에서 자신의 권능을 드러내실 수 있는 분이십니다. 모세가 '심판'이 아닌 '자비'를 통해 주의 권능을 보여 주시길 간구했던 이유는 무엇일까요?

모세가 장차 오실 분, 곧 우리의 완전한 대변자 되시는 예수 그리스도를 어떻게 예표하고 있는지 설명해 주십시오. 예수님 덕분에 이제 우리도 하나님을 알지 못하는 세상 사람들 앞에서 하나님을 대변할 수 있게 되었습니다.

백성의 대변자로서 모세는 만약 하나님이 이스라엘을 멸하신다면 다른 나라들이 하나님에 대해 어떻게 생각할지 염려했습니다. 용서하시는 하나님의 영광이 열방 가운데 나타나게 하려면 교회는 어떤 노력을 기울여야 할까요?

결론

비록 세상에는 해결할 수 없는 문제들이 가득하지만, 위대한 대제사장이자 왕이신 예수님을 통해 하나님이 우리를 죄와 두려움과 의심에서 기꺼이 건져 주신다는 기쁜 소식이 있음을 알려 주십시오. 이 세션에서 배운 진리를 '하나님의 계획, 우리의 사명'에서 적용해 보십시오.

Session Content

1. 믿음을 잃으면

도입

> **Leader**
>
> 삶은 고단합니다. 인생 여정 가운데 질병이나 자연재해나 죽음과 같은 객관적 현실 외에도 다른 복잡한 일들을 마주치게 마련입니다. 매일은 결정을 내려야 하는 순간들로 가득 차 있습니다. 어떤 결정은 간단하지만, 또 어떤 결정은 인생을 송두리째 바꿔 놓을 수도 있습니다.

어느새 우리는 약속의 땅을 눈앞에 둔 이스라엘 자손들과 여정을 함께하게 되었습니다. 아브라함의 자손을 통해 온 세상을 구원하겠다고 약속하신 하나님이 그들을 애굽의 노예 신분에서 해방시켜 주셨습니다. 광야에서 1년을 보낸 이스라엘 백성은 이제 하나님이 약속하신 땅에 아주 가까이 다다랐습니다. 그러나 그 땅에 들어가기에 앞서 그들은 믿음의 결단을 내려야만 합니다.

Q 당신에게 믿음의 결단을 내려야 했던 순간은 언제였습니까? 그때 믿음을 지키는 데 도움이 되었거나 방해가 되었던 것은 무엇인가요?

> **Leader**
>
> 바울은 이스라엘의 광야 이야기가 우리에게 본보기로 주어졌다고 말합니다(고전 10장). 이런 옛이야기들은 인간의 믿음 없음이 비극으로 치달을 때조차 하나님이 얼마나 신실하신지를 우리에게 가르쳐 줍니다.

Session Summary

이 세션에서 우리는 약속의 땅에 들어가게 된 이스라엘 백성이 믿음의 시험에서 낙방한 이야기를 공부할 것입니다. 이스라엘 백성을 통해 우리는 믿음을 잃으면 어떻게 되는지를 볼 수 있습니다. 믿음을 잃으면 하나님의 능력 대신 자기 능력을 바라보기 시작하며, 과거에 경험했던 하나님의 권능뿐 아니라 그분이 주신 미래의 약속마저 잊어버리게 됨

니다. 믿음을 잃으면 우리를 대신해 하나님께 간구해 줄 신실한 대변자가
필요하게 됩니다.

전개

1. 믿음을 잃으면 하나님의 능력 대신 자기 능력을 바라보게 됩니다(민 13:1~2, 26~33)

> 주님은 아브라함이 큰 민족(이스라엘 나라)을 이루고, 좋은 땅(가나안)을 차지하
> 며, 복의 근원이 될 것이라고 말씀하셨습니다(창 12:1~3). 수 세기가 흐른 뒤, 주님
> 이 그 백성을 약속의 땅으로 들여보낼 준비를 하십니다. 그러나 장애물이 나타나
> 자, 그 백성은 하나님의 능력 대신 자신들의 능력을 바라보기 시작했습니다.

[1]여호와께서 모세에게 말씀하여 이르시되 [2]사람을 보내어 내가 이스라엘 자손에게 주는 가나안 땅을 정탐하게 하되 그들의 조상의 가문 각 지파 중에서 지휘관 된 자 한 사람씩 보내라 … [26]바란 광야 가데스에 이르러 모세와 아론과 이스라엘 자손의 온 회중에게 나아와 그들에게 보고하고 그 땅의 과일을 보이고 [27]모세에게 말하여 이르되 당신이 우리를 보낸 땅에 간즉 과연 그 땅에 젖과 꿀이 흐르는데 이것은 그 땅의 과일이니이다 [28]그러나 그 땅 거주민은 강하고 성읍은 견고하고 심히 클 뿐 아니라 거기서 아낙 자손을 보았으며 [29]아말렉인은 남방 땅에 거주하고 헷인과 여부스인과 아모리인은 산지에 거주하고 가나안인은 해변과 요단 가에 거주하더이다 [30]갈렙이 모세 앞에서 백성을 조용하게 하고 이르되 우리가 곧 올라가서 그 땅을 취하자 능히 이기리라 하나 [31]그와 함께 올라갔던 사람들은 이르되 우리는 능히 올라가서 그 백성을 치지 못하리라 그들은 우리보다 강하니라 하고 [32]이스라엘 자손 앞에서 그 정탐한 땅을 악평하여 이르되 우리가 두루 다니며 정탐한 땅은 그 거주민을 삼키는 땅이요 거기서 본 모든 백성은 신장이 장대한 자들이며 [33]거기서 네피림 후손인 아낙 자손의 거인들을 보았나니 우리는 스스로 보기에도 메뚜기 같으니 그들이 보기에도 그와 같았을 것이니라

**심화
주석** 정탐꾼들은 약속의 땅의 풍요로움에 관한 긍정적인 평가로 보고를 시작했습니다. "젖과 꿀"은 가나안 땅의 자연을 묘사하는 관용적인 표현이 되었습니다(출 3:8, 17; 13:5; 33:3; 레 20:24; 신 6:3; 11:9). 그러나 곧 그들의 보고는 견고한 성읍과 그들이 거인이라고 주장한 수많은 거주민으로 인해 정복이 불가능하다는 부정적인 평가로 바뀌었습니다. 문제는 백성이 하나님의 능력보다는 자기 능력에 초점을 맞추었다는 데 있었습니다.

뒤에 이어지는 미디안 족속, 아모리 족속, 가나안 족속과의 전쟁에서의 승리는 바로 하나님의 권능을 나타내는 것이었습니다. 이스라엘의 힘은 결코 군사력에 있지 않았습니다. 승리는 만군의 주 되시는 하나님의 손에 달려 있기 때문입니다. 부정적인 보고는 사람들의 입을 통해 빠르게 전파되었습니다. 그 땅 거주민의 신장과 능력을 과대평가한 정탐꾼들의 보고 탓에 불평의 말이 커다란 불만으로 자라났습니다.[2]

_R. 데니스 콜
HCSB Study Bible

정탐꾼들이 보고한 그 땅의 좋은 점이 무엇인지 적어 보세요.	정탐꾼들이 보고한 그 땅을 차지하는 데 걸림돌이 되는 것은 무엇인지 적어 보세요.

> Leader

그 땅을 정탐하도록 선발된 이들은 평범한 사람들이 아니었습니다. 하나님은 각 지파의 지도자들이 정찰 임무를 맡기를 원하셨습니다. 정탐꾼들은 하나님이 주시기로 한 땅을 정찰하고 백성에게 보고해야 했습니다. 그러고 나서 온 백성이 믿음으로 하나님이 약속하신 땅을 차지하러 가면 되는 것이었습니다.

정탐꾼들이 보고한 내용의 앞부분은 다음과 같이 요약할 수 있습니다. "상상을 초월할 정도로 좋은 땅입니다." 그들은 아름답고 풍요로운 그 땅을 보고 깜짝 놀랐습니다. 그도 그럴 것이 그들은 광야에서 잠시 지낸 것을 빼면 평생 애굽에서 노예로 살았던 이들입니다. 그들에게 그 땅은 이제껏 본 적 없는 신세계와 같았습니다. 마치 가난하게 살던 사람이 뷔페식 레스토랑을 본 것과 같은 느낌이었을 것입니다. 아브라함에게 약속하셨던 풍요로운 땅이 이제 막 그 자손들의 소유가 되려는 순간입니다.

그러나 안타깝게도 약속의 땅을 눈앞에 두고 그들은 믿음을 잃고 말았습니다. 더할 나위 없이 좋은 땅이라는 설명이 끝나자마자, 정탐꾼들은 왜 그 땅을 가질 수 없는지에 관해 설명하기 시작했습니다. 민수기 13장 28절의 "그러나"에 주목하기 바랍니다. 정탐꾼들의 보고는 이 낱말을 기점으로 그 내용이 하나님의 선하신 약속에서 땅을 차지하기가 어려운 이유들로 바뀌었습니다. 정탐꾼들의 마음에 "강하고", "견고하고", "심히 큰"과 같은 생각들이 들어와 두려움의 싹을 틔웠습니다. 믿음이 흔들리자, 그들의 눈에 자신들 앞에 버티고 있는 무적의 세력이 들어왔습니다. 이전에는 하나님의 약속만 바라보던 눈이었는데, 이제는 원수들에게 주목했습니다. 보고를 마칠 때쯤에는 이미 그 땅의 아름다움과 풍요로움은 더 이상 그들의 안중에 없게 되었고, 그 땅 거주민의 덩치와 그들이 가진 이점만 눈에 보였습니다.

정탐꾼들은 약속이 성취되면 차지하게 될 땅을 자신들의 눈으로 직접 보았음에도 불구하고, 적에 대한 두려움 때문에 믿음을 잃어버렸습니다. 하나님의 백성이라는 정체성마저 잊고 말았습니다. 이스라엘 백성은 유일하신 참 하나님께 구원받고, 하나님이 예비하신 땅을 취하도록 부름받은 언약의 백성이었습니다. 그러나 장대한 병사들을 본 그들은 마치 하나님이 계시지 않은 것처럼 자기 자신을 과소평가했습니다. "우리는 스스로 보기에도 메뚜기 같으니"(33절).

> **Leader**
>
> 그들은 자신들을 메뚜기 같다고 묘사했지만, 하나님은 그렇게 보지 않으셨습니다. 하나님께 그들은 노예에서 해방되어 약속의 땅을 차지할 준비가 되어 있는 자녀들이었습니다. 이 이야기는 우리가 믿음을 잃으면 하나님의 능력에 대한 신뢰를 잃을 뿐 아니라, 하나님의 구속사에서 자녀로서의 정체성 또한 잃어버리게 된다는 사실을 알려 줍니다.

하나님에 대한 믿음을 통해서만 세상과 자신을 제대로 이해할 수 있습니다. 우리는 우리를 위한 예수님의 구속사적 사역 덕분에 정체성이 달라졌습니다. 더 이상 어둠 속에 있는 원수도, 이방인도, 반역자도, 잃어버린 자도 아닙니다. 우리는 하나님의 가족이요, 그리스도의 대사이며, 빛의 자녀입니다.

하지만 정탐꾼들은 위험에 직면하자 믿음을 잃고 말았습니다. 하나님도 이기지 못하실 만큼 강하고 견고한 성읍이라 믿고 두려워했습니다. 그들 중 오직 여호수아와 갈렙만 믿음을 지켰고, 전진할 준비가 되어 있었습니다.

2. 믿음을 잃으면 과거에 경험했던 하나님의 권능과 주님이 주신 미래의 약속을 잊게 됩니다(민 14:1~12)

> **Leader**
>
> 믿음이 흔들리자, 이스라엘 백성이 어떻게 합니까? 그들은 과거에 하나님이 자신들을 위해 행하신 일은 물론, 그분이 주신 미래의 약속마저 잊어버렸습니다. 죽음에 대한 두려움과 절망에 압도당하고 만 것입니다.

¹온 회중이 소리를 높여 부르짖으며 백성이 밤새도록 통곡하였더라 ²이스라엘 자손이 다 모세와 아론을 원망하며 온 회중이 그들에게 이르되 우리가 애굽 땅에서 죽었거나 이 광야에서 죽었으면 좋았을 것을 ³어찌하여 여호와가 우리를 그 땅으로 인도하여 칼에 쓰러지게 하려 하는가 우리 처자가 사로잡히리니 애굽으로 돌아가는 것이 낫지 아니하랴 ⁴이에 서로 말하되 우리가 한 지휘관을 세

심화토론

• 그리스도를 통해 우리 정체성이 변화되는 것을 인식하는 것이 왜 중요합니까?

• 정체성이 믿음을 지키는 데 어떻게 도움이 됩니까?

심화 주석 "온 회중이 그들을 돌로 치려 하는데"(민 14:10).

이것은 단순한 군중 폭력을 묘사한 것이 아닙니다(참조, 출 17:4; 왕상 12:18). 율법에 의하면 회중에게 사법권이 있어서 중요한 종교 범죄(레 20:2, 27; 24:23; 민 15:36; 신 13:10)나 가족 간 언약을 파기한 죄(신 21:21; 22:21, 24)를 저질렀을 경우 그 죄인을 돌로 치는 형벌을 내릴 수 있었기 때문입니다. 여호수아와 갈렙은 회중이 하나님을 대적했다고 고발했습니다(민 14:9). 이에 회중은 그들의 고발이 잘못되었다고 거부하며 그들을 위증죄로 처벌해야 한다고 주장한 것입니다. 이 위기일발에 주님의 영광이 회막에 나타났습니다(참조, 출 16:7, 10; 24:16~17; 레 9:6, 23; 민 16:19, 42; 20:6; 왕상 8:11). 그리고 그들에 대해 여호수아와 갈렙과 같이 판단하셨습니다(참조, 민 14:11. 민 14:23; 16:30; 신 31:20).

비록 구약성경에서 '믿음'이나 '신앙'이라는 단어가 매우 드물게 발견되지만, 인간은 누구나 하나님과 그분의 말씀에 대한 신뢰를 실천해야 한다는 것이 모든 성경 저자가 지닌 근본 전제였습니다. 하나님을 믿는다는 것은 그분이 말씀하신 모든 것을 받아들이고, 그 말씀을 따라 행동하는 것입니다. 즉 그분의 약속을 믿고 그분의 명령에 순종하는 것을 의미합니다. 사람은 믿음으로 하나님 앞에 의롭다 여김을 받고(창 15:6), 믿음이 없으면 저주를 받습니다(참조, 민 20:12). 본문의 사건과 관련해 하나님은 "내가 전염병으로 그들을 쳐서 멸하고 네게 그들보다 크고 강한 나라를 이루게 하리라"(민 14:12) 하고 모세에게 말씀하셨습니다.[5]

_고든 웬햄

우고 애굽으로 돌아가자 하매 [5]모세와 아론이 이스라엘 자손의 온 회중 앞에서 엎드린지라 [6]그 땅을 정탐한 자 중 눈의 아들 여호수아와 여분네의 아들 갈렙이 자기들의 옷을 찢고 [7]이스라엘 자손의 온 회중에게 말하여 이르되 우리가 두루 다니며 정탐한 땅은 심히 아름다운 땅이라 [8]여호와께서 우리를 기뻐하시면 우리를 그 땅으로 인도하여 들이시고 그 땅을 우리에게 주시리라 이는 과연 젖과 꿀이 흐르는 땅이니라 [9]다만 여호와를 거역하지는 말라 또 그 땅 백성을 두려워하지 말라 그들은 우리의 먹이라 그들의 보호자는 그들에게서 떠났고 여호와는 우리와 함께하시느니라 그들을 두려워하지 말라 하나 [10]온 회중이 그들을 돌로 치려 하는데 그 때에 여호와의 영광이 회막에서 이스라엘 모든 자손에게 나타나시니라 [11]여호와께서 모세에게 이르시되 이 백성이 어느 때까지 나를 멸시하겠느냐 내가 그들 중에 많은 이적을 행하였으나 어느 때까지 나를 믿지 않겠느냐 [12]내가 전염병으로 그들을 쳐서 멸하고 네게 그들보다 크고 강한 나라를 이루게 하리라

> **Leader**
>
> 대부분의 정탐꾼이 희망이 없다고 말하자, 이스라엘 백성은 슬퍼하다가 이내 분노를 쏟아내기 시작합니다. 분노에 찬 백성은 모세와 아론을 원망하며 차라리 애굽에서 노예로 살다가 죽거나, 광야에서 방황하다가 죽는 편이 낫겠다는 말까지 서슴지 않고 합니다.
>
> 이 이야기는 우리에게 믿음을 잃으면 분별력까지 잃게 된다는 사실을 경고합니다. 하나님의 약속이 이루어지려는 순간에 죽기를 바라다니, 이것이야말로 믿음 없는 마음이 낳은 비극적 결말입니다.

지도자들이 믿음을 잃자 이스라엘 백성은 흔들리기 시작했습니다. 차라리 노예로 돌아가는 것이 더 낫겠다고 생각하기에 이르렀습니다. 그들은 모세, 아론, 여호수아, 갈렙을 돌로 쳐 죽이고, 어떻게든 광야를 가로질러 애굽으로 돌아가려고 했습니다. 이스라엘 백성이 이렇게 생각하게 된 이유는 무엇일까요? 그것은 그들이 지난 과거를 마치 없었던 일처럼 잊어버렸기 때문입니다. 그동안 하나님이 행하셨던 모든 일이 그들 기억 속에 남아 있지 않았습니다. 그들은 하나님이 과거에 보여 주셨던 능력뿐 아니라, 미래의 약속까지도 모두 무시했습니다.

> **Leader**
>
> 모세와 아론은 즉시 땅에 엎드려 회개 기도를 드렸고, 믿음으로 충만한 두 정탐꾼, 여호수아와 갈렙은 애도의 표시로 자기 옷을 찢었습니다. 왜냐하면 이스라엘 백성의 반역이 하나님께 대적하는 죄가 되므로 그들의 영혼이 심히 고통스러웠기 때문입니다. 그들은 백성이 약속을 반드시 이루시는 하나님께 대한 믿음으로

향하도록 그들을 인도하기를 원했습니다. 그들의 노예상태는 이미 끝나버린 일이었고, 민족이 광야를 통과해 구원 얻는 것은 보장된 일이었습니다. 그들이 그토록 고대하던 약속의 땅이 이제 눈앞에 있습니다. 모두 자비로우신 하나님의 손길 덕분입니다.

Q 감정과 두려움이 언제 믿음을 가장 쉽게 좌우하는 것 같습니까?

Q 믿음이 흔들릴 때 당신이 의지하는 대상은 무엇입니까? 왜 그렇습니까?

>
Leader

하나님의 역사는 성경에만 있는 것이 아닙니다. 우리가 처한 현재 상황 가운데서도 하나님은 역사하실 수 있습니다. 그리스도인은 자신이 처한 상황을 과거 주님이 행하셨던 일들과 미래에 약속하신 일들에 비추어 바라봐야 합니다.

하나님은 이스라엘을 애굽의 종살이에서 자유케 하셨습니다. 신자로서 우리도 죄에서 자유함을 얻었습니다. 객관적으로 이스라엘 백성은 가나안 땅에서 승리하기 어려운 상황에 처했습니다. 우리가 마주하는 유혹도 마찬가지입니다. 내 힘만으로는 도저히 이기기 어렵습니다. 이스라엘 백성은 자신들보다 모든 면에서 강해 보이는 원수와 대적해야만 했습니다. 오늘날 교회도 모든 면에서 우리보다 우월해 보이는 세상과 육신과 사탄에 대적하고 있습니다. 그러나 단지 그렇게 보일 뿐입니다.

우리는 일상에서 마주치는 일들을 그리스도 안에서 우리가 경험했던 일들에 비추어 바라봐야만 합니다. 하나님은 그리스도인들에게 고난과 유혹을 극복할 힘을 주셨습니다. 또한 우리가 사명을 성취할 수 있도록 성령님이 우리 안에서 일하십니다. 그런데 도저히 이겨 낼 수 없는 거인들이 가득한 것처럼 세상을 바라본다면 하나님과 원수에 대한 인식이 신앙적이지 못한 것입니다. 원수들을 더 크게, 하나님의 역사는 더 작게 봤기 때문입니다. 해결책은 하나님이 언약을 어떻게 성취해 나가실지에 대한 우리 믿음의 기초로서 과거에 주님이 행하셨던 일들을 기억해 내는 것입니다.

Q 하나님이 구해 주셨던 과거의 곤경과 비슷한 곤경에 또 처한 적이 있습니까?

Q 과거에 경험한 하나님의 역사를 돌아보는 것이 지금의 시련을 극복하는 데 힘이 될까요? 그렇다면 또는 그렇지 않다면, 그 이유는 무엇인가요?

> 주님은 백성들이 자신들의 과거 역사와 현재 상황의 중대성을 분명히 이해하게

 **심화주석** 하나님이 약속의 땅을 볼 수 없게 된 믿음 없는 세대와 갈렙을 비교해 말씀하셨습니다.
"그러나 내 종 갈렙은 그 마음이 그들과 달라서 나를 온전히 따랐은즉 그가 갔던 땅으로 내가 그를 인도하여 들이리니 그의 자손이 그 땅을 차지하리라"(민 14:24).
여호수아와 갈렙, 두 사람은 40년을 신실하게 기다렸습니다. 여호수아는 모세에 이은 지도자가 되었으며, 갈렙은 이스라엘 백성이 마침내 그 땅에 들어갈 때 80세의 나이로 함께했습니다. 하나님이 일찍이 약속하셨던 것이 이루어진 것입니다. "그 마음이 그들과 달랐던" 갈렙은 하나님을 믿었습니다. 그는 자기 자신이 아닌 하나님을 믿고 신뢰했으며, 이 믿음 덕분에 하나님을 온전히 따를 수 있었습니다. 갈렙은 하나님의 말씀을 그대로 받아들였고, 순종을 통해 믿음을 온전히 실천하려 애썼습니다. 믿음과 신실함과 순종은 하나님의 자녀로 살아가는 삶의 중요한 덕목입니다.[6]

_조지 H. 사딕스
Biblical Illustrator

하시려고 친히 그들을 찾아가셨습니다. 여호수아와 갈렙이 엎드려 백성 중에 계신 하나님을 기억하라고 부르짖자, 하나님의 영광이 회막에 나타났습니다.

하나님이 "이 백성이 어느 때까지 나를 멸시하겠느냐 내가 그들 중에 많은 이적을 행하였으나 어느 때까지 나를 믿지 않겠느냐"(민 14:11) 하고 물으셨습니다. 믿는 자라면 늘 마음에 새겨야 할 질문입니다. 하나님이 우리 삶에서 행하시는 모든 일은 그분을 더욱 깊이 신뢰하는 기회가 됩니다. 이것은 곧 우리가 믿음 안에서 성장하고, 더 큰 포기로 그분을 따르도록 도우시는 하나님의 방법입니다.

그리스도인으로서 우리는 이스라엘 백성이 가지지 못한 것을 가졌습니다. 바로 우리 안에 내주하시는 성령님입니다. 하나님의 임재는 더 이상 종교적인 신성한 건물에 국한되지 않습니다. 하나님은 예수님을 믿는 우리 안에 친히 거주하며 그분의 일하심을 증거해 주십니다. 성령님의 내주하심은 하나님의 약속이 장래에 성취되리라는 보증입니다. 성령님은 일상 속에서 우리를 위로하며 담대하게 해 주십니다. 또한 우리가 미래의 영광을 잊지 않도록 항상 상기시켜 주십니다. 이에 비하면 가나안은 주님이 계신 하늘 처소의 그림자에 불과합니다.

Q 일상에서 종종 믿음이 흔들리는 우리가 가나안 땅에서 믿음이 흔들린 이스라엘 백성보다 더 복 받은 자들인 이유는 무엇입니까?

3. 믿음을 잃으면 우리를 위해 하나님께 간구해 줄 신실한 대변자가 필요합니다(민 14:13~20)

하나님은 사람들의 불신앙에 어떻게 반응하셨습니까? 모세가 그들을 위해 중재하지 않았더라면 하나님이 그들을 멸하셨을지도 모릅니다. 하나님은 전염병을 보내 이스라엘 백성을 쳐서 멸하고, 다시 큰 나라를 건설하려고 하셨습니다. 하나님은 자신의 뜻을 온전히 성취하기 위해 자신이 원하는 대로 하실 권리가 있으십니다. 그래서 모세가 이스라엘의 선함이 아닌 하나님의 위대하심에 의지해 호소했던 것입니다. 그는 주님의 이름을 높이며 그분의 성품을 상기시켜 드렸습니다.

¹³모세가 여호와께 여짜오되 애굽인 중에서 주의 능력으로 이 백성을 인도하여

내셨거늘 그리하시면 그들이 듣고 ¹⁴이 땅 거주민에게 전하리이다 주 여호와께서 이 백성 중에 계심을 그들도 들었으니 곧 주 여호와께서 대면하여 보이시며 주의 구름이 그들 위에 섰으며 주께서 낮에는 구름 기둥 가운데에서, 밤에는 불 기둥 가운데에서 그들 앞에 행하시는 것이니이다 ¹⁵이제 주께서 이 백성을 하나같이 죽이시면 주의 명성을 들은 여러 나라가 말하여 이르기를 ¹⁶여호와가 이 백성에게 주기로 맹세한 땅에 인도할 능력이 없었으므로 광야에서 죽였다 하리이다 ¹⁷이제 구하옵나니 이미 말씀하신 대로 주의 큰 권능을 나타내옵소서 이르시기를 ¹⁸여호와는 노하기를 더디하시고 인자가 많아 죄악과 허물을 사하시나 형벌 받을 자는 결단코 사하지 아니하시고 아버지의 죄악을 자식에게 갚아 삼사대까지 이르게 하리라 하셨나이다 ¹⁹구하옵나니 주의 인자의 광대하심을 따라 이 백성의 죄악을 사하시되 애굽에서부터 지금까지 이 백성을 사하신 것같이 사하시옵소서 ²⁰여호와께서 이르시되 내가 네 말대로 사하노라

모세가 자기 백성의 대변자로서 하나님 앞에 섰습니다. 그는 하나님의 명성을 위해서라도 자비를 베풀어 주시기를 간구했습니다. 즉 이스라엘의 반역 사건을 통해 죄를 용서하는 큰 권능을 보여 주시길 기도한 것입니다. 모세는 "주의 인자의 광대하심을 따라 이 백성의 죄악을 사하시되 애굽에서부터 지금까지 이 백성을 사하신 것같이"(민 14:19) 용서해 달라고 간구했습니다.

> 모세는 무슨 근거로 이런 요청을 할 수 있었을까요?

Leader

저는 두 아들을 둔 아버지인데, 아이들이 규칙을 자주 어기곤 합니다. 그래도 그 아이들을 용서하는 것은 그들에게 공로가 있어서도, 훗날 그들에게 효도 받기 위해서도 아닙니다. 아버지로서 권위가 있고 벌을 줄 자격도 있지만, 사랑하기에 용서하는 것입니다. 모세는 하나님이 이스라엘 백성을 사랑하신다는 것을 잘 알고 있었습니다.

하늘 아버지는 우리의 선행이나 회개하는 영이나 삶을 바로잡을 능력이 아닌, 자신의 사랑 때문에 우리를 용서해 주십니다. 하나님은 이스라엘의 죄를 용서해 주실 때, 언약을 신실하게 지킬 그들의 능력에 관해서는 아무 언급도 하지 않으셨습니다. 하나님이 우리에게 주신 좋은 소식은 그분의 죄 사함이 우리 능력에 달려 있지 않고, 그분의 능력에 달려 있다는 사실입니다.

Q 하나님께 자비를 간구할 때, 모세는 그분의 어떤 성품을 언급했습니까?

Q 하나님은 하시는 모든 일에서 자신의 권능을 드러내실 수 있는 분이십니다. 모세가 '심판'이 아닌 '자비'를 통해 주의 권능을 보여 주시길 간구했던 이유는 무엇일까요?

모세는 하나님 앞에 서서 백성을 위해 자비를 구함으로써 장차 우리에게 필요한 것이 무엇인지 미리 보여 주었습니다. 백성에게는 자신들을 변호해 줄 사람이 필요했고, 모세가 바로 그 역할을 해 주었습니다. 문제는 모세라는 지도자가 지금은 죽고 없다는 것입니다. 우리에게는 영구적인 해결책이 필요합니다.

여기서 중요한 것은 궁극적으로 하나님의 죄 사함은 약속의 땅 언저리가 아닌 십자가와 무덤을 거쳐 죽은 자 가운데서 다시 사신 예수님의 여정에서 성취된다는 사실입니다. 육신으로 오신 하나님만이 우리를 위해 완벽한 변호를 하실 수 있기 때문입니다.

예수님은 우리의 연약함에 공감하기 위해 우리처럼 사셨습니다. 이스라엘은 믿음 없음으로 인해 광야에서 방황하며 40년의 세월을 보내게 될 것입니다. 예수님은 사탄의 유혹을 받으며 광야에서 40일을 보내셨지만, 이스라엘 백성과 달리 시험을 이기셨습니다. 완벽한 대변자이신 예수님은 우리가 믿음으로 하나님의 은혜를 입어 구원을 얻을 수 있도록 우리 대신 희생 제물이 되셨습니다. 그분은 죄와 지옥과 원수를 치기 위해 우리는 결코 이길 수 없는 죽음에서 다시 사셨습니다. 그리고 이제는 하나님 아버지의 우편에 앉아 우리를 위해 매 순간 중보하고 계십니다.

나아가 예수님이 하나님 앞에서 우리를 온전히 대변하고 계시므로, 우리도 하나님을 모르는 세상 사람들 앞에서 주님을 대변할 수 있게 되었습니다. 하나님이 우리를 부르신 것은 열방을 정복하게 하기 위한 것이 아니라, 그들에게 복음을 전하게 하기 위함입니다. 장애물 때문에 스스로 '메뚜기'같이 느껴지더라도 하나님의 능력이 우리보다 크시며, 하나님이 우리에게 사명을 감당하는 데 필요한 모든 것을 공급해 주시리라 믿어야 합니다.

Q 백성의 대변자로서 모세는 만약 하나님이 이스라엘을 멸하신다면 다른 나라들이 하나님에 대해 어떻게 생각할지 염려했습니다. 용서하시는 하나님의 영광이 열방 가운데 나타나게 하려면 교회는 어떤 노력을 기울여야 할까요?

결론

세상은 감당할 수 없는 장애물로 가득 차 있습니다. 우리는 우리가 상상하는 것보다 더욱 강력한 적들을 상대해야 합니다. 아무리 지워 보려 애써도 그때마다 우리 마음은 의심과 두려움으로 가득 차게 됩니다. 결국 우리에게는 위대한 대제사장이자 왕이신 예수님이 필요합니다. 그분이 죄와 두려움과 의심에서 우리를 건져 주십니다. 이스라엘을 회복시키고자 광야에서 그들을 만나 주셨던 것처럼, 하나님은 인생의 광야에서 당신을 만나 주실 것입니다.

하나님은 준비하신 길로 당신을 기쁘게 인도하십니다. 복음의 아름다움은, 복음이 우리를 회개로 인도하고 믿음의 성장과 함께 하나님께 순종하도록 이끄는 것입니다.

핵심교리
99

69. 믿음

성경적인 믿음이란 구원을 위해 오직 예수 그리스도만을 믿고 신뢰하는 것입니다(요 3:16~21). 진정한 믿음은 역사적 사실들에 대한 단순한 지적 동의를 뛰어넘는 것으로 복음의 진리를 인정하고 고백함으로써 시작되며(요일 4:13~16), 그리스도를 자신의 주님과 구원자로 영접하는 데까지 이어집니다(요 1:10~13). 성경적인 믿음은 그리스도의 역사적인 삶과 죽음과 부활에 근거하고 있으므로 맹신이 아닙니다.

그리스도와의 연결

이스라엘 백성은 광야에서 시험받을 때, 하나님을 신뢰하지 못한 탓에 40년을 방황해야 했습니다. 예수님은 광야에서 40일 동안 시험을 받으셨지만 하나님의 말씀에 신실하게 순종하셨습니다. 순종을 통해 예수님은 하나님 앞에서 우리를 위해 간구하는 대변자가 되셨습니다.

하나님의 계획 우리의 사명

선교적 적용 하나님은 열방을 정복하라고 우리를 부르신 것이 아닙니다. 하나님의 능력이 우리보다 강함을 믿고 의지해 모든 장애물을 이겨 내고 열방에 복음을 전하라고 부르셨습니다.

1. 어떻게 하면 우리 교회나 그룹이 낙심하지 않고, 하나님의 능력을 신뢰하며 용기를 내 나아갈 수 있을까요?

2. 어떤 상황에서든 성령님의 능력을 믿고 의지해 살아가려면 어떻게 해야 할까요?

3. '이스라엘 백성을 위해 드린 모세의 중재 기도를 참고해, 그리스도가 필요한 사람들을 위해 자비와 용서를 간구하는 기도문을 써 보세요.

Summary and Goal

이 세션에서 우리는 이스라엘 백성이 방황하는 동안 어떻게 감사를 잊고 조급해졌는지 볼 것입니다. 그 결과 그들은 하나님이 보내신 독뱀에 물려 죽게 되지만, 하나님은 모세로 하여금 놋뱀을 만들어 장대 위에 매달게 하셨습니다. 놋뱀을 보면 누구나 치유될 수 있게 하신 것입니다. 훗날 예수님은 이 이야기가 십자가 위에 달리게 될 자신의 이야기를 예표한 것이라고 말씀하셨습니다. 우리는 주님이 자신을 죄인들과 동일시하셨다는 사실을 믿어야 합니다. 그래야 영생을 얻고 그분의 대사로 부름받게 됩니다.

- **성경 본문**

- **세션 포인트**

- **신학적 주제**

- **그리스도와의 연결**

- **선교적 적용**

도입

행운의 상징으로 여기는 것이 있는지, 그것들은 어떤 것인지 나누면서 시작하십시오. 저자가 말한 워리 스톤(걱정을 없애 준다는 돌 - 역주)이나 네 잎 클로버 등을 예로 들어도 좋습니다(만약 이와 비슷한 물건을 가지고 있다면 서로 돌려 보게 해도 좋습니다). 그리고 그리스도인으로서 우리는 행운보다 하나님의 전능하심과 공급하심을 믿어야 한다는 사실을 강조하십시오.

위안받기를 원하는 사람들이 주로 의지하는 대상이나 활동은 무엇입니까?

약속의 땅에 들어가기를 거절한 이스라엘 백성이 하나님께 책망받았던 세션 1의 이야기를 되짚어 보고, 놋뱀에 관한 이 세션의 내용을 요약하십시오.

전개

1

놋뱀은 죄에 대한 징계를 가리킵니다
(민 21:4~9)

이 세션은 이스라엘 백성이 광야에서 방황한 지 40년째 되던 해를 배경으로 한 이야기라는 것과 그동안 하나님이 그들에게 필요한 모든 것을 공급해 주셨다는 사실을 지적해 주십시오. 민수기 21장 4~9절을 읽으십시오. 이 사건에서 드러난 사람들의 반역 행위가 어떻게 해서 "안달하다"라는 한 단어로 간단히 정리되는지를 설명해 주십시오.

마음이 조급해져서 하나님이 당신 삶에 행하신 일에 대해 불평했던 적이 있습니까?

감사하는 마음 없이 우리가 너무나 당연히 받아들이고 있는 하나님의 선물은 무엇입니까?

이스라엘이 하나님에 대한 믿음을 저버린 것은 매우 심각한 죄임을 지적해 주십시오. 하나님은 그들의 행위에 즉각적으로 대응하셨지만, 그럼에도 불구하고 회복할 길을 열어 주셨습니다.

이스라엘 백성에게 그 놋뱀을 쳐다보라고 하신 하나님의 명령은 왜 중요합니까?

그들이 깨달아야 했던 진리는 무엇입니까?

2

놋뱀은 그리스도의 구원을 가리킵니다
(요 3:14~15)

예수 그리스도께서 놋뱀 이야기를 언급하시면서 인자가 어떻게 들려야 하는지를 설명하신 사실에 주목하십시오. 그러고 나서 요한복음 3장 14~15절을 읽으십시오. 구약의 놋뱀 이야기가 어떻게 예수님의 사역을 가리키는지, 그리고 본문의 "들리다"라는 표현이 무엇을 의미하는지 이야기를 나눠 보십시오.

십자가에 달리신 예수님의 모습이 수치스럽게 느껴집니까 아니면 영광스럽게 느껴집니까? 그렇게 생각하는 이유는 무엇입니까?

예수님의 십자가 사건이 어떻게 수치이면서 동시에 영광일 수가 있습니까?

열왕기하 18장에서 히스기야가 놋뱀을 부숴버린 사건을 사용해서 우리가 구세주보다 우상들에 주목하는 성향이 있다는 것을 강조하십시오. 그리고 예수님이 그분을 믿는 모든 자에게 영생을 주신다는 사실을 강조해 주십시오.

예수님을 "믿는 자마다" 영생을 얻게 해 주신다는 하나님의 지혜를 의심하게 하는 나쁜 태도에는 어떤 것들이 있습니까?

어떻게 하면 편애와 차별에 빠지지 않을까요?

자원자에게 고린도후서 5장 20~21절을 읽게 합니다. 대사의 역할과 하나님 나라를 위한 일에 그리스도인들이 어떻게 부름받았는지 설명해 주십시오. 모임 전에 대사의 자격과 역할에 관해 조사해 발표할 자원자를 미리 뽑아 두는 것도 좋습니다.

그리스도께서 우리를 대신해 죄가 되신 것(고후 5:21)과 우리가 다른 이들에게 하나님과 화목하라고 간청하는 것(고후 5:20)은 어떤 관계가 있습니까?

십자가 위에서 이루어진 맞교환, 즉 예수님이 자기의 선하심과 우리의 비참함을 맞바꾸셨으며 주님을 향한 믿음을 통해 우리 죄를 주님의 의와 맞바꾸셨음에 관해 고린도후서 5장 21절이 어떻게 말하고 있는지 설명해 주십시오.

예수님이 우리를 위해 죄가 되신 것은 하나님의 성품과 사랑에 관해 무엇을 알려 줍니까?

3
놋뱀은 선교의 기초를 가리킵니다
(고후 5:20~21)

결론

예수님의 십자가 죽음은 우리를 향한 깊은 사랑을 나타내며, 우리는 그 사랑에 감동해 주님이 죄인을 정결케 하는 데 필요한 모든 일을 감당하셨음을 선포하게 된다는 사실을 강조하십시오. 이 세션에서 배운 진리를 '하나님의 계획, 우리의 사명'에서 적용해 보십시오.

**Session
Content**

2. 놋뱀

심화토론

- 저항하기 힘든 어떤 상황에 자신을 맡겨 버린 적이 있습니까?
- 그런 상황이 당신의 믿음 없음을 어떻게 보여 주었습니까?

"우리는 예수님이 구약을 읽으실 때 그 모든 내용이 자신을 가리키고 있다는 것을 믿으며 읽으셨다는 것을 알고 있습니다. 곳곳에 그분에 대한 단서나 상징이나 예표가 놓여 있기 때문입니다. 하지만 인자를 뱀에 비유하는 것이 충격적으로 들리기 때문에 우리는 예수님이 이 이야기만큼은 건너뛰셨으면 하고 바랍니다. 하지만 예수님은 그렇게 하지 않으십니다. 오히려 니고데모의 이해를 돕기 위해 이 이야기를 적극 활용하십니다."[1]
_존 파이퍼

도입

어린 시절 워리 스톤(걱정을 없애 준다는 돌 - 역주)을 받은 적이 있습니다. 손안에 쏙 들어오는 크기의 납작하게 생긴 눈물방울 모양의 녹색 돌이었습니다. 마음이 불안할 때면 엄지로 돌의 부드러운 표면을 문지르곤 했는데, 그때의 감촉이 아직도 생생합니다. 제게는 네 잎 클로버와 같은 행운의 부적이었습니다.

역사적으로 인간은 행운을 가져다주리라 믿는 작은 장신구들을 만들어 지니고 다녔습니다. 나쁜 상황을 피하고자 하는 욕구 때문입니다. 우리는 인생이 내 뜻대로 되지 않음을 잘 압니다. 그래서 그렇게 해서라도 나쁜 기운은 떨쳐내고 좋은 기운을 얻기를 바랐던 것입니다.

그리스도인으로서 우리는 '행운'을 믿지 않습니다. 대신 하나님의 섭리를 믿습니다. 주님은 권능으로 무엇이 옳은지 선포하시고, 죄를 심판하시며, 반역자를 주권 아래 두십니다. 이것은 이스라엘이 자주 기억해야만 했던 교훈입니다. 물론 우리도 마찬가지입니다.

Q 위안받기를 원하는 사람들이 주로 의지하는 대상이나 활동은 무엇입니까?

Session Summary

이 세션에서 우리는 이스라엘 백성이 방황하는 동안 어떻게 감사를 잊고 조급해졌는지 볼 것입니다. 그 결과 그들은 하나님이 보내신 독뱀에 물려 죽게 되지만, 하나님은 모세로 하여금 놋뱀을 만들어 장대 위에 매달게 하셨습니다. 놋뱀을 보면 누구나 치유될 수 있게 하신 것입니다. 훗날 예수님은 이 이야기가 십자가 위에 달리게 될 자신의 이야기를 예표한 것이라고 말씀하셨습니다. 우리는 주님이 자신을 죄인들과 동일

시하셨다는 사실을 믿어야 합니다. 그래야 영생을 얻고 그분의 대사로
부름받게 됩니다.

전개

1. 놋뱀은 죄에 대한 징계를 가리킵니다(민 21:4~9)

> **Leader**
>
> 이스라엘 백성을 위한 하나님의 계획은 그들을 애굽의 노예 생활에서 구출하여
> 젖과 꿀이 흐르는 땅으로 인도하는 것입니다. 그러나 그들은 전능하신 하나님의
> 인도보다는 당장 눈앞에 보이는 숨 막히는 현실에 압도당해 버렸습니다.
> 세션 1에서 우리는 이스라엘 백성이 약속의 땅을 주실 하나님보다 그 땅에 살고
> 있는 거인들을 더 두려워하는 모습을 보았습니다. 이제 우리는 이스라엘 백성이
> 약속의 땅을 향해 나아가는 여정에서 필요한 모든 것을 공급받았음에도 불구하
> 고, 그들이 어떻게 주님의 공급과 돌봄에 대해 불평했는지 보게 될 것입니다.

[4]백성이 호르 산에서 출발하여 홍해 길을 따라 에돔 땅을 우회하려 하였다가 길
로 말미암아 백성의 마음이 상하니라 [5]백성이 하나님과 모세를 향하여 원망하
되 어찌하여 우리를 애굽에서 인도해 내어 이 광야에서 죽게 하는가 이곳에는
먹을 것도 없고 물도 없도다 우리 마음이 이 하찮은 음식을 싫어하노라 하매 [6]여
호와께서 불뱀들을 백성 중에 보내어 백성을 물게 하시므로 이스라엘 백성 중에
죽은 자가 많은지라 [7]백성이 모세에게 이르러 말하되 우리가 여호와와 당신을 향
하여 원망함으로 범죄하였사오니 여호와께 기도하여 이 뱀들을 우리에게서 떠
나게 하소서 모세가 백성을 위하여 기도하매 [8]여호와께서 모세에게 이르시되 불
뱀을 만들어 장대 위에 매달아라 물린 자마다 그것을 보면 살리라 [9]모세가 놋뱀
을 만들어 장대 위에 다니 뱀에게 물린 자가 놋뱀을 쳐다본즉 모두 살더라

이 사건에서 보이는 사람들의 반역 행위는 "안달하다"라는 한 단
어로 매우 간단히 정리할 수 있습니다. 한 주석가는 이 히브리어의 문자
적인 뜻이 "사람들의 영혼(혹은 심정)이 성질을 부리다"[2]라고 말했습니다.
하나님이 기적적으로 구원하시고 먹이시고 입히신 사람들이 어린아이처
럼 하나님이 주신 음식이 마음에 들지 않는다고 하나님 앞에서 신경질을
부린 것이나 다름없습니다.

심화 주석 민수기 21장 6절에서 "뱀"으로 번역된 히브리어 명사 "나하쉬"는 창세기 3장에서 사탄이 아담과 하와를 유혹할 때 이용했던 피조물입니다. "독이 있는"(개역개정 성경에서 불뱀의 "불"에 해당함)으로 번역되는 히브리어 "사랍"은 '불타는' 이란 단어와 연관이 있습니다. 이것은 아마도 뱀에 물려 독이 들어가면 상처 부위가 불타는 듯 아픈 데서 연유한 것으로 보입니다. 어떤 성경학자들은 그 뱀의 색깔이 붉은색이었기 때문이라고 말하기도 합니다. 이사야 6장에서는 하나님의 거룩한 보좌를 둘러싸고 있는 불 같은 이미지의 천상 피조물 "스랍"으로 묘사되기도 합니다.[3]

_켄 이슬리

"놋뱀을 쳐다본 사람들은 모두 구원받았습니다. 그 이유는 그들이 그것이 살아날 것이라고 믿었기 때문이 아니라, 그것이 마땅히 멸망을 당해야 하는 대로 죽임을 당했기 때문이며, 그것에 속한 권세들도 그것과 함께 죽었기 때문입니다. 그렇다면 우리에게 어울리는 묘비명은 무엇일까요? '십자가로 죽다. 생명을 주신 분이 생명을 거둬 가시다'가 적합할 것입니다."[4]

_나지안주스의 그레고리

심화 주석 이 사건은 뱀과 관련된 두 가지 성경 이야기를 돌아보게 합니다.

에덴동산에서 하나님은 (뱀의 형체를 띠고 있던) 사탄이 언젠가는 반드시 패배하게 될 것이라고 말씀하셨습니다(창 3:15). 모세가 높이 들었던 뱀은 그 약속을 생각나게 합니다. 그리고 모세와 아론이 바로의 요술사들과 대결했을 때, (뱀으로 변한) 아론의 지팡이가 (역시 뱀으로 변한) 요술사들의 지팡이를 삼켜 버림으로써 궁극적으로 모든 거짓 종교에 대해 승리를 거두게 될 것을 상징적으로 보여 주었습니다(출 7:8~13). 그러나 불행하게도 하나님이 선한 의도로 사용하신 것이 인간에 의해 잘못 사용될 수 있습니다. 후대에 전해져 예배의 대상이 된 놋뱀이 그 예입니다. 아마도 사람들은 그것에 마술적인 능력이 있을 것이라는 미신에 사로잡혔던 것 같습니다. 그것은 수 세기가 지난 후 히스기야 왕 때 비로소 파괴되었습니다(왕하 18:4).[5]

_켄 이슬리

"하나님은 독뱀에 물린 자들을 구원하시겠다고 약속하셨습니다 … 이 표적 곧 십자가에서 죽으신 분을 믿는 모든 자는 구원을 받습니다."[6]

_순교자 저스틴

이스라엘 백성은 의심만 한 것이 아니라, 하나님과 모세가 자신들을 배신했다고 비난했습니다. 하나님이 자신들을 광야에서 죽이려고 일부러 애굽에서 끌고 나오셨다고 생각했습니다. 참으로 심각한 반역이었습니다. 불평을 통해 이스라엘 백성은 하나님의 성품과 약속을 불신하는 자신을 드러냈습니다.

> **Leader** 광야에서 그들은 아담과 하와가 에덴동산에서 저질렀던 죄를 되풀이했습니다. 하와는 하나님의 진실하심을 의심하고 유혹에 넘어가고 말았습니다. 게다가 하나님이 그녀를 위해 최고의 계획을 갖고 계심을 의심했습니다. 이스라엘 백성도 똑같은 태도를 보였습니다. 그들은 인내하지 못하고, 하나님의 선하심에 대해 불신을 나타냈습니다.

Q 마음이 조급해져서 하나님이 당신 삶에 행하신 일에 대해 불평했던 적이 있습니까?

Q 감사하는 마음 없이 우리가 너무나 당연히 받아들이고 있는 하나님의 선물은 무엇입니까?

반역한 그들에게 하나님은 즉각 벌을 내리셨습니다. 누구라도 공포에 사로잡힐 만한 징계였습니다. 느닷없이 맹독을 가진 큰 뱀들이 진영에 나타나 사람들을 물어 죽인 것입니다. 하나님에 대한 그들의 불신은 심각한 죄였습니다. 하나님은 그것을 결코 가볍게 여기지 않으셨습니다. 자기가 처한 상황에 대해 거리낌 없이 불평하는 것은 곧 하나님의 성품을 헐뜯는 것이기 때문입니다.

> **Leader** 현대인들은 죄에 대한 처벌에 관해 읽는 것을 어렵게 느낄 수도 있지만, 성경은 분명합니다. 왜냐하면 하나님이 천지를 구원하고 회복하는 일에 헌신하시므로 죄는 마땅히 처벌되고 제거되어야만 하기 때문입니다. 불뱀 사건은 죄의 대가가 얼마나 큰지 우리에게 가르쳐 줍니다. 이스라엘 백성은 죄가 사망에 이르게 한다는 사실을 다시금 배워야만 했습니다.

반역한 이들이 하나둘씩 죽자, 그들은 모세에게 도움을 청하며 부르짖었습니다. 하나님과 작당하여 그들을 속였다고 비난받았던 자가 또다시 그들을 변호해야 하는 상황이 된 것입니다. 모세는 하나님 앞에 서서 기꺼이 그들의 죄를 변호했습니다.

백성의 부르짖음을 들으신 하나님은 그들이 믿음을 통해 회복할 길을 열어 주셨습니다. 참으로 역설적이게도 모세에게 놋뱀을 만들어 장대 위에 매달라고 명령하신 것입니다. 높이 달린 뱀의 형상을 쳐다보면 독뱀에 물린 자들은 죽지 않고 살게 될 것입니다.

> "쳐다보다"(민 21:9)로 번역된 히브리어 단어는 '무심하게 보다'나 '힐끗 보다'라는 뜻이 아닙니다. 시선을 고정해 무언가를 뚫어지게 쳐다보는 것을 의미합니다. 즉 이스라엘 백성은 나음을 입으려면 생각을 집중하고 마음을 모아서 놋뱀을 쳐다봐야 했습니다.

진영 안에 있던 사람들은 모세를 통해 주님의 음성을 들었습니다. 독뱀에 물린 자들이 장대 위에 달린 놋뱀을 쳐다봤습니다. 전심을 다해 바라볼 때, 회복이 일어났습니다. 그들에게는 분명 신비로운 경험이었고, 이것은 오늘날 우리에게도 마찬가지입니다.

하나님은 죄 심판의 상징물을 자비의 도구로 선택하셨습니다.

Q 이스라엘 백성에게 그 놋뱀을 쳐다보라고 하신 하나님의 명령은 왜 중요합니까?

Q 그들이 깨달아야 했던 진리는 무엇입니까?

2. 놋뱀은 그리스도의 구원을 가리킵니다(요 3:14~15)

이스라엘의 믿음 없음과 징계와 회복 이야기는 성경 역사에서 외따로 떨어져 있는 이야기가 아닙니다. 훗날 예수님도 이 이야기를 인용하셨습니다. 요한복음 3장에서 우리는 이것을 확인할 수 있습니다. 예수님은 어느 늦은 밤 니고데모와 만나 이야기를 나누셨습니다. 그는 로마제국이 이스라엘을 지배하던 시절 유대인의 지도자였고 바리새인입니다.

예수님은 사람이 하나님 나라에 들어가려면 거듭나야 한다고 니고데모에게 말씀하셨습니다. 그는 어리둥절한 표정으로 예수님께 질문을 쏟아냈습니다. "'거듭난다'는 것은 무슨 뜻입니까? 몸이 다시 태어나는 것입니까? 아니면 영적으로 다시 태어나는 것입니까? 유대 전통을 따르는 사람에게 그것은 무엇을 의미합니까?" 예수님은 질문에 대한 답으로 민수기 21장의 역사 이야기를 들려주시며 인자(예수님 자신을 가리킴)가 놋뱀과 같이 들려야 하는 이유를 설명해 주셨습니다.

¹⁴모세가 광야에서 뱀을 든 것같이 인자도 들려야 하리니 ¹⁵이는 그를 믿는 자마다 영생을 얻게 하려 하심이니라

이 두 구절에서 중요한 교훈을 발견할 수 있습니다.

첫째, 구약의 이야기가 천 년도 훨씬 지나서 예수님이 성취하실 일을 어떻게 예표하고 있는지를 볼 수 있습니다. 모세는 사람들이 볼 수 있도록 놋뱀을 높이 듦으로써 그것을 쳐다보는 사람들에게 치료법을 제공한 셈입니다. 이제 예수님은 그보다 훨씬 더 광범위한 치유 역사를 위해 들리실 것입니다. 놋뱀의 치유는 한시적이었지만, 예수님의 치유는 영구적입니다.

둘째, '들리다'로 번역된 헬라어는 그저 지나가는 사람이 보라고 뭔가를 들어 올린다는 뜻이 아닙니다. 복음서 저자는 숭배의 의미로 이 단어를 썼습니다. 예수님도 그와 같이 십자가에 달려 들리실 것입니다. 그분은 십자가에 달리신 동안 우리 죄를 사하시고 거룩한 하나님의 아들이자 완전한 인간으로서 구약의 예언을 성취하실 것입니다. 그리스도는 열방 위에 높임을 받으실 것이며, 그분을 바라보면 누구나 살 것입니다.

Q 십자가에 달리신 예수님의 모습이 수치스럽게 느껴집니까 아니면 영광스럽게 느껴집니까? 그렇게 생각하는 이유는 무엇입니까?

Q 예수님의 십자가 사건이 어떻게 수치이면서 동시에 영광일 수가 있습니까?

니고데모에게 주신 예수님의 말씀은 십자가 희생의 중요성을 강조한 것입니다. 불행히도 인간은 구세주를 바라보기보다는 우상을 바라보는 습성을 가지고 있습니다.

민수기 21장의 사건이 있고 수 세기가 지난 후 히스기야가 왕이 되었습니다. 그는 이스라엘에서 우상으로 섬기는 물건들을 제거한 의로운 왕이었습니다. 그중에는 모세가 광야에서 사용했던 놋뱀도 있었습니다. 이스라엘 사람들은 모세가 만들었던 놋뱀을 "이때까지 향하여 분향"(왕하 18:4)했습니다. 하나님이 한 세대를 위해 구원의 도구로 사용하셨던 것이 다른 세대에서는 예배의 대상이 되었던 것입니다. 우리가 흔히 그러듯이 그들은 진정한 구원자이신 하나님을 잊어버리고 우상을 섬겼습니다.

> 놋뱀에 붙여진 이름은 히브리어로 '네후스탄'인데, 그 뜻은 '놋으로 만든 것'입니다. 그렇습니다. 그분에 의해 시작되었고, 그분에 의해 구원받았으며, 그분에 의해 보존된 하나님의 백성이 '놋으로 만든 것'이라는 하찮은 것을 예배하며 소중한 시간을 낭비했던 것입니다. 어리석은 이스라엘의 모습은 오늘날 알게 모르게 그리스도가 아닌 다른 것들을 높이며 살아가는 우리의 모습을 돌아보게 합니다.

예수님이 십자가에 달리고자 하신 것은 그저 역사책에 기록될 만한 위인이나 사건이 되기 위함이 아니었습니다. 십자가 위에 달리신 그분의 몸은 여기저기 끌고 다니거나 가볍게 여길 만한 유물이 아닙니다. 놋뱀은 일시적인 치유를 제공했을 뿐입니다. 뱀에 물렸다가 나은 사람들도 결국은 죽음을 면치 못했습니다. 예수님은 더 큰 목적에 관심이 있으셨습니다.

성경은 예수님을 "믿는 자마다 영생을 얻게"(요 3:15) 될 것이라고 말합니다. "믿는 자마다"란 매우 강력한 말입니다. 예외가 없다는 뜻이기 때문입니다. 예수님을 믿는 자는 누구나 그분의 언약 안에 들어가게 됩니다. 다른 요건은 없습니다. 도덕성, 직업, 경제력, 권력 같은 것들은 중요하지 않습니다. 예수님을 믿는 자는 누구나 영생을 얻을 것입니다.

예수님의 대답은 니고데모에게 매우 충격적으로 들렸을 것입니다. 신실한 유대 제사장은 물론 이방인 로마 통치자에게도 영생이 주어질 수 있다는 것이니 말입니다. 예수님은 모든 사람에게 구원의 기회를 주고 계셨습니다.

우리 중에는 자기 죄는 용서받지 못할 만큼 심각한 정도는 아니라고 생각하는 사람이 많습니다. 그러면 저기 길가에서 자기 아이에게 큰 소리치는 사람에 대해서는 어떻게 생각하나요? '우리'와 다른 삶의 방식을 가진 다른 지역에 사는 사람들은 어떨까요? 지구 반대편에 사는 사람들은 또 어떨까요? 그들에게 어떤 희망이 있을까요? 예수님은 자신을 믿는 자는 누구나 예외 없이 영생을 얻게 될 것이라고 말씀하셨습니다.

우리는 자신이 어떤 사람인지 잘 알고 있습니다. 저는 아침마다 거울을 들여다봅니다. 그다지 구원받을 만한 사람처럼 보이지 않습니다. 도무지 만회할 수 있을 것 같지가 않습니다. 지금까지 내가 저지른 일들을 돌아보면, 예수님이 말씀하신 "믿는 자마다"에 나는 포함될 수 없다는 생각이 듭니다. 그러나 그분은 당신이 어떤 죄를 지었건, 얼마나 의심했건, 어떤 고통을 겪었건 상관없이 예수님을 바라보고 믿으면 영생을 선물로 주십니다.

> 예수님은 우리에게 믿으면 곧 구원해 주신다고 말씀하셨습니다. 우리의 어둡고 추한 죄에 내리시는 하나님의 아름다운 구원 약속입니다. 예수님은 약속하시면 반드시 행하시는 분입니다. 예수님의 의롭고 신실하신 성품은 우리에게 그분을 신뢰해도 좋다는 확신을 줍니다.

예수님은 대제사장으로서의 기도를 통해 영생을 다음과 같이 정바울은 사람들에게 하나님과 화목하도록 촉구했습니다. 그가 그렇게 권면했던 것은 그리스도의 사역이 인간과 하나님을 자동적으로 화해시키지는 않는다고 믿었기 때문입니다. 그리스도의 십자가 구원 역사는 모든 인간이 구원에 이르도록 하기에 충분하지만, 그것은 오직 믿는 자에게만 해당되는 것입니다. '화목하라'(헬라어로 '카탈라소')는 명령이 암시하는 바와 같이 복음을 듣는 자는 하나님과 화목하기 위해 그리스도를 믿어야 할 책임이 있습니다.[10]

리처드 L. 프랫 Jr.

의하셨습니다. "영생은 곧 유일하신 참 하나님과 그가 보내신 자 예수 그리스도를 아는 것이니이다"(요 17:3). 그리스도인으로서 우리는 하나님의 아들 예수 그리스도를 우리 죗값으로 내어 주신 하나님과 영원한 교제를 맺게 되었습니다. 우리를 구원하길 원하시며 우리에게 자신을 알리길 원하시는 하나님은 장대 위에 달린 놋뱀처럼 기꺼이 매달리겠노라고 하는 자기 아들을 보내 주셨습니다.

Q 예수님을 "믿는 자마다" 영생을 얻게 해 주신다는 하나님의 지혜를 의심하게 하는 나쁜 태도에는 어떤 것들이 있습니까?

Q 어떻게 하면 편애와 차별에 빠지지 않을까요?

3. 놋뱀은 선교의 기초를 가리킵니다(고후 5:20~21)

> **Leader**
> 믿음을 기초로 하는 예수님과의 관계가 맺어지면, 우리는 또 다른 특권을 누리게 됩니다. 그리스도 안에서 새로운 정체성과 역할을 부여받는 것입니다. 그리고 그리스도를 가리키며 다른 사람들에게 외치게 됩니다.
> "바라보고 생명을 얻으십시오!"

20그러므로 우리가 그리스도를 대신하여 사신이 되어 하나님이 우리를 통하여 너희를 권면하시는 것같이 그리스도를 대신하여 간청하노니 너희는 하나님과 화목하라 21하나님이 죄를 알지도 못하신 이를 우리를 대신하여 죄로 삼으신 것은 우리로 하여금 그 안에서 하나님의 의가 되게 하려 하심이라

> **Leader**
> 바울은 고린도 교회에 편지를 썼습니다. 대사로서의 역할을 상기시켜 주기 위한 것입니다. 그들은 더 이상 광야를 헤매는 고대 히브리인 방랑자가 아닙니다. 이제 그들은 왕의 대사가 되었습니다. 번성한 고대 도시 고린도의 시민들은 '대사'가 어떤 일을 하는 사람인지 잘 알고 있었습니다. 고린도는 아테네와 스파르타 사이의 주요 교역로에 자리한 해안 도시여서 다양한 정치적 이해를 대변하는 사절들이 정기적으로 이 도시를 지나갔습니다.

대사가 하는 역할은 강력한 통치자를 대변하는 것입니다. 대사는 자기 생각이 아닌 자신이 섬기는 왕의 뜻을 전달하는 사람입니다. 그는 자기 권세가 아닌 그가 속한 나라의 권능에 힘입어 행동합니다.

그리스도인도 이와 같은 일을 위해 부름받았습니다. 우리는 영광의 왕을 대변해 그분의 뜻을 세상에 전하며, 그분의 나라의 대변자로서 행동해야 합니다. 이것은 권리이자 특권이며 놀라운 축복입니다.

Q 그리스도께서 우리를 대신해 죄가 되신 것(고후 5:21)과 우리가 다른 이들에게 하나님과 화목하라고 간청하는 것(고후 5:20)은 어떤 관계가 있습니까?

Q 예수님이 우리를 위해 죄가 되신 것은 하나님의 성품과 사랑에 관해 무엇을 알려 줍니까?

> **Leader**
그리스도의 대사로서 우리가 해야 할 일은 왕국 바깥에 있는 사람들에게 믿음을 갖도록 설득하는 것입니다. 우리는 길을 잃은 자들이 그리스도 안에서 소망을 발견할 수 있도록 주님의 영이 우리를 통해 역사하시게 해야 합니다. 이것이야말로 하나님의 뜻과 하나님의 선교가 그분의 백성 안에 살아 역사하게 되는 길입니다.

바울은 죄 없이 완전하신 분, 곧 우리 구세주 예수님이 우리를 대신해 죄가 되셨다고 했습니다. 우리 죗값을 지불하기 위해 예수님은 스스로 죄의 무게와 심판을 감당하셨습니다. 당신과 내가 하나님과 화목할 수 있도록 그분은 불가능해 보이는 일을 해내셨습니다. 주님의 사역으로 말미암아 맞교환이 이루어졌습니다. 예수님이 자신의 선하심과 우리의 비참함을 맞바꾸신 것입니다. 이로써 우리는 주님을 믿으면 우리 죄를 주님의 의와 맞바꿀 수 있게 되었습니다. 우리를 위한 하나님의 위대하신 사역으로 말미암아 큰 혜택을 얻게 된 것입니다.

그리스도인이 친구나 원수에게 "하나님과 화목하십시오"라고 말하는 것은 생각보다 훨씬 더 큰 의미가 있습니다. 잃은 자들이 길을 찾고, 죽어 가는 자들이 구원을 얻으며, 죄인들이 하나님의 성품으로 말미암아 의롭게 되도록 초청하는 것이기 때문입니다.

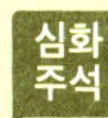 **심화 주석** 고린도후서 5장 21절은 바울이 주장한 '전가'(imputation)의 가르침에 비추어 보면 더 잘 이해할 수 있습니다. 이것은 다른 사람의 계좌에 무언가를 넣는다는 뜻입니다. 다른 사람에게 무언가를 '입금함' 또는 '계산함' 혹은 '결산함'이란 이 개념은 창세기 15장 6절과 시편 32편 1~3절에서도 발견되는 성경적 개념입니다. 바울은 로마서 4장에서 이 개념을 극대화합니다. 하나님이 예수님에게 죄를 전가하시고, 반대로 믿음을 가진 죄인에게 의를 부여하신다는 것입니다.[11]

핵심교리
99

36. 죄 - 위반

'어기다'(수 7:11), '잘못'(수 24:19), '허물'(렘 5:6), '반역'(애 3:42) 등으로 번역되는 영어 성경의 단어 transgression은 '바꾸다' 혹은 '지나가다'라는 뜻으로 하나님의 명백한 명령을 위반하는 행위와 연관되어 쓰이곤 합니다. 에덴동산에서 아담과 하와에게 주셨던 것처럼 하나님이 구체적인 명령을 주셨는데도 그것을 지키지 않으면 범죄하는 것입니다 (롬 5:14; 딤전 2:14). 이런 의미에서 죄란 법을 어기는 행위입니다.

결론

예수님은 죄의 무게를 감당하심으로써 가진 것이라곤 죄밖에 없는 우리로 하여금 의의 영광을 누리게 하셨습니다. 죄가 우리 삶에 가져온 것은 하나님의 영원한 형벌입니다. 그러나 예수님은 우리를 위해 그 모든 것을 감당하셨습니다. 우리를 대신해 십자가에 달리신 그분의 죽음은 감상적인 감동을 넘어 진실한 사랑을 보여 줍니다. 그것은 수치를 감내하고, 심판을 받으며, 모든 죗값을 치르겠다는 결단이기 때문입니다.

그리스도의 이와 같은 사랑과 은혜를 생각하면, 우리는 주어진 사명을 기꺼이 감당할 수밖에 없습니다. 그분은 죄인이 정결함을 입는 데 필요한 모든 일을 행하셨습니다. 역사상 최악의 인간으로부터 우리가 생각할 수 있는 가장 도덕적인 사람에 이르기까지 모든 인간은 그리스도의 구원하심을 필요로 합니다. 주님의 백성으로서 우리는 이 사실을 선포하고, 삶으로 증거하며, 기회가 될 때마다 이야기를 나눌 수 있어야 합니다.

그리스도와의 연결

이스라엘 백성이 장대 위에 높이 달린 놋뱀을 쳐다봄으로써 치유를 얻었던 것처럼, 우리도 십자가 위에 높이 달리신 예수 그리스도를 믿음으로 바라볼 때 죄의 심판에서 구원받을 수 있습니다.

하나님의 계획 우리의 사명

선교적 적용 하나님은 예수님이 우리를 위해 죄가 되셨으므로 다른 사람들도 십자가를 바라보고 영적 치유를 얻을 수 있도록 간구하라고 우리를 부르셨습니다.

1. 자기 안에서 죄를 발견했을 때, 또 공동체와 세상 속에서 죄를 발견했을 때 어떻게 해야 할까요?

2. 예수님을 믿는 자마다 구원을 얻는다는 진리가 복음을 전하는 데 어떤 도움이 됩니까?

3. "하나님과 화목하십시오"라고 말해 줄 사람이 있나요? 있다면 어떻게 말해 주면 좋을지 생각해 보세요

Summary and Goal

이 세션에서 우리는 하나님이 여호수아를 자기 백성의 새로운 지도자로 어떻게 세우시는지 보게 될 것입니다. 여호수아 3장에 나오는 많은 말씀과 행동은 이스라엘 역사 속에 등장하셨던 하나님의 말씀과 행동을 연상시킵니다. 하나님은 자기 백성이 하나님의 신실하심과 능력과 지혜를 되새길 수 있도록 훈련시키셨습니다. 그리스도인은 현존하시며 권능이 있으신 하나님이 우리는 알지 못하나 주님은 분명히 알고 계시는 미래로 우리를 인도해 주실 것을 믿고 따라야 합니다.

- **성경 본문**

- **세션 포인트**

- **신학적 주제**

- **그리스도와의 연결**

- **선교적 적용**

도입

군대에서의 반복 연습과 훈련 경험을 서로 나누어 보게 하십시오. 그리고 이 경험을 하나님이 이스라엘에게 유월절 음식을 준비하도록 지시하실 때 반복하게 하신 것과 연관 지어 설명해 주십시오.

믿음이 우리 삶에 확실하게 자리 잡고, 다음 세대에 잘 전달될 수 있도록 하기 위해 실천하는 영적 훈련에는 어떤 것들이 있습니까?

모세의 리더십에 관해 이야기해 주십시오. 그의 죽음이 지닌 의미를 설명한 후 이 세션을 요약하십시오.

전개

1
하나님이 우리보다 앞서 친히 행하십니다
(수 3:5~13)

'광야' 세대에 대한 배경 지식을 제공하십시오. 여호수아 3장 5~13절을 읽고, 하나님이 그들을 위해 준비하신 것들을 얻기 위해서는 책임이 따름을 지적해 주십시오. 앞서 행하시는 하나님에 대해 생각해 보고, 우리는 어떤 준비와 행동을 해야 할지 묵상하게 하십시오.

하나님이 마음껏 일하실 수 있도록 마음을 정결하게 하고, 영적으로 준비하는 것이 중요한 이유는 무엇일까요?

마음을 준비하는 데 어떤 것들이 도움이 될까요?

하나님이 모세와 함께하신 것처럼 여호수아와도 함께하신 이야기에 주목하십시오. 여호수아의 삶에 나타난 하나님 나라의 역동성에 관해 말해 주십시오. 그는 스스로 권위를 주장할 필요가 없었습니다. 하나님이 하실 것이기 때문입니다. 부록 2: '약속의 땅에서 예수님 바라보기'를 보여 주고, 여호수아에게서 발견할 수 있는 예수님의 예표를 지적해 주십시오.

하나님이 여호수아에게 그와 함께하시며 능력을 베풀어 주실 것을 약속하시는 것이 중요한 이유는 무엇일까요?

인생 역경 가운데 하나님은 어떤 방식으로 '우리보다 앞서' 행하십니까?

"요단에 들어서라"(수 3:8)는 명령이 출애굽기 14장 13절에서 하나님이 모세에게 주신 명령을 어떻게 상기시키는지 설명해 주십시오.

이 현장에 있던 사람들은 조상들에게서 바다를 가르는 하나님의 능력에 관해 들어 알고 있었지만, 그 기적을 직접 체험한 사람은 거의 없었습니다. 각 세대가 단순히 전해 내려오는 이야기에 의지하지 않고, 스스로 주님이 베푸시는 놀라운 일의 증인이 되는 것이 중요한 이유는 무엇일까요?

여호수아 3장 14~17절을 읽고, 요단 강을 건너는 데 왜 그렇게 큰 믿음이 필요했는지 설명해 주십시오.

눈앞에 펼쳐진 일을 보고 두려움에 사로잡혔을 때, 어떻게 대처했나요?

여호수아 3장 이야기가 하나님을 따라야 하는 이유를 생생하게 알려 준다는 사실과 하나님은 그리스도인이 주님께 순종하기를 기대하는 만큼 이스라엘도 주님께 순종하기를 기대하셨다는 사실을 강조하십시오.

믿음 가운데 하나님께 순종하도록 서로 격려하고 지원하는 일을 우리 교회는 얼마나 잘 해내고 있습니까? 어떻게 하면 더 잘할 수 있을까요?

2
하나님은 우리에게 믿음의 순종을 요구하십니다
(수 3:14~17)

하나님의 백성에게 기억하는 것이 얼마나 중요한지 알려 주십시오. 그러고 나서 자원자에게 여호수아 4장 19~24절을 읽게 하십시오. 계속 전진해 나가야 하는 이스라엘 백성의 삶 속에서 열두 돌이 갖는 의미와 기능에 관해 설명해 주십시오.

당신 삶에 역사하신 하나님의 강한 능력에 관해 마지막으로 간증했던 때가 언제입니까? 다른 사람들의 간증에서 우리는 어떻게 힘을 얻을 수 있습니까?

하나님이 성찬과 전도의 과정을 통해 주님의 능력을 어떻게 기억하고 간증하게 하시는지 알려 주십시오.

간증하지 못하도록 가로막는 장애물은 무엇입니까?

3
하나님은 우리에게 그분의 권능을 기억하고 증거하라고 요구하십니다
(수 4:19~24)

결론

십자가와 주님이 행하신 기적들을 기억함이 중요함을 다시 한번 강조하며 마치십시오. 이 세션에서 배운 진리를 '하나님의 계획, 우리의 사명'에서 적용해 보십시오.

3. 앞서 행하시는 하나님

도입

군인들은 신병 훈련소에 입소해 제대할 때까지 정기적으로 훈련을 받습니다. 군대의 제식법, 행군법 등은 사실 몇 번만 배우면 다 할 수 있는 것들이지만, 군 지휘관들은 몸으로 익힐 때까지 반복해서 가르칩니다. 그들은 사병들이 당연히 알고 있으리라 짐작하고 소홀히 가르치지 않습니다. 반복 연습은 단지 몸으로 기억하는 것 이상을 가르치기 때문입니다. 반복 연습을 통해 복종과 규율과 존중을 다음 세대에 가르치는 것입니다.[1]

> **Leader** — 이스라엘 백성에게는 다음 세대에 전할 소중한 전통이 있었습니다. 하나님이 그들의 조상을 애굽에서 인도해 내셨습니다. 자기 백성을 위해 싸워 남의 땅에서 구출해 낼 능력이 있음을 증명해 보이신 것입니다. 또한 바로와 자연의 힘보다도 우월하며 전능하심을 보여 주셨습니다. 심지어 이스라엘보다 앞서 행하여 그들의 길을 곧게 하는 능력도 가지고 계심을 보여 주셨습니다.

하나님은 애굽에서 이스라엘 백성에게 대대로 유월절 음식을 준비하고 자녀들에게 유월절의 의미를 가르치라고 명령하셨습니다(출 12:24~27). 어떤 면에서 보면 이 지시는 군대 훈련과도 같습니다. 반복 연습을 통해 순종, 규율, 하나님에 대한 경외심을 가르쳐 주기 때문입니다.

Q 믿음이 우리 삶에 확실하게 자리 잡고, 다음 세대에 잘 전달될 수 있도록 하기 위해 실천하는 영적 훈련에는 어떤 것들이 있습니까?

> **Leader** — 하나님은 이스라엘의 지도자 모세에게 유월절이 시작되기 전과 그 기간 동안 지켜야 할 행동 지침을 주셨습니다. 모세는 하나님과 대면해 대화를 나누던 사람으로(출 33:11) 이스라엘에게는 매우 소중한 존재였습니다. 그러나 여호수아 1장에서 하나님은 모두의 마음을 근심케 할 만한 소식을 여호수아에게 전하십니다.

"내 종 모세가 죽었으니"(수 1:2). 모든 이스라엘 백성이 근심하기 시작합니다. '이제 모세가 없으니, 우리는 어떻게 하지?' 해방자요, 율법의 전달자요, 중재자였던 모세가 죽었기 때문입니다. 40년 만에 처음으로 이스라엘에서 지도자가 사라진 것입니다.

Session Summary

이 세션에서 우리는 하나님이 여호수아를 자기 백성의 새로운 지도자로 어떻게 세우시는지 보게 될 것입니다. 여호수아 3장에 나오는 많은 말씀과 행동은 이스라엘 역사 속에 등장하셨던 하나님의 말씀과 행동을 연상시킵니다. 하나님은 자기 백성이 하나님의 신실하심과 능력과 지혜를 되새길 수 있도록 훈련시키셨습니다. 그리스도인은 현존하시며 권능이 있으신 하나님이 우리는 알지 못하나 주님은 분명히 알고 계시는 미래로 우리를 인도해 주실 것을 믿고 따라야 합니다.

> **심화주석** '거룩하다'로 번역되곤 하는 히브리어 '카다쉬'가 여기서는 "성결하게 하다"(수 3:5)로 번역되었습니다. 독일 신학자 카일(Keil)은 시간의 제약 때문에 이들이 출애굽기 19장에 나온 바와 같이 옷을 빨고 외적인 정결례를 따르는 것과 같은 과정을 거치지는 않았으리라 봅니다. 오히려 성결하게 하는 것은 "그분의 약속에 대한 믿음과 신뢰 가운데 하나님께 마음을 향하고 기꺼이 그분의 명령에 순종하기로 결정하며, 주님이 훗날 그들 가운데 행하실 은혜의 기적을 마음속으로 기대하는 것"이라고 말했습니다.[3]

전개

1. 하나님이 우리보다 앞서 친히 행하십니다(수 3:5~13)

> **Leader**
>
> 여호수아는 이스라엘 백성이 주님을 떠나 방황하기 쉽다는 것을 잘 알고 있었습니다. 열 명의 정탐꾼이 전하는 부정적인 보고를 듣고(민 13:32), 애굽으로 돌아가기로 결정한(민 14:3-4) 이스라엘은 그 대가로 광야에서 40년을 보내야 했습니다. 하나님은 출애굽 과정에서 주님의 영광과 표적을 목격하고도 주님을 믿고 따르지 않은 자들에게 약속의 땅을 허락하지 않으셨습니다(민 14:22~23). 한 세대가 지난 후에야 비로소 하나님은 그들 후손에게 약속의 땅을 허락하셨습니다. 하나님은 여호수아에게 다음과 같은 지침을 주십니다.

⁵여호수아가 또 백성에게 이르되 너희는 자신을 성결하게 하라 여호와께서 내일 너희 가운데에 기이한 일들을 행하시리라 ⁶여호수아가 또 제사장들에게 말하여 이르되 언약궤를 메고 백성에 앞서 건너라 하매 곧 언약궤를 메고 백성에 앞서 나아가니라 ⁷여호와께서 여호수아에게 이르시되 내가 오늘부터 시작하여 너를 온 이스라엘의 목전에서 크게 하여 내가 모세와 함께 있었던 것같이 너와

"기이한 일들"로 번역된 히 브리어 단어는 초자연적인 사건을 가리킵니다. 즉 '하나님의 창 조와 섭리 가운데 나타나는 기적들' 이란 뜻입니다.[5]

"하나님이 일하시도록 우리 마음과 영혼과 생각을 준비할 때, 우리는 주님을 기대하고, 주님께 듣고, 주님을 볼 수 있는 위치에 서게 됩니다."[6]
_마이클 캣

함께 있는 것을 그들이 알게 하리라 [8]너는 언약궤를 멘 제사장들에게 명령하여 이르기를 너희가 요단 물 가에 이르거든 요단에 들어서라 하라 [9]여호수아가 이스라엘 자손에게 이르되 이리 와서 너희의 하나님 여호와의 말씀을 들으라 하고 [10]또 말하되 살아 계신 하나님이 너희 가운데에 계시사 가나안 족속과 헷 족 속과 히위 족속과 브리스 족속과 기르가스 족속과 아모리 족속과 여부스 족속 을 너희 앞에서 반드시 쫓아내실 줄을 이것으로서 너희가 알리라 [11]보라 온 땅 의 주의 언약궤가 너희 앞에서 요단을 건너가나니 [12]이제 이스라엘 지파 중에서 각 지파에 한 사람씩 열두 명을 택하라 [13]온 땅의 주 여호와의 궤를 멘 제사장들 의 발바닥이 요단 물을 밟고 멈추면 요단 물 곧 위에서부터 흘러내리던 물이 끊 어지고 한 곳에 쌓여 서리라

여호수아는 하나님이 놀라운 일을 행하실 것이라고 백성에게 공 표했습니다. 그 놀라운 일이 무엇인지는 알 수 없었지만, 그들은 기대감 에 한껏 들떴습니다. 그러나 하나님이 그들을 위해 준비하신 것들을 받 으려면 그들 스스로 준비되어야 할 책임이 있었습니다.

> 하나님이 행하시기에 앞서 사람이 먼저 준비돼 있어야 합니다. 현대 선교의 아버 지 윌리엄 캐리가 "하나님으로부터 위대한 일을 기대하고, 하나님을 위해 위대한 일을 시도하라!"고 말한 것은 바로 이러한 이유 때문이었습니다.[4]

'성결' 혹은 '정결'이란 하나님이 그들 가운데 일하실 수 있도록 사 람이 자신을 거룩하게 구별하는 행위를 말합니다. 단순히 마음을 혼미하 게 하는 것을 제거하는 것만이 아니라, 하나님이 우리 안에서 그리고 우 리를 통해 일하실 수 있도록 온 마음을 다해 내적으로 준비하는 것입니 다. 이스라엘 백성은 그들을 위해 하나님이 행하실 기적을 체험할 준비 가 되어 있어야만 했습니다.

Q 하나님이 마음껏 일하실 수 있도록 마음을 정결하게 하고, 영적으로 준비하는 것이 중요한 이유는 무엇일까요?

Q 마음을 준비하는 데 어떤 것들이 도움이 될까요?

우리는 본문에서 주님이 여호수아와 언약을 어떻게 갱신하셨고, 그가 모세의 뒤를 잇는 새 지도자임을 어떻게 증명하셨는지를 볼 수 있 습니다. 하나님이 여호수아에게 말씀하셨습니다. "내가 모세와 함께 있 었던 것같이 너와 함께 있을 것임이니라"(수 1:5).

> 두 사람의 신발에 관한 병행 기사들에 나타나 있듯이 주님은 모세와 함께하셨던 것처럼 여호수아와도 함께하실 것입니다. 모세는 불타는 떨기나무 가운데 나타나신 하나님의 음성을 듣습니다. "네가 선 곳은 거룩한 땅이니 네 발에서 신을 벗으라"(출 3:5). 그런데 여호수아도 똑같은 말씀을 듣습니다. "네 발에서 신을 벗으라 네가 선 곳은 거룩하니라"(수 5:15).

하나님은 홍해를 가르실 때 모세와 함께하셨던 것처럼 여호수아와도 권능으로 함께하셨습니다. 하나님은 모세와 이스라엘 백성이 광야로 건너갈 수 있도록 홍해를 가르셨던 것처럼 여호수아와 이스라엘 백성이 약속의 땅으로 건너갈 수 있도록 요단 강을 여셨습니다.

> 모세와 함께하며 어둠 가운데 빛을 허락하셨던 주님이 여호수아와도 함께하셨습니다. 출애굽기 13장 21절에서 주님은 모세와 이스라엘 백성을 어둠 가운데서 이끄실 때 불기둥을 허락해 주셨습니다. 여호수아 10장 12~13절에서 하나님은 여호수아와 이스라엘 백성이 다섯 왕과 맞서 싸워 이길 수 있도록 종일토록 태양을 중천에 붙들어 두심으로 어둠이 오는 것을 늦춰 주셨습니다. 덕분에 여호수아는 대적을 물리칠 수 있는 충분한 시간을 벌 수 있었습니다.

하나님이 여호수아보다 앞서 행하시며 길을 예비하셨습니다. 여호수아가 백성 앞에 나가서 자기 권위를 주장하거나 존경받기 위해 애쓰지 않아도 되었습니다. 하나님이 백성 앞에서 여호수아를 높여 주셨기 때문에, 그들은 그동안 모세의 리더십을 신뢰했던 것처럼 여호수아에게도 똑같은 신뢰를 보냈습니다. 여호수아가 할 일은 계속해서 겸손히 행하며 하나님이 그를 높이실 것을 신뢰하는 것이었습니다.

이것이 바로 하나님 나라의 역동성입니다. 훗날 예수님은 자기를 낮추는 자는 높아지고(마 23:12), 나중 된 자가 먼저 될 것이며(마 19:30; 20:16), 자기 목숨을 잃는 자가 목숨을 얻을 것이요(마 10:39; 16:25), 기꺼이 섬기는 자가 큰 자가 되며(마 23:11), 죽고자 하는 자가 살 것이라고 말씀하셨습니다(요 12:25).

Q 하나님이 여호수아에게 그와 함께하시며 능력을 베풀어 주실 것을 약속하시는 것이 중요한 이유는 무엇일까요?

Q 인생 역경 가운데 하나님은 어떤 방식으로 '우리보다 앞서' 행하십니까?

> 하나님은 여호수아에게 언약궤를 멘 제사장들로 하여금 요단 강에 들어가 서 있게 하라고 명령하셨습니다. 요단 강 동편에서 서편까지 마치 교통 표지판처럼 서

핵심교리 99

12. 전능하신 하나님

하나님은 전능하십니다. 하나님이 뜻하시는 일은 무엇이든지 하실 수 있습니다. 거대한 태양계에서부터 미세한 입자에 이르기까지 하나님 자신이 창조한 온 우주 만물에 대해 권세와 권능을 가지고 계십니다. 그런데 하나님의 전능하심을 단언하다고 해서 하나님도 죄를 지으실 수 있다는 것은 아닙니다. 하나님은 자기 성품과 본질에 위배되는 일을 뜻하지 않으시기 때문입니다. 죄를 짓는 일은 하나님의 완전한 도덕적 성품에 어긋나는 일입니다. 그렇기 때문에 하나님은 전능하시지만 죄짓는 일을 의도하지 않으시며, 그러한 일을 하실 수도 없습니다. 그리스도인으로서 우리는 전능하신 하나님이 선하시다는 믿음 안에서 안식을 누리며, 전능하신 하나님이 우리의 유익과 기쁨을 위해 일하고 계신다는 사실을 아는 데서 큰 위안을 얻습니다.

심화토론

• 믿음의 순종을 위해 이번 주에 실천할 수 있는 행동은 무엇입니까? 이를 위해 공동체는 어떤 도움을 줄 수 있습니까?

있게 하셨습니다. 언약궤를 멘 제사장들의 발이 강에 닿자마자, 흐르는 물이 멈췄습니다. 한쪽에는 물이 쌓여 마치 벽처럼 세워졌고, 반대쪽에 있던 물은 사해를 향해 흘러갔습니다.

"요단에 들어서라"(수 3:8)는 명령은 바로의 맹렬한 추격에 쫓겨 이스라엘 백성이 홍해 해변에 섰을 때 하나님이 모세에게 하셨던 명령을 상기시킵니다(출 14:13). 이스라엘 백성은 탈출구가 보이지 않는 현실과 바로가 그들을 대량 학살할지도 모른다는 공포심에 사로잡혀 공황 상태에 빠졌습니다. 급기야 모세를 돌로 치려 했습니다. 그들은 모세가 자신들을 위태로운 상황에 빠지게 했다고 생각해 비난했습니다.

모세가 백성에게 말했습니다. "너희는 두려워하지 말고 가만히 서서 여호와께서 오늘 너희를 위하여 행하시는 구원을 보라"(출 14:13). 그들이 말씀대로 가만히 서서 기다리자, 하나님이 홍해를 열어 주셨습니다. 마찬가지로 제사장들의 발이 요단 물을 밟고 멈추면 흘러내리던 물이 끊어지고 강은 곧 약속의 땅으로 건너갈 수 있는 큰 길이 될 것이었습니다.

Q 이 현장에 있던 사람들은 조상들에게서 바다를 가르는 하나님의 능력에 관해 들어 알고 있었지만, 그 기적을 직접 체험한 사람은 거의 없었습니다. 각 세대가 단순히 전해 내려오는 이야기에 의지하지 않고, 스스로 주님이 베푸시는 놀라운 일의 증인이 되는 것이 중요한 이유는 무엇일까요?

2. 하나님은 우리에게 믿음의 순종을 요구하십니다(수 3:14~17)

> 이스라엘 백성의 믿음이 시험받는 순간이 찾아왔습니다. 그들이 하나님을 믿고 요단 강을 건너갈까요?
>
> Leader

[14]백성이 요단을 건너려고 자기들의 장막을 떠날 때에 제사장들은 언약궤를 메고 백성 앞에서 나아가니라 [15]요단이 곡식 거두는 시기에는 항상 언덕에 넘치더라 궤를 멘 자들이 요단에 이르며 궤를 멘 제사장들의 발이 물 가에 잠기자 [16]곧 위에서부터 흘러내리던 물이 그쳐서 사르단에 가까운 매우 멀리 있는 아담 성읍 변두리에 일어나 한 곳에 쌓이고 아라바의 바다 염해로 향하여 흘러가는 물은 온전히 끊어지매 백성이 여리고 앞으로 바로 건널새 [17]여호와의 언약궤를 멘 제사장들은 요단 가운데 마른 땅에 굳게 섰고 그 모든 백성이 요단을 건너기를

마침 때까지 모든 이스라엘은 그 마른 땅으로 건너갔더라

자신이 요단 강을 향해 걸어가고 있는 이스라엘 백성 중 한 명이라고 상상해 보십시오. 물론 과거에 이스라엘 자손이 바다 가운데 마른 땅으로 홍해를 건너갔다고는 하지만, 그때 그 사람들은 이곳에 없습니다. 지금은 대부분 새로운 세대입니다.

어쩌면 당신은 자기 세대의 믿음이 충만하지 않다고 생각할지도 모릅니다. 또 예배를 충분히 드리지 못한 세대라고 생각할 수도 있습니다. 그동안 율법과 규율을 철저히 지키지 못한 것을 반성할지도 모릅니다. 그래서 궁금해집니다. '과연 하나님이 이 세대에게도 홍해를 건너는 것과 같은 일을 베풀어 주실까?' 당신은 계속해서 걸어갑니다. 차근차근 발걸음을 옮기며 끊임없이 걱정합니다. 믿음에 관해 혹은 믿음 없음에 관해 계속해서 자기 자신과 대화를 나눕니다.

제사장들이 먼저 강가에 도착합니다. 그들이 강에 발을 담그자 꽤 먼 거리에서부터 물길이 멈추고 북쪽에 물이 쌓입니다. 사해로 흘러가는 남쪽 물이 끊긴 것입니다. 마침 곡식을 거두는 시기라 강물이 넘칠 지경인데도(수 3:15) 땅은 말라 가고 있습니다. 이 세대를 위해 큰길이 열린 것입니다. 이게 말이 됩니까? 당신은 앞사람이 걸어간 길을 따라 들어갈 용기가 있습니까? 그들의 행동에 당신의 목숨을 맡길 수 있겠습니까?

Q 눈앞에 펼쳐진 일을 보고 두려움에 사로잡혔을 때, 어떻게 대처했나요?

이 세션의 이야기는 하나님의 축복을 받기 위해서는 하나님의 방식대로 일해야 하며, 하나님께 순종해야 한다는 사실을 생생하게 전해 주고 있습니다. 존 H. 새미스(John H. Sammis)는 한 젊은이가 믿음으로 주님을 따르기로 결심한다는 내용의 찬송가 가사를 써서 이 진리를 시적으로 표현했습니다("예수 따라가며"〈새찬송가 449장, 통일찬송가 377장〉). D. L. 무디의 설교를 들은 한 젊은이가 비록 그 내용을 다 이해하지는 못했지만, 하나님을 따르기로 작정한 것을 가사로 쓴 것입니다.

"예수 따라가며 복음 순종하면 우리 행할 길 환하겠네. 주를 의지하며 순종하는 자를 주가 늘 함께하시리라. 의지하고 순종하는 길은 예수 안에 즐겁고 복된 길이로다."[9]

> 믿는 자가 평소에 다른 사람들에게 "믿음을 가져라"라고 조언하는 것은 쉬운 일

**심화
주석** 이스라엘 백성은 첫 달 열흘
째 날에 흠 없고 일년 된 어
린양 한 마리를 유월절 양으로 취해
야 합니다. 그리고 그 양을 잡기 전에
나흘간 집에 두어야 합니다(출 12:2
~6). 호세아는 이스라엘 백성에 관해
이렇게 이야기한 바 있습니다.
"이스라엘은 완강한 암소처럼 완강
하니 이제 여호와께서 어린양을 넓
은 들에서 먹임같이 그들을 먹이시
겠느냐"(호 4:16).
그런데 흥미롭게도 그들은 호세아의
묘사와 달리 여호수아의 리더십 아래
어린양처럼 순종했습니다(수 24:31;
삿 2:7). 이스라엘 백성은 나흘 후에
유월절을 지킬 것입니다(수 5:10). 우
리는 이것을 목자가 그의 양들을 이
끄는 모습과 연관 지어 생각해 볼 수
있습니다(사 40:11).

입니다. 그러나 위기에 봉착했을 때 다른 사람들에게 "믿음을 가져라"라고 조언
하는 것은 결코 쉬운 일이 아닙니다.

공동체 생활을 하던 이스라엘은 순종 문제로 씨름할 때 서로 힘을
주고 격려하며 의지할 수 있었습니다. 하나님은 그리스도인이 주님께 순
종하기를 원하시는 것처럼 이스라엘도 순종하기를 기대하셨습니다.

Q 믿음 가운데 하나님께 순종하도록 서로 격려하고 지원하는 일을 우리 교회는
얼마나 잘 해내고 있습니까? 어떻게 하면 더 잘할 수 있을까요?

3. 하나님은 우리에게 그분의 권능을 기억하고 증거하라고 요구하십니다(수 4:19~24)

> **Leader** 여호수아서 저자는 여호수아 4장 19~24절을 통해 무엇인가를 '기념하는 행위'와
'본을 보이는 것'의 가치를 설명해 줍니다.

[19]*첫째 달 십일에 백성이 요단에서 올라와 여리고 동쪽 경계 길갈에 진 치매*
[20]*여호수아가 요단에서 가져온 그 열두 돌을 길갈에 세우고* [21]*이스라엘 자손들
에게 말하여 이르되 후일에 너희의 자손들이 그들의 아버지에게 묻기를 이 돌
들은 무슨 뜻이니이까 하거든* [22]*너희는 너희의 자손들에게 알게 하여 이르기를
이스라엘이 마른 땅을 밟고 이 요단을 건넜음이라* [23]*너희의 하나님 여호와께서
요단 물을 너희 앞에서 마르게 하사 너희를 건너게 하신 것이 너희의 하나님 여
호와께서 우리 앞에 홍해를 말리시고 우리를 건너게 하심과 같았나니* [24]*이는 땅
의 모든 백성에게 여호와의 손이 강하신 것을 알게 하며 너희가 너희의 하나님
여호와를 항상 경외하게 하려 하심이라 하라*

> **Leader** 이스라엘은 요단 강에서 첫 달 십 일에 올라와 여리고 성의 동쪽 경계에 있는 길
갈에서 야영했습니다. 길갈은 여리고 성 전투에 앞서 하나님이 백성을 준비시키
기 위해 사용하신 매우 의미심장한 지역입니다.

여호수아는 열두 지파를 대표하는 열두 명에게 지시해 요단 강 가
운데서 돌들을 취하게 했습니다(수 4:5). 그리고 그는 이제 그 돌들을 길
갈에 세우게 하고 그 이유를 설명합니다. 그는 이 돌들이 이스라엘 백성
이 요단 강 가운데 마른 땅으로 건널 수 있도록 하나님이 길을 내신 것을

기념하고 기억하기 위해 세워졌다고 했습니다. 그리고 미래에 자손들이 "이 돌들은 무엇을 뜻하는 것입니까?" 하고 물으면 알 수 있도록 모든 부모와 지도자가 그들 자손에게 이 뜻을 반드시 가르치도록 했습니다.

> **Leader** 부모에게는 자녀에게 유대인의 역사 가운데 나타나신 하나님의 이야기를 전해야 할 의무가 있습니다. "네 자녀에게 부지런히 가르치며 집에 앉았을 때에든지 길을 갈 때에든지 누워 있을 때에든지 일어날 때에든지 이 말씀을 강론할 것이며"(신 6:7). 이 돌들은 하나님의 역사를 상기시켜 줍니다.

이 모든 기적은 하나님은 전능하시며 영원토록 경외하고 두려워할 만한 분이라는 사실을 세상 모든 사람에게 증거하도록 베풀어졌습니다. 이 돌들처럼 우리도 하나님과 그분의 역사에 관한 놀라운 이야기를 전해야 합니다.

Q 당신 삶에 역사하신 하나님의 강한 능력에 관해 마지막으로 간증했던 때가 언제입니까? 다른 사람들의 간증에서 우리는 어떻게 힘을 얻을 수 있습니까?

하나님은 이스라엘 백성을 약속의 땅으로 데려가시기 위해 주님이 어떤 일을 하셨는지 기억할 수 있도록 기념비를 세우라고 여호수아와 백성에게 명령하셨습니다. 예수님은 배신을 당하신 바로 그날 밤 우리를 죄에서 구원하기 위해 자신을 희생 제물로 내어주심을 기억하라고 제자들에게 명령하셨습니다. 그리스도인은 성찬에 참여할 때마다 예수님의 죽음과 부활을 통해 죄를 멸하기로 하신 하나님의 계획을 기억합니다.

하나님은 우리에게 그분의 권능을 기억하고 증거하라고 요구하십니다. 모세가 백성을 어떻게 인도해야 할지 하나님께 여쭈었을 때, 주님은 그의 지팡이를 뱀으로 바꾸셨습니다. 하나님은 "그들에게 그들의 조상의 하나님 곧 아브라함의 하나님, 이삭의 하나님, 야곱의 하나님 여호와가 네게 나타난 줄을 믿게 하려"(출 4:5) 기적을 일으켰다고 말씀하셨습니다. 하나님은 우리에게 서로 복음을 나누고, 믿지 않는 사람들에게도 복음을 전하여 믿음으로 인도하라고 요구하십니다.

Q 간증하지 못하도록 가로막는 장애물은 무엇입니까?

심화주석 여호수아가 돌들을 세우고 나서 이스라엘 백성에게 자녀들이 그에 관해 묻거든 어떻게 답해야 할지 알려 주었던 것처럼(수 4:20~24), 모세도 유월절에 관해 질문하는 자녀들에게 어떻게 답해야 할지 가르쳐 주었습니다. "후일에 네 아들이 네게 묻기를 이것이 어찌 됨이냐 하거든 너는 그에게 이르기를 여호와께서 그 손의 권능으로 우리를 애굽에서 곧 종이 되었던 집에서 인도해"(출 13:14) 내셨다고 하라고 말입니다.

심화주석 길갈과 요단 강에 세운 돌들은 기념비였습니다(수 4:8~9). '강 속에 있는 돌을 누가 본다고 그러는 거지?' 하고 생각할지도 모릅니다. 그러나 하나님이 보십니다. 어쩌면 엘리야와 엘리사도 마른 땅 위로 요단 강을 건널 때(왕하 2:8, 14) 그 돌들을 보고 용기를 얻었을지 모릅니다.

결론

죄를 알지도 못하시는 예수 그리스도께서 죄인들을 구속하기 위해 죄가 되셨습니다. 십자가에서 죄인들을 위해 죽으실 때, 그분의 이마와 손과 발에서 피가 뚝뚝 떨어졌습니다. 주님은 도저히 값을 치를 수 없는 사람들을 위해 십자가에서 자기 생명을 기꺼이 내어 주심으로써 위대한 사랑을 나타내 보여 주셨습니다.

성찬에 참여하면서도 십자가의 중요성은 놓치기 쉽습니다. 그러나 십자가를 절대로 잊지 마십시오. 하나님의 기적은 단순히 개인적 교화를 위해 주어진 것이 아닙니다. 기적을 경험하는 사람들에게 영감을 주어 하나님을 믿게 하고, 그분께 영광을 돌리도록 하기 위함입니다. 주님은 당신이 주님을 증거하는 데 필요한 용기를 북돋워 주실 것입니다.

그리스도와의 연결

예수님도 우리의 구원을 위해 자신이 죽으심을 기억하라고 말씀하셨습니다. 그리하여 예수님의 속죄의 죽음을 나타내는 성찬을 제정하시고 이를 기념하여 행하라고 명하셨습니다.

하나님의 계획 우리의 사명

선교적 적용 하나님은 우리를 위해 그리스도께서 행하신 위대한 일들을 사람들에게 전함으로써 그들도 그리스도의 능력을 알게 하라고 우리를 부르셨습니다.

1. 하나님이 앞서 행하시며 그분의 권능을 보여 주신 경험이 있다면 나누어 봅시다.

2. 하나님이 당신에게 믿음으로 행하도록 요청하시는 구체적인 행동은 무엇입니까?

3. 예수 그리스도 안에 있는 하나님의 구원 능력을 증거하지 못하고 침묵하는 것을 극복하기 위해 그리스도인은 서로 어떻게 도울 수 있을까요?

Summary and Goal

이 세션에서 우리는 여리고 성 함락에 관한 이야기를 공부하며, 하나님이 미련해 보이는 일로 세상의 지혜 있는 자들을 어떻게 당황하게 하시는지를 보게 될 것입니다. 또한 보이는 세상의 힘을 제압하시는 보이지 않는 하나님의 능력을 보게 될 것입니다. 그리고 라합의 이야기를 통해 하나님을 믿는 누구에게나 자비와 은혜를 베푸시는 주님을 보게 될 것입니다. 그리스도인은 하나님이 언약을 성취하시고 자비를 베푸시는 분임을 믿기에 상황이 심상치 않게 돌아가더라도 그분께 순종합니다.

- **성경 본문**

  여호수아 6:1~5

  여호수아 6:22~25

- **세션 포인트**

  1. 하나님은 하나님의 적들과 싸워 승리할 것을 약속하십니다(수 6:1~5)
  2. 하나님의 백성은 하나님의 적들에 대한 승리를 위해 준비하고 순종합니다
     (수 6:15~21)
  3. 하나님은 하나님의 적들 가운데서 남은 자를 빼내어 구출하십니다
     (수 6:22~25)

- **신학적 주제**

  하나님의 명령이 아무리 기이해 보일지라도 주님은 자기 백성의 신실한 순종을 통해 승리를 거두십니다

- **그리스도와의 연결**

  하나님은 자기 아들의 신실한 순종을 통해 원수들에 대한 궁극적인 승리를 거두십니다

- **선교적 적용**

  하나님은 그분의 말씀과 우리의 기도와 간증을 무기 삼아 이 세상에서 악의 세력에 대항해 싸우도록 우리를 부르셨습니다

● **Session
Plan**

도입

고란 이바니세비치의 이야기를 들려주십시오. 여호수아 6장의 극적인 상황에 대한 이해를 도울 수 있을 것입니다.

과거에 하나님이 하신 일로 인해 깜짝 놀랐던 적이 있습니까?

세션 3에서 배운 이스라엘 백성이 요단 강을 건넜던 이야기를 상기시켜 주고, 여리고 성이 함락되는 이야기를 다루는 이 세션을 요약하십시오.

전개

1
**하나님은
하나님의 적들과 싸워
승리할 것을 약속하십니다**
(수 6:1~5)

여호수아 6장 1~5절을 읽으십시오. 하나님께는 아무것도 아니지만, 인간에게는 난공불락의 요새처럼 보이는 여리고 성과 그 성벽을 강조하십시오.

하나님이 당신에게 명확한 지시를 내리셨는데, 다른 사람들이 그것에 대해 의심을 품는다면 당신은 어떻게 하겠습니까?

다른 사람들로부터 의심을 받는 가운데 있다면 하나님이 그 일을 행하도록 이끄셨음을 어떻게 판단합니까?

기이한 하나님의 전투 계획과 고린도전서 1장 27절을 연관 지어 생각해 보게 하십시오. 서너 명씩 짝지어 학습자용 교재에 실린 표의 여리고 성에 관한 하나님의 지시와 아브람의 부르심을 비교해 물은 질문에 답하게 하십시오. 이를 위해 얼마간 시간을 주십시오.

당신의 행동은 당신을 향한 하나님의 섭리에 대한 믿음을 어떻게 반영하고 있습니까? 교회나 소그룹이나 가정을 향한 하나님의 섭리에 대해서는 어떻습니까?

2
**하나님의 백성은
하나님의 적들에 대한
승리를 위해 준비하고
순종합니다**
(수 6:15~21)

백성이 순종하여 행진하면서도 가졌을 내면의 의심에 주목하십시오.

삶의 현실에 지쳤을 때, 어떻게 하면 그리스도를 향한 믿음의 생각과 말을 계속해서 할 수 있을까요(고후 10:5; 잠 18:21)?

그리스도인들이 자기 자신이나 다른 사람들의 생각 대신 하나님의 뜻에 집중하고 순종할 수 있도록 서로 일깨워 주는 좋은 방법에는 어떤 것들이 있을까요?

여호수아 6장 15~21절을 읽고, 본문에 나타난 말씀과 행동의 중요성에 관해 지적해
주십시오.

'행동하는 믿음'과 '말로 표현하는 믿음'은 어떤 관계가 있습니까?

성벽 붕괴로 나타난 하나님의 권능을 강조하고, 어떻게 이 사건이 믿음으로 행함과
행함으로써 견고해지는 믿음을 보여 주는지 설명해 주십시오.

하나님은 왜 우리의 순종을 통해 일하기를 원하실까요?

하나님이 우리의 순종을 통해 일하기를 원하시는 데서 우리가 하나님과의 관계에 대해 배우
는 것은 무엇입니까?

자원자에게 여호수아 6장 22~25절을 읽게 하십시오. 라합과 그의 가족을 통해 은
혜의 줄기가 어떻게 이어졌는지 지적해 주십시오. 흔히 '기생'으로 불리지만, 예수님
의 족보에 포함될 만큼 라합이 매우 핵심적인 역할을 감당하고 있음을 설명해 주십
시오. 어떻게 그녀가 믿음을 통해 구원에 이르게 되었는지, 그리고 그것이 우리 믿음
의 시작이자 완성이신 예수님을 어떻게 가리키는지 가르쳐 주십시오. 부록 2: '약속
의 땅에서 예수님 바라보기'를 참고하십시오.

3
하나님은
하나님의 적들 가운데서
남은 자를 빼내어
구출하십니다
(수 6:22~25)

예수님의 족보에 한때 기생이었던 여자가 들어있다는 사실의 의미는 무엇일까요?

이 이야기에서 받을 자격이 없는 자에게 베푸시는 하나님의 은혜가 어떻게 드러납니까?

라합이 얼마나 효과적인 증인이었는지 알려 주십시오. 하나님이 남은 자들을 얼마
나 신실하게 보호하셨는지도 강조하십시오.

하나님은 사람들을 구원하시겠다고, 심지어 대적하는 자들 중에서도 구원하시겠다고 약속하
셨습니다. 이 약속이 우리의 사고방식에 어떤 영향을 줍니까?

결론

하나님께 대적하는 자들을 상대하는 것은 분명 쉬운 일이 아니지만, 믿는 자들은 전
도와 기도와 말씀 공부를 통해 하나님이 주시는 기이한 승리에 동참할 수 있습니다.
이 세션에서 배운 진리를 '하나님의 계획, 우리의 사명'에서 적용해 보십시오.

Session Content

4. 기이한 승리를 주시는 하나님

도입

2001년 윔블던 대회는 테니스 역사상 가장 위대하고 극적인 대회였습니다. 적어도 고란 이바니세비치(Goran Ivanisevic)에게는 그런 날이었습니다. 그는 1992년 호주 오픈 테니스 대회의 우승자였지만 그에게 윔블던 대회의 벽은 높았습니다. 2001년, 그가 윔블던 대회 결승전에 또다시 섰을 때 사람들은 언제나처럼 그의 패배를 예상했습니다. 그러나 이번에는 달랐습니다. 125번째 시드 선수로 와일드카드를 배정받았던 그는 온갖 역경을 딛고 마침내 윔블던 트로피를 거머쥐었습니다. 테니스 역사상 이례적인 승리였습니다.

여호수아 6장에는 성경 전체에서 가장 극적인 장면 중 하나가 담겨 있습니다. 경기 참가자는 이스라엘이고, 상대 선수는 여리고 성이었습니다. 이스라엘은 엿새 동안 하루에 한 번씩 여리고 성을 돌다가 일곱째 날에 일곱 번 도는 것으로 긴장감을 조성한 후 성벽을 와르르 무너트리며 승리를 이뤄냈습니다. 이바니세비치가 몇 해 동안 시도한 끝에 우승했던 것처럼, 이스라엘도 모든 역경을 딛고 극적인 승리를 거두었습니다.

Q 과거에 하나님이 하신 일로 인해 깜짝 놀랐던 적이 있습니까?

Session Summary

이 세션에서 우리는 여리고 성 함락에 관한 이야기를 공부하며, 하나님이 미련해 보이는 일로 세상의 지혜 있는 자들을 어떻게 당황하게 하시는지를 보게 될 것입니다. 또한 보이는 세상의 힘을 제압하시는 보이지 않는 하나님의 능력을 보게 될 것입니다. 그리고 라합의 이야기를 통해 하나님을 믿는 누구에게나 자비와 은혜를 베푸시는 주님을 보게 될 것입니다. 그리스도인은 하나님이 언약을 성취하시고 자비를 베푸시는

심화토론

- 하나님이 무언가 색다르고 특이한, 또는 우스꽝스럽게 느껴지는 일을 하라고 당신을 부르신 적이 있습니까?
- 그때 당신은 어떻게 반응했으며, 그 결과는 어떠했습니까?

분임을 믿기에 상황이 심상치 않게 돌아가더라도 그분께 순종합니다.

전개

1. 하나님은 하나님의 적들과 싸워 승리할 것을 약속하십니다
(수 6:1~5)

> **Leader** : 하나님은 여호수아 6장 시작 부분에서부터 약속의 땅에서의 승리를 약속해 주셨습니다. 그러나 하나님의 계획은 조금 이상해 보입니다. 하나님의 작전은 무기, 무력, 전술과는 아무 상관이 없어 보입니다. 본문을 한번 살펴보십시오.

[1] 이스라엘 자손들로 말미암아 여리고는 굳게 닫혔고 출입하는 자가 없더라 [2] 여호와께서 여호수아에게 이르시되 보라 내가 여리고와 그 왕과 용사들을 네 손에 넘겨 주었으니 [3] 너희 모든 군사는 그 성을 둘러 성 주위를 매일 한 번씩 돌되 엿새 동안을 그리하라 [4] 제사장 일곱은 일곱 양각 나팔을 잡고 언약궤 앞에서 나아갈 것이요 일곱째 날에는 그 성을 일곱 번 돌며 그 제사장들은 나팔을 불 것이며 [5] 제사장들이 양각 나팔을 길게 불어 그 나팔 소리가 너희에게 들릴 때에는 백성은 다 큰 소리로 외쳐 부를 것이라 그리하면 그 성벽이 무너져 내리리니 백성은 각기 앞으로 올라갈지니라 하시매

여리고 성이 봉쇄되었습니다. 여호수아와 이스라엘 백성을 두려워한 거주민들이 문을 굳게 걸어 잠근 것입니다.

> **Leader** : 거주민들도 성을 빠져나갈 수 없습니다. 여리고의 왕과 군대는 이스라엘이 성으로 들어오지 못하도록 안간힘을 씁니다. 기생 라합은 정탐꾼들에게 이런 말을 했습니다. "우리가 듣자 곧 마음이 녹았고 너희로 말미암아 사람이 정신을 잃었나니 너희의 하나님 여호와는 위로는 하늘에서도 아래로는 땅에서도 하나님이시니라"(수 2:11).

그러나 이스라엘을 위해 싸우시는 하나님은 우주의 모든 문을 열 수 있는 만능열쇠를 가지고 계시므로 닫힌 여리고 성문도 능히 여실 수 있습니다(계 3:7). 그래서 주님은 여호수아에게 "내가 모세에게 말한 바와 같이 너희 발바닥으로 밟는 곳은 모두 내가 너희에게 주었노니"(수 1:3)라고 말씀하신 것입니다. 하지만 여리고 성 주위를 도는 작전은 좀처럼 이

심화 주석 여호수아가 여리고에 가까이 이르렀습니다. 여리고는 가나안 중부 지역에서 가장 강력한 성읍이었습니다. 그가 눈을 들어 보니, 어떤 사람이 칼을 빼어 손에 들고 그의 앞에 서 있었습니다(수 5:13). 하나님의 현현이었을까요? 아니면 예수님이 베들레헴에서 태어나기도 전에 먼저 현현하신 걸까요? 이 장면은 창세기 32장 24절과 흡사합니다. "야곱은 홀로 남았더니 어떤 사람이 날이 새도록 야곱과 씨름하다가." 혹시 다니엘 3장 25절에 등장하는 "네 번째 사람"은 아니었을까요? 느부갓네살 왕이 말했습니다. "내가 보니 결박되지 아니한 네 사람이 불 가운데로 다니는데 상하지도 아니하였고, 그 넷째의 모양은 신들의 아들과 같도다." 어쨌든 이 사람은 하나님이 창세기 12장에서 아브라함에게 주셨던 약속을 성취하기 위해 여호수아와 이스라엘을 승리로 이끌이 온 신적 존재라고 말할 수 있습니다. 그 만남 후에 여호수아는 하나님의 계획에 강력한 확신을 가지고 제사장들과 군대에 말할 수 있게 되었습니다.

해하기 어렵습니다.

> 고대 역사가 요세푸스의 기록에 의하면, 여리고 성벽은 마차 두 대가 나란히 지나갈 수 있을 만큼 넓고 두꺼웠다고 합니다. 여호수아에게서 하나님의 명령을 전해 들은 제사장들의 마음이 어떠했을지 상상할 수 있겠습니까? 아마도 그들은 여호수아가 모세처럼 하나님의 음성을 잘 듣고 있는지 의심이 갔을 것입니다. 그들이 보기에 여호수아는 하나님이 지시하신 것 중 일부를 놓친 것이 분명했습니다.

Q 하나님이 당신에게 명확한 지시를 내리셨는데, 다른 사람들이 그것에 대해 의심을 품는다면 당신은 어떻게 하겠습니까?

Q 다른 사람들로부터 의심을 받는 가운데 있다면 하나님이 그 일을 행하도록 이끄셨음을 어떻게 판단합니까?

> 하나님이 여호수아에게 지시하신 대형은 오히려 여리고 성의 공격 목표물이 되기 쉬운 대형으로 보입니다. 무장한 자들이 선봉에 서고, 바로 그 뒤를 일곱 제사장이 양각 나팔을 불며 따릅니다. 이어서 언약궤를 멘 제사장들이 따라갑니다. 후위대는 언약궤 뒤에 자리합니다.

하나님은 겉보기에 미련해 보이는 전투 계획을 통해 뜻한 바를 이루십니다. "그러나 하나님께서 세상의 미련한 것들을 택하사 지혜 있는 자들을 부끄럽게 하려 하시고 세상의 약한 것들을 택하사 강한 것들을 부끄럽게 하려 하시며"(고전 1:27).

계획이 실행되는 동안 이스라엘 백성은 계속해서 참여해야 합니다. 이스라엘이 실행한 일을 하나님이 완수하실 것입니다. 백성이 성 주위를 행진함으로써 여리고 성 전투에 참여하면, 하나님이 성벽을 무너뜨림으로써 그들에게 승리를 가져다주실 것입니다.

하나님은 여호수아에게 제사장들로 하여금 양각 나팔을 길게 불게 하고, 그것을 따라 온 회중이 큰소리로 외쳐 부르게 하라고 말씀하셨습니다. 하나님의 예사롭지 않은 전투 계획은 먼저 나팔을 불고, 이를 따라 모두가 함성을 지르는 것입니다. 결과적으로 여리고는 성벽 붕괴라는 상상도 못 해 본 재앙을 경험하게 될 것입니다. 하나님이 말씀하셨기에 불도저나 건물 철거용 쇠공 없이도 두꺼운 성벽이 스스로 무너져 내릴 것입니다. 그러나 하나님은 이스라엘이 하나님의 명령을 따라 믿음으로 순종할 때 성벽이 무너지도록 하셨습니다.

Q 하나님이 여리고 성과 관련해 이스라엘에 주신 이해할 수 없는 명령과 아브라함에게 고향을 따나 미지의 땅으로 가라고 하신 명령은 어떤 유사점이 있습니까(창 12:1)?

Q 당신의 행동은 당신을 향한 하나님의 섭리에 대한 믿음을 어떻게 반영하고 있습니까? 교회나 소그룹이나 가정을 향한 하나님의 섭리에 대해서는 어떻습니까?

2. 하나님의 백성은 하나님의 적들에 대한 승리를 위해 준비하고 순종합니다(수 6:15~21)

여호수아는 하나님이 주신 행진 명령을 백성에게 전달했고, 그들은 순종함으로써 승리를 준비했습니다. 그래서 그들은 엿새 동안 하루에 한 번씩 여리고 성 주위를 돌았습니다.

> **Leader** 성 주위를 돌면서 이스라엘 백성은 어떤 생각을 했을까요? 하나님은 아무 말도 하지 말라고 명령하셨지만(수 6:10), 속으로 이렇게 중얼거렸을지 모릅니다. '여호수아가 이런 명령에 순종하는 데는 다 그만한 이유가 있을 거야. 그는 믿음도 있지만, 모세와도 가까웠고 핵심 인물이었으니 내부 정보를 많이 알고 있을 거야. 그래도 어떻게 걷는 것만으로 성벽이 무너진다는 건지 도대체 이해가 안 되네.'

내면에서 들려오는 의심과 싱관없이 이스라엘 백성은 하나님께 순종했습니다. 그들은 엿새 동안 하루에 한 번씩 침묵 가운데 두꺼운 성벽 주위를 행진했습니다. 다리가 아프고 힘들어 주변 사람에게 작은 목소리로 불평하고 싶지는 않았을까요? 전쟁터에서 잔뼈가 굵은 군인들은 침묵한 채 성 주위를 돌라는 명령을 받고 어떤 생각이 들었을까요? 처음에는 의심과 불평불만을 가졌지만, 하나님의 방법에 따라 그분의 뜻을 실행하면서 그들은 새 힘을 얻는 기분을 느꼈을지도 모릅니다.

Q 삶의 현실에 지쳤을 때, 어떻게 하면 그리스도를 향한 믿음의 생각과 말을 계속해서 할 수 있을까요(고후 10:5; 잠 18:21)?

Q 그리스도인들이 자기 자신이나 다른 사람들의 생각 대신 하나님의 뜻에 집중하고 순종할 수 있도록 서로 일깨워 주는 좋은 방법에는 어떤 것들이 있을까요?

심화주석 하나님은 백성에게 행진할 때 아무 말도 하지 말라고 명령하셨습니다(수 6:10). 그런데 일곱 명의 제사장에게는 양각 나팔을 계속 불면서 행진하라고 하셨습니다(수 6:8). 일곱째 날에 일곱 번 도는 동안에도 나팔을 계속해서 불게 하셨습니다. 마지막에 제사장들이 나팔을 길게 불 때 백성이 크게 소리 질러 외쳤습니다.

양각 나팔을 부는 것은 도전적인 일이었습니다. 〈허핑턴 포스트〉(*The Huffington Post*) 신문은 "베테랑 정통파 유대인들에게조차 양각 나팔을 부는 그 실습은 대중 앞에서 실패할 경우 굴욕적인 일일 수 있다"라고 썼습니다.[4] 성을 일곱 바퀴 도는 동안 양각 나팔을 불고 그런 다음 마지막에 길게 부는 것은 초자연적인 개입, 즉 하나님이 자기 백성과 함께하신다는 또 다른 표적을 필요로 했습니다.

 **심화 주석** 하나님은 이스라엘 백성에게 여리고에 들어가게 되면 어떻게 해야 할지 알려 주셨습니다. 하나님은 이 첫 번째 군사 작전에서 승리한 후 전리품을 취하는 것을 허락하지 않으셨습니다. 도시 전체와 거주민들, 그리고 그 안의 보물들은 모두 주님께 바쳐져야 했습니다.

'멸하기로 작정된'이라는 의미를 가진 '헤렘'이란 단어는 역사 속에 이루어질 기독론적인 사건에 대한 기대감을 보여 줍니다. 왜냐하면 그리스도께서 '멸하기로 작정된' 헤렘이 되심으로써 우리가 생명을 부지할 수 있게 되었기 때문입니다.

하나님의 백성은 여리고 도성 내에 있는 어떤 값진 것도 개인적인 용도나 즐거움을 위해 취할 수 없었습니다. 왜냐하면 이러한 물건들은 '카도쉬', 즉 주님께 바쳐지거나 구별되어 간직될 것이었기 때문입니다.

> 드디어 대망의 마지막 일곱째 날이 밝았습니다. 다음 이야기를 읽어 보십시오.

[15]일곱째 날 새벽에 그들이 일찍이 일어나서 전과 같은 방식으로 그 성을 일곱 번 도니 그 성을 일곱 번 돌기는 그 날뿐이었더라 [16]일곱 번째에 제사장들이 나팔을 불 때에 여호수아가 백성에게 이르되 외치라 여호와께서 너희에게 이 성을 주셨느니라 [17]이 성과 그 가운데에 있는 모든 것은 여호와께 온전히 바치되 기생 라합과 그 집에 동거하는 자는 모두 살려 주라 이는 우리가 보낸 사자들을 그가 숨겨 주었음이니라 [18]너희는 온전히 바치고 그 바친 것 중에서 어떤 것이든지 취하여 너희가 이스라엘 진영으로 바치는 것이 되게 하여 고통을 당하게 되지 아니하도록 오직 너희는 그 바친 물건에 손대지 말라 [19]은금과 동철 기구들은 다 여호와께 구별될 것이니 그것을 여호와의 곳간에 들일지니라 하니라 [20]이에 백성은 외치고 제사장들은 나팔을 불매 백성이 나팔 소리를 들을 때에 크게 소리 질러 외치니 성벽이 무너져 내린지라 백성이 각기 앞으로 나아가 그 성에 들어가서 그 성을 점령하고 [21]그 성 안에 있는 모든 것을 온전히 바치되 남녀 노소와 소와 양과 나귀를 칼날로 멸하니라

일곱째 날에 행진하는 무리가 여리고 성을 일곱 번 돌았습니다.

> **Leader** 성벽을 일곱 번 돈다는 것은 의미심장합니다. '7'은 하나님의 완전수이기 때문입니다. 하나님은 천지를 창조하시고, 일곱째 날에 쉬셨습니다(출 22:30). 성막에는 일곱 갈래의 '메노라'(등잔대)가 놓였습니다. '7'은 하나님의 심판과도 관련이 있습니다. 마태복음 23장을 보면, 종교 지도자들에게 일곱 가지 저주가 내립니다. 계시록에는 심판의 일곱 봉인, 심판을 알리는 일곱 나팔, 진노의 일곱 대접이 등장합니다.

일곱 번째 돌 때 여호수아의 명령에 따라 사람들이 크게 소리 질러 외쳤습니다. 벽이 무너진 다음이 아니라 무너지기 전에 말입니다. 그들은 하나님이 그들에게 성을 내어 주실 줄 믿고 믿음으로 함성을 지른 것입니다. 믿는 자들은 전투가 끝날 때까지 혹은 성벽이 무너질 때까지 기다려서는 안 됩니다. 자신이 처한 현실에서 크게 소리 질러 외쳐야 합니다. 믿는 자들은 믿음을 증거할 완벽한 때를 기다려서도 안 됩니다. 그리스도인은 기도하며 하나님의 말씀을 연구하고, 기회가 찾아올 때마다 기꺼이 복음을 전해야 합니다.

하나님이 이스라엘에 주신 명령은 말과 행동의 중요성을 밝히 보여 줍니다. 이스라엘 백성은 긴 나팔 소리와 함께 여호수아가 외치라고

명령할 때까지 단 한마디도 내뱉을 수 없었습니다. 아마도 하나님은 이스라엘 백성이 믿음의 좋은 본이 되도록 그들이 자신들의 믿음을 말보다 행동으로 먼저 나타내기를 원하신 것 같습니다.

> **Leader** 쇠렌 키르케고르가 마을 사람들에게 화재를 진압해 달라고 간청한 어릿광대 이야기를 소개한 적이 있습니다. 어릿광대가 피어오르는 연기를 가리키기 전까지는 아무도 움직이지 않았습니다.[6] 그리스도인들은 그리스도의 제자를 세워 갈 때 자신들의 능숙한 말재주가 아니라 역사하시는 성령의 '연기'에 집중시켜야 합니다.

Q '행동하는 믿음'과 '말로 표현하는 믿음'은 어떤 관계가 있습니까?

> **Leader** 여호수아 6장은 누구도 반박할 수 없는 하나님의 역사를 보여 줍니다. 행진하는 무리는 열세 바퀴를 다 돌고 나서 아무리 성벽 주위를 많이 돌아도, 아무리 나팔을 길게 불어도, 아무리 소리를 크게 질러도 자신들이 성벽을 무너뜨릴 수 없다는 것을 알았을 것입니다. 그들에게는 '또 다른 힘'이 필요했습니다. 승리를 쟁취하기 위해서는 기적이 필요했습니다.

그들이 함성을 지르자, 하나님이 성벽을 허물어뜨리셨습니다. 돌 하나도 돌 위에 남기지 않고 완전히 무너뜨리셨습니다. 성벽이 어찌나 크고 두꺼운지 그 안에 집을 지을 수 있을 정도였고, 성벽 위에서는 마차 두 대가 나란히 경주를 벌일 수 있을 정도였습니다. 그런데 그런 성벽이 완전히 무너져 내린 것입니다. 이것이 바로 하나님의 능력입니다.

여호수아 6장은 하나님이 사람의 순종을 통해 어떻게 승리를 이루어 가시는지를 잘 보여 줍니다. 군대가 행진하고, 일곱 명의 제사장이 양각 나팔을 불고, 온 회중이 큰소리로 외쳐 부를 때 비로소 성벽이 무너졌습니다. 믿음은 기적을 일으킵니다. 행진에 동참하는 한 사람, 한 사람이 하나님께 순종하고 믿음으로 걸어야 하나님만이 하실 수 있는 일, 곧 성벽이 무너지는 것을 볼 수 있습니다.

Q 하나님은 왜 우리의 순종을 통해 일하기를 원하실까요?

Q 하나님이 우리의 순종을 통해 일하기를 원하시는 데서 우리가 하나님과의 관계에 대해 배우는 것은 무엇입니까?

"의심이 난무하는 곳에 그리스도께서 계실 수도 있습니다. 그러나 그리스도께서 계신 곳에는 의심이 더는 있을 수 없습니다. 왜냐하면 우리에게 믿음을 요구하시는 주님이 우리에게 믿음의 능력 또한 주시기 때문입니다."[7]
_매튜 리 앤더슨

핵심교리 99

45. 하나님께 저항하는 세상

성경에서 '세상'이라는 말이 물리적 행성으로서의 지구나 온 인류 이상의 의미로 쓰일 때가 있습니다. 대부분의 경우, 이 말은 하나님과 그분의 나라에 정면으로 도전하는 왕성한 악의 영적 세력을 가리킵니다. 악한 세상 권세는 사탄의 지배하에 움직이며(엡 2:2; 요 14:30), 그 성품대로 자기 중심성과 기만을 그대로 보여 줍니다. 그리스도인은 하나님의 아들을 믿는 믿음으로 영적으로 악한 세상을 이겨 내도록 부름받았습니다(요일 5:4~5).

 라합의 역할과 그 가족의 중요성은 여호수아 6장 25절에 잘 설명되어 있습니다. 히브리어 본문은 우선 그녀가 이 구절이 기록되는 당시까지 이스라엘 백성의 일부가 되어 살고 있었음을 암시합니다. 더 이상 가나안 족속이나 이방인이 아니라, 이스라엘인이 된 것입니다. 그 이유가 25절 끝 부분에 다음과 같이 기록되어 있습니다. "이는 여호수아가 여리고를 정탐하려고 보낸 사자들을 숨겼음이었더라."

여기서 "숨겼음"이라는 표현에 사용된 히브리어 동사 '하바'가 여호수아 2장의 라합 기사에서 한 번 등장합니다. 그녀가 정탐꾼들에게 여리고 성을 빠져나간 뒤 산에서 사흘 동안 숨어 있어야 한다고 설명하는 장면에서입니다(수 2:16, 4절과 6절의 '숨기다'에 해당하는 히브리어는 각각 '차판', '타만'입니다 - 역주). 라합은 정탐꾼들을 숨겨 줌으로써 여리고 왕이 보낸 사람들로부터 그들을 지켜 주었습니다(수 2:1-7). 이 라합의 행동은 그녀가 가나안 족속과의 관계를 청산하고 이스라엘과 연대했음을 말해 줍니다. 더 나아가 이러한 라합의 사례는 이스라엘이 이방인을 받아들이게 되는 계기를 알게 해 줍니다.

그리스도인에게 라합의 이야기는 곧 잃어버린 양 한 마리를 찾아 헤매는 목자의 이야기입니다(마 18:12~14; 눅 15:4~7). 이것은 세상에서 멸시받는 사람들에 대한 예수님의 관심을 보여 줍니다(마 15:21~28; 요 8:1~11). 또한 가치관의 변화, 곧 기독교의 '제자도'를 보여 줍니다. 세상에서 버림받은 사람도 하나님께는 소중한 존재입니다(고전 1:18~31; 약 2:5).[8]

_리처드 S. 헤스

3. 하나님은 하나님의 적들 가운데서 남은 자를 빼내어 구출하십니다(수 6:22~25)

이 세션의 이야기는 하나님이 자기 백성을 구원하고, 원수들을 심판하기 위해 권능을 사용하시는 극적인 예입니다. 동시에 자비의 한 줄기 빛을 엿볼 수 있는 이야기이기도 합니다. 여리고 성을 점령할 때, 여호수아는 두 명의 정탐꾼이 그들에게 도피처를 제공해 준 라합과 맺었던 약속을 잊지 않았습니다. 여호수아는 라합의 집에 모여 있는 그녀와 가족들을 구출하도록 정탐꾼들을 보냈습니다.

²²여호수아가 그 땅을 정탐한 두 사람에게 이르되 그 기생의 집에 들어가서 너희가 그 여인에게 맹세한 대로 그와 그에게 속한 모든 것을 이끌어 내라 하매 ²³정탐한 젊은이들이 들어가서 라합과 그의 부모와 그의 형제와 그에게 속한 모든 것을 이끌어 내고 또 그의 친족도 다 이끌어 내어 그들을 이스라엘의 진영 밖에 두고 ²⁴무리가 그 성과 그 가운데에 있는 모든 것을 불로 사르고 은금과 동철 기구는 여호와의 집 곳간에 두었더라 ²⁵여호수아가 기생 라합과 그의 아버지의 가족과 그에게 속한 모든 것을 살렸으므로 그가 오늘까지 이스라엘 중에 거주하였으니 이는 여호수아가 여리고를 정탐하려고 보낸 사자들을 숨겼음이었더라

성경에서 라합이 언급될 때, 그녀에게 불명예스러운 수식어가 따라붙곤 합니다. 바로 '기생'이라는 수식어입니다(수 2:1; 6:17; 히 11:31; 약 2:25).

> **Leader**
>
> 여호수아 2장을 보면, 두 명의 정탐꾼이 여리고에 들어가서 "라합이라 하는 기생의 집"에 들어갑니다(수 2:1). 라합은 6장 17절에서도 "기생 라합"으로 불립니다. 본문에서는 여호수아가 두 명의 정탐꾼에게 "기생의 집"에 들어가라고 명령합니다(수 6:22). 히브리서 11장 31절은 "기생 라합"이 믿음으로 정탐꾼들을 환대해서 불순종한 자들(여리고 왕과 그 백성)과 함께 멸망하지 않았다고 말합니다. 야고보서 2장 25절은 "기생 라합"을 행하는 믿음을 보여 준 인물로 언급합니다.

그러나 흥미롭게도 라합이 예수님의 족보에 등장할 때는 그 좋지 않은 수식어가 그녀에게서 떨어집니다. 다음 구절을 보십시오. "살몬은 라합에게서 보아스를 낳고 보아스는 룻에게서 오벳을 낳고 오벳은 이새를 낳고"(마 1:5). 기생 라합이 아닙니다. 오벳이 낳은 이새에게서 다윗이

태어나고, 예수님이 다윗의 자손으로 태어나십니다. 그렇습니다. 라합은
메시아의 선조인 것입니다.

Q 예수님의 족보에 한때 기생이었던 여자가 들어있다는 사실의 의미는 무엇일
까요?

Q 이 이야기에서 받을 자격이 없는 자에게 베푸시는 하나님의 은혜가 어떻게 드
러납니까?

어두운 과거에도 불구하고 라합은 매우 생생한 증인이었습니다.
라합과 노아를 한번 비교해 보십시오. 노아는 수십 년에 걸쳐서 친척들에게 곧
큰비가 내릴 것이므로 방주에 들어가야 한다고 말했지만, 오직 그의 가족 일곱
명, 즉 그의 아내와 세 아들과 세 며느리만 곧이듣고 방주에 올라 홍수 심판을 면
했습니다. 하지만 라합은 겨우 몇 주 만에 동일한 결과를 얻었습니다.

그녀는 부모, 형제, 친척들까지 모두 자기 집으로 불러들였습니다. 창문에 붉은 줄을 매단 집 안에 있어야만 살 수 있었기 때문입니다(수
2:18). 이 얼마나 놀라운 하나님의 은혜입니까?

라합처럼 믿는 자들은 복된 소식을 믿지 않는 자들과 함께 나누도
록 부름받았습니다. 사람들을 '집으로' 불러들여야 합니다. 그들이 초청
에 응해 집 안으로 들어오기만 하면, 예수님의 피를 통해 하나님의 심판
에서 살아남을 수 있다는 사실을 알려야 합니다.

하나님은 이스라엘 백성과 함께 라합과 그 가족을 구원해 주셨습니다. 그들은 거
룩한 목적을 위해 보존되었습니다. 스가랴 선지자는 하나님의 대적들로부터 살
아남아 주님을 예배하러 나오는 남은 자들에 대해 이야기합니다(슥 14:16).

하나님은 여리고를 정복하는 과정에서 이스라엘과의 약속을 지키
셨던 것처럼 남은 자를 보존하겠다는 약속 또한 지키실 것입니다. 그렇기
때문에 우리는 하나님을 신뢰하며, 그분께 대적하는 자들을 사랑하고,
그들이 그리스도의 제자로 거듭나기를 기도함으로써 하나님께 순종해
야 합니다. 그리고 사람들에게 나아가 기도와 말씀과 간증으로 복음을
전해야 합니다.

Q 하나님은 사람들을 구원하시겠다고, 심지어 대적하는 자들 중에서도 구원하
시겠다고 약속하셨습니다. 이 약속이 우리의 사고방식에 어떤 영향을 줍니까?

*"라합의 믿음은 불완전했습니다.
그녀가 아는 것이라곤 하나님이
이스라엘에 땅을 주기로
약속하셨다는 것과 이스라엘이
출애굽 할 때 홍해를 가르셨다는
것과 요단 강 건너편에서 아모리
족속의 두 왕 시혼과 옥을 멸하신
사실뿐이었습니다."[9]*
_W.A. 크리스웰

**심화
주석** 라합의 이야기는 예상치 못
한 결말을 보여 줍니다. 그
녀는 기생으로 사회적으로 신분이
낮았을 뿐 아니라, 평판도 좋지 않았
습니다. 한 개인으로는 통찰력이나
용기 따위를 기대하기 힘든 사람이었
습니다. 긍휼한 마음이나 신념으로
행동하는 사람이 아니라, 오로지 이
기심과 사리사욕을 위해 행동하는
사람으로 보였습니다.

그렇지만 라합은 이스라엘에서 유명
한 여주인공이 되었습니다. 라합이
그렇게 될 수 있었던 것은 그녀가 이
스라엘의 하나님을 믿고, 이스라엘
의 정탐꾼들을 숨겨 줌으로써 충성
심을 보여 주었기 때문입니다. 그녀
의 혈통에서 메시아 예수님이 태어나
셨습니다.[10]

_재니스 마이어
Biblical Illustrator

결론

그리스도인이 하나님께 대적하는 사람들까지 보살피는 것은 쉬운 일이 아닙니다. 하지만 우리는 이 사실을 명심해야 합니다. 예수님이 잃어버린 영혼들을 위해 자기 생명을 내어 주신 것도 결코 쉬운 일이 아니었다는 사실을 말입니다(참조, 마 26:39). 그리스도께서는 자기를 따르는 이들을 위해 순종의 본을 보이셨습니다.

하나님은 자기 아들의 신실한 순종을 통해 원수들에 대한 궁극적인 승리를 거두십니다. 그리스도인은 믿지 않는 사람들에게 복음을 증거하고, 기도하고, 말씀을 연구함으로써 하나님의 기이한 승리에 동참해야 합니다.

> **그리스도와의 연결**
> 하나님은 자기 아들의 신실한 순종을 통해 원수들에 대한 궁극적인 승리를 거두십니다.

> **하나님의 계획** 우리의 사명
>
> **선교적 적용** 하나님은 그분의 말씀과 우리의 기도와 간증을 무기 삼아 이 세상에서 악의 세력에 대항해 싸우도록 우리를 부르셨습니다.
>
> 1. 이 세상의 악과 싸울 때 하나님의 말씀과 우리의 기도와 간증이 어떻게 우리의 무기가 될 수 있습니까?
>
> 2. 우리가 속한 공동체가 '실천하는 믿음'을 보이는 방법에는 어떤 것들이 있을까요?
>
> 3. 하나님으로부터 너무 멀리 떠나왔다든지, 혹은 그분과 화해하기에는 너무 많은 죄를 지었다고 생각하는 사람들을 어떻게 도울 수 있을까요?

Summary and Goal

이 세션에서 우리는 이스라엘의 아이 성 전투와 아간의 이야기에 관해 공부할 것입니다. 아간의 이야기는 한 사람의 죄가 주변에 어떤 영향을 미치는지를 매우 효과적으로 보여 줍니다. 죄의 심판이 얼마나 끔찍한지, 그리고 하나님께 대적하는 자들이 어떤 운명을 맞는지 보여 줍니다. 또한 죄에 물들면 얼마나 값비싼 대가를 치러야 하는지를 보여 줍니다. 그리고 십자가 위에서 죄 문제가 해결되는 것을 보여 주며 장엄한 희망으로 이끕니다.

- **성경 본문**
  여호수아 7:1~13
  여호수아 7:19~26
  여호수아 8:1~2

- **세션 포인트**
  1. 한 사람의 죄가 공동체 전체에 영향을 미칩니다(수 7:1~13)
  2. 죄의 삯은 사망입니다(수 7:19~26)
  3. 죄 문제를 해결해야 승리합니다(수 8:1~2)

- **신학적 주제**
  우리는 모두 죄에 물들었습니다. 죄에 빠지기 쉬운 본성과 환경을 물려받았기 때문입니다.

- **그리스도와의 연결**
  아골 골짜기는 죄와 그 결과들을 삼기시켜 주는 무서운 곳입니다. 그러나 하나님은 훗날 이곳을 "소망의 문"으로 삼아 주겠다고 약속하십니다(호 2:14~15). 하나님의 은사는 그리스도 예수 우리 주 안에 있는 영생입니다(롬 6:23).

- **선교적 적용**
  하나님은 우리가 만성적인 죄와 그 결과에 맞서 싸우는 가운데 주님의 이름을 높이기를 원하십니다.

도입

"막다른 길" 예화를 통해, 그리스도인들이 종종 죄에 대한 경고를 어떻게 무시하는지 보여 주면서 이야기를 시작하십시오.

인생에서 잘못된 선택을 하기 전에 마주칠 만한 경고 표시는 어떤 것들이 있을까요?

죄의 결과를 고려하는 것은 어떤 면에서 죄를 예방합니까?

세션 4에서 배운 여호수아가 새 지도자가 된 후에 여리고 성을 무너뜨렸던 이야기를 상기시켜 주고, 이 세션에서 다룰 아간과 아이 성 전투에 관한 이야기를 요약해 주십시오.

전개

1

한 사람의 죄가 이스라엘 전체에 영향을 미칩니다
(수 7:1~12)

여호수아 7장을 시작할 때 사용된 역접 접속사의 중요성에 관해 설명한 후 여호수아 7장 1~12절을 읽으십시오. 작은 성읍에 불과한 아이를 어떻게 이스라엘을 몰아냈는지, 놀라운 반전에 주목하게 하십시오. 아이의 위치는 부록 5: '가나안 정복과 사사 시대 지도'에서 확인할 수 있습니다.

하나님이 베푸시는 은혜 중에 당신이 가장 당연하게 여기는 것은 무엇입니까?

이스라엘의 패배 소식을 들은 여호수아의 반응을 살펴본 후, 그의 기도와 모세의 기도를 비교해 보십시오. 둘씩 짝지어 학습자용 교재의 표에 있는 여호수아의 기도(수 7:7~9)에 관한 질문에 답하게 하십시오. 그리고 자신의 생각을 나누게 하십시오.

여호수아의 기도에 응하신 하나님의 말씀에서 대명사(예를 들어, "그들")를 찾아 동그라미 표시를 하게 하십시오. 그리고 이스라엘이 패한 것은 아간의 죄 때문임을 지적해 주십시오. 이 이야기는 신자 한 사람의 죄가 가족과 교회와 공동체에 악영향을 끼친다는 것을 단적으로 보여 줍니다.

한 사람의 죄가 다른 사람들에게도 끔찍한 결과를 안긴 예를 찾아보십시오.

하나님이 왜 한 사람의 죄 때문에 모든 사람이 고통을 겪게 하신다고 생각합니까?

여호수아 7장 19~26절을 읽고, 아간의 행동("보고, 탐내어, 가졌나이다")과 요한일서 2장 16절을 비교하십시오. 아간의 가족이 그가 장막 안에 보물을 숨긴 사실을 알았을 가능성에 대해 설명해 주십시오.

에덴동산에서 아담과 하와가 하나님을 피해 숨은 이래로 우리는 죄를 숨기기 위해 늘 애써 왔습니다. 하나님 앞에 우리의 죄가 밝히 드러나도록 서로 어떻게 도울 수 있을까요?

아간의 죄로 영향을 받은 이스라엘 공동체가 죄의 저주를 없애기 위해 어떻게 노력했는지 알려 주십시오. 아간과 예수님을 비교해 설명해 주십시오. 아간은 자기 죄로 인해 죽었지만, 예수님은 우리 죄를 대신해 죽으셨습니다.

죄를 은폐하면 어떤 일이 벌어집니까?

"죄의 삯은 사망"인 이유는 무엇입니까?

2
죄의 삯은 사망입니다
(수 7:19~26)

자원자에게 여호수아 8장 1~2절을 읽게 하십시오. 주님이 여호수아에게 그와 이스라엘 백성이 아이 거민과 다시 싸워 승리할 기회를 주겠다고 말씀하신 것에 주목하십시오.

아담과 하와와 아간을 비교하십시오. "금지된 것을 눈으로 보고, 탐하여, 취했던" 아담과 하와는 죄를 회개하기보다 하나님을 피해 숨었습니다. 죄를 짓고 회개하기를 거부할 때마다 우리 마음은 주님 앞에 더욱 완악해집니다. 아간은 회개할 기회가 있었지만 그렇게 하지 않았고, 결국 대가를 치러야만 했습니다.

회개가 힘든 이유는 무엇입니까? 아간은 왜 회개하지 않았을까요?

이스라엘의 죄 문제가 해결되자, 하나님은 여호수아에게 "두려워하지 말라 놀라지 말라"라고 말씀해 주셨습니다. 죄를 숨기는 것과 두려움 또는 낙담 사이에는 어떤 관계가 있습니까?

3
죄 문제를 해결해야 승리합니다
(수 8:1~2)

결론

아간의 죽음은 "죄의 삯은 사망"이라는 나쁜 소식을 일깨워 줍니다. 이것을 강조하십시오. 좋은 소식은 예수님이 우리 대신 그 대가를 치러 주셨으며, 이로써 하나님의 선물인 영생이 우리에게 값없이 주어졌다는 사실입니다. 이 세션에서 배운 진리를 '하나님의 계획, 우리의 사명'에서 적용해 보십시오.

Session Content

5. 죄에 물들어 있는 우리

도입 옵션

우리가 사는 세상이 얼마나 죄악으로 치닫고 있는지를 확인할 수 있는 신문 기사나 온라인 뉴스 자료를 모아 오도록 모임 전에 미리 공지하고 자료를 준비하십시오. 모아 온 기사들을 살펴본 후, 은폐하거나 위장하는 죄의 결과가 공동체에 어떤 해악을 끼치는지에 관한 기사 제목을 만들어 보게 하십시오. 그리고 그것을 가지고 이야기를 나누십시오.

"은밀한 죄는 주변 사람들에게 어떤 영향을 미칩니까?"

"오늘 우리 앞에 놓인 일에도 순종하지 않으면서, 하나님께 앞날을 인도해 주십사 기도하다니 가당키나 합니까? 성경에서 한 사람의 작은 순종 덕분에 벌어진 중요한 사건이 얼마나 많은지 아십니까? 하나님이 당신에게 지금 말씀하시는 일을 행하고, 믿으십시오. 그러고 나면 그다음에 해야 할 일을 알게 될 것입니다."[2]

_엘리자베스 엘리엇

도입

로버트 풀검(Robert Fulghum)은 자신의 책 《내가 정말 알아야 할 모든 것은 유치원에서 배웠다》(*All I Really Need to Know I Learned in Kindergarten*)에서 그가 자란 동네에 있었던 막다른 길에 관한 이야기를 들려줍니다. 당시 막다른 길 방향으로 블록마다 경고 표지판이 있었다고 합니다. 그런데도 운전자들이 굳이 두 블록이나 더 가서 진짜 막다른 길에 이르러 세 번째 "출구 없음" 표시를 보고야 말더라는 것입니다. 그는 왜 운전자들이 경고 메시지를 두 번이나 믿지 않고 지나쳤는지 나름대로 짐작해 봅니다.

"사람들은 경고문을 보면서도 갈 데까지 가 보려고 합니다. 자기는 예외라고 생각하고 싶은 거죠. 하지만 예외는 없습니다."[1]

그리스도인도 가끔 이런 생각을 합니다. 성경에 쓰인 죄와 그 결과에 관한 경고문을 읽으면서도 자기한테는 그런 일이 일어나지 않으리라고 생각합니다. 심지어 유혹이 가득한 자리에 가더라도 자기만큼은 죄를 짓지 않을 수 있다고 생각합니다. 혹시 죄를 짓더라도 그 결과는 분명히 자신을 피해 가리라고 생각합니다. 죄를 숨기거나 가릴 수 있다고 생각하면서 막연히 자기는 예외가 되리라고 믿습니다.

Q 인생에서 잘못된 선택을 하기 전에 마주칠 만한 경고 표시는 어떤 것들이 있을까요?

Q 죄의 결과를 고려하는 것은 어떤 면에서 죄를 예방합니까?

Session Summary

> 이스라엘 자손은 기적적으로 요단 강을 건넜습니다. 또한 하나님이 여리고 성을 무너뜨려 주심으로써 이스라엘이 약속의 땅을 차지해 나갈 수 있게 해 주셨습니

Leader

다. 그러나 바로 다음 순간, 이스라엘은 그들이 하나님께 온전히 순종하지 못했을 때 어떤 일이 벌어지는지를 배우게 됩니다.

이 세션에서 우리는 이스라엘의 아이 성 전투와 아간의 이야기에 관해 공부할 것입니다. 아간의 이야기는 한 사람의 죄가 주변에 어떤 영향을 미치는지를 매우 효과적으로 보여 줍니다. 죄의 심판이 얼마나 끔찍한지, 그리고 하나님께 대적하는 자들이 어떤 운명을 맞는지 보여 줍니다. 또한 죄에 물들면 얼마나 값비싼 대가를 치러야 하는지를 보여 줍니다. 그리고 십자가 위에서 죄 문제가 해결되는 것을 보여 주며 장엄한 희망으로 이끕니다.

전개

1. 한 사람의 죄가 공동체 전체에 영향을 미칩니다(수 7:1~12)

여호수아 6장은 "여호와께서 여호수아와 함께하시니 여호수아의 소문이 그 온 땅에 퍼지니라"(수 6:27)로 끝납니다. 그런데 이어지는 7장은 반전을 나타내는 접속사로 시작됩니다. "(그러나) 이스라엘 자손들이 온전히 바친 물건으로 말미암아 범죄하였으니"(수 7:1). '그러나', '그렇지만'과 같은 역접 접속사는 앞서 무슨 일이 있었건 이제부터 그와 다른 일이 펼쳐진다는 의미로 쓰는 해석상의 장치입니다. 성경에서 역접 접속사가 '하나님' 앞에 있으면 대개 좋은 일이 펼쳐집니다.

> **Leader**

- 요셉이 자신을 상인들에게 팔아넘겼던 형들에게 이렇게 말합니다.

  "당신들은 나를 해하려 하였으나 하나님은 그것을 선으로 바꾸사 오늘과 같이 많은 백성의 생명을 구원하게 하시려 하셨나니"(창 50:20).

- 시편 기자는 이렇게 말합니다.

  "그의 노염은 잠깐이요 그의 은총은 평생이로다 저녁에는 울음이 깃들일지라도 아침에는 기쁨이 오리로다"(시 30:5).

- 또 이렇게 말합니다.

  "의인은 고난이 많으나 여호와께서 그의 모든 고난에서 건지시는도다"(시 34:19).

- 예수님은 이렇게 말씀하십니다.

  "이것을 너희에게 이르는 것은 너희로 내 안에서 평안을 누리게 하려 함이

심화 주석 여호수아와 장로들의 비탄에 대한 하나님의 반응은 여호수아 한 사람에게 집중되었습니다. 그것은 거룩한 책망이었습니다. (아간만이 아니라) 이스라엘 전체가 죄를 범했고, 하나님은 그것을 용인하지 않으셨습니다. 본문은 하나님이 가나안 백성과 이스라엘을 다루실 때 이중적인 잣대를 사용하지 않으심을 보여 줍니다. 주님은 이스라엘로 하여금 큰 죄악에 빠진 가나안 사람들을 멸하게 하셨지만, 여기서는 한 사람이 저지른 죄의 결과를 온 이스라엘이 함께 감당하도록 하십니다. 이 모든 이야기를 관통하는 그분의 일관된 관심은 거룩과 순종, 그리고 순전한 예배입니다.[3]

_데이비드 M. 하워드 Jr.

심화 주석 히브리어 원문에서 가나안 성읍 "아이"는 언제나 정관사와 함께 등장합니다. 정관사가 없는 "아이"는 '폐허 더미'를 의미합니다. 이스라엘 백성은 거의 틀림없이 그 이름만 듣고도 아이를 손쉽게 정복할 수 있으리라 생각했을 것입니다.

큰 성읍 여리고를 무너뜨린 후, 이스라엘 백성은 아이에 주목했습니다(수 7:2~5). 아이 성은 여리고 성보다 작긴 했지만 전략적 요충지에 있었습니다. 몇 시간만 행군하면 예루살렘으로 진입할 수 있는 주요 도로 위에 자리했을 뿐만 아니라, 에브라임 산지에서 길갈까지 여행하는 사람들이 주로 이용하는 길목에 있었습니다. 게다가 누구든지 그곳을 차지하기만 한다면 산지의 심장부와 비옥한 사마리아 지역까지 장악할 수 있었습니다.[4]

_다니엘 P. 콜드웰
Biblical Illustrator

라 세상에서는 너희가 환난을 당하나 담대하라 내가 세상을 이기었노라"(요 16:33).

- 바울은 이렇게 선포합니다.

"죄의 삯은 사망이요 하나님의 은사는 그리스도 예수 우리 주 안에 있는 영생이니라"(롬 6:23).

그런데 안타깝게도 7장 첫머리에 쓰인 접속사는 나쁜 징조를 나타냅니다. 왜냐하면 하나님이 여호수아와 어떻게 동행하셨는가를 묘사한 내용 뒤에 쓰였기 때문입니다. 다음 구절을 읽어 보십시오.

[1]이스라엘 자손들이 온전히 바친 물건으로 말미암아 범죄하였으니 이는 유다 지파 세라의 증손 삽디의 손자 갈미의 아들 아간이 온전히 바친 물건을 가졌음이라 여호와께서 이스라엘 자손들에게 진노하시니라 [2]여호수아가 여리고에서 사람을 벧엘 동쪽 벧아웬 곁에 있는 아이로 보내며 그들에게 말하여 이르되 올라가서 그 땅을 정탐하라 하매 그 사람들이 올라가서 아이를 정탐하고 [3]여호수아에게로 돌아와 그에게 이르되 백성을 다 올라가게 하지 말고 이삼천 명만 올라가서 아이를 치게 하소서 그들은 소수이니 모든 백성을 그리로 보내어 수고롭게 하지 마소서 하므로 [4]백성 중 삼천 명쯤 그리로 올라갔다가 아이 사람 앞에서 도망하니 [5]아이 사람이 그들을 삼십육 명쯤 쳐죽이고 성문 앞에서부터 스바림까지 쫓아가 내려가는 비탈에서 쳤으므로 백성의 마음이 녹아 물같이 된지라 [6]여호수아가 옷을 찢고 이스라엘 장로들과 함께 여호와의 궤 앞에서 땅에 엎드려 머리에 티끌을 뒤집어쓰고 저물도록 있다가 [7]이르되 슬프도소이다 주 여호와여 어찌하여 이 백성을 인도하여 요단을 건너게 하시고 우리를 아모리 사람의 손에 넘겨 멸망시키려 하셨나이까 우리가 요단 저쪽을 만족하게 여겨 거주하였더면 좋을 뻔하였나이다 [8]주여 이스라엘이 그의 원수들 앞에서 돌아섰으니 내가 무슨 말을 하오리이까 [9]가나안 사람과 이 땅의 모든 사람들이 듣고 우리를 둘러싸고 우리 이름을 세상에서 끊으리니 주의 크신 이름을 위하여 어떻게 하시려 하나이까 하니 [10]여호와께서 여호수아에게 이르시되 일어나라 어찌하여 이렇게 엎드렸느냐 [11]이스라엘이 범죄하여 내가 그들에게 명령한 나의 언약을 어겼으며 또한 그들이 온전히 바친 물건을 가져가고 도둑질하며 속이고 그것을 그들의 물건들 가운데에 두었느니라 [12]그러므로 이스라엘 자손들이 그들의 원수 앞에 능히 맞서지 못하고 그 앞에서 돌아섰나니 이는 그들도 온전히 바친 것이 됨이라 그 온전히 바친 물건을 너희 중에서 멸하지 아니하면 내가 다시는 너희와 함께 있지 아니하리라

여호수아가 아이에 정탐꾼들을 보냈습니다.

> 여호수아는 정보를 얻기 위해 여리고에 두 명의 정탐꾼을 보냈던 것처럼(수 2:1) 아이에도 몇 명을 보냈습니다. 그는 가나안 정복을 위한 다음 단계를 준비하며 아이처럼 작은 성읍을 정복하지 못하면 가나안의 다른 큰 성읍들은 정복할 수 없다는 것을 알았습니다.

그들이 의기양양한 모습으로 돌아와 (다소 오만한 태도로) 다음과 같이 보고합니다.

"아이는 작은 성읍에 불과하니(직전에 '여리고'라는 최강적에게 이긴 바 있습니다), 아이를 치는 데 굳이 군대를 총동원할 필요는 없을 것 같습니다. 한 이삼천 명만 올려 보내도 충분히 이길 수 있습니다."

> 지금까지 여호수아는 요단 강을 어떻게 건너고, 여리고 성 주위를 어떻게 돌아야 하는지 하나님께 지시를 받고 움직였습니다. 그런데 이때는 이전과 달리 정탐꾼들의 제안을 신속하게 받아들여 3,000명을 보냅니다.

그런데 뜻밖에도 이스라엘이 이 작은 성읍 때문에 황급히 도망치게 된 것입니다. 이스라엘은 아이보다 훨씬 큰 여리고를 이긴 바 있기 때문에 큰 충격에 빠졌습니다. 하지만 그들은 잊고 있었습니다. 여리고를 이긴 것은 그들의 군대가 아니라 하나님 때문이었다는 사실을 말입니다. 이스라엘이 아이 성 전투에서 패배한 것은 하나님이 더 이상 그들 편에서 싸워 주지 않으셨기 때문입니다.

Q 하나님이 베푸시는 은혜 중에 당신이 가장 당연하게 여기는 것은 무엇입니까?

> 성경은 그때 "백성의 마음이 녹아 물같이"(수 7:5) 되었다고 말합니다. 어디서 들어 본 듯한 표현 아닙니까? 여리고 성에서 라합이 이스라엘을 위해 싸우시는 하나님의 소식을 들은 여리고 백성의 "마음이 녹았고 너희로 말미암아 사람이 정신을 잃었나니"(수 2:11)라고 말한 바 있습니다. 그런데 이제 처지가 바뀐 것입니다.

충격적인 소식을 접한 여호수아는 옷을 찢고 이스라엘 장로들과 함께 언약궤 앞에 엎드려 머리에 티끌을 뒤집어씁니다. 옷을 찢는 행위는 애도와 회개를 상징하며, 티끌을 뒤집어쓰는 것은 엄청난 수치를 의미합니다. 여호수아는 하나님이 이스라엘에 등을 돌리신 이유는 알지 못했지만, 하나님이 못마땅해 하신다는 것은 알아챘습니다.

여호수아의 기도는 하나님의 명성에 늘 신경 썼던 모세의 기도와

> "아간은 하나님의 분명한 명령을 어겼습니다. 그 결과로 하나님은 그분의 나라를 전쟁에서 패하게 하셨습니다. 이것은 한 사람의 죄가 주변 모든 사람에게 영향을 미칠 수 있음을 보여 주는 구체적인 증거입니다. 믿는 자들의 교제에도 동일한 원리가 적용됩니다."[5]
> _헨리 T. 블랙커비 & 리처드 블랙커비

매우 유사해 보입니다(출 32:12~13; 민 14:13~16; 신 9:28).

조상들의 하나님에 관해 익히 들어 알고 있던 여호수아는 하나님이 자기 백성을 내팽개치려고 약속의 땅으로 이끄신 게 아니라는 것을 알고 있었습니다. 하나님이 그에게 "내가 모세에게 말한 바와 같이 너희 발바닥으로 밟는 곳은 모두 내가 너희에게 주었노니 … 네 평생에 너를 능히 대적할 자가 없으리니"(수 1:3, 5)라고 약속해 주셨기 때문입니다. 그는 아이 성 전투의 패배 앞에 자신이 이스라엘을 대신해 회개해야 함도 알고 있었습니다. 하나님이 그 신실하신 이름을 훼손할 분이 아니라는 것을 알았던 것입니다.

여호수아가 하나님께 드린 기도를 찬찬히 살펴보십시오(수 7:7~9).	
이스라엘의 비참한 상황에 초점을 맞춘 부분은 어디입니까?	하나님의 이름과 명예에 초점을 맞춘 부분은 어디입니까?

이스라엘이 패배한 것은 그들 중에 반역 행위가 있었기 때문입니다. 아간이라는 자가 죄를 지은 것입니다. 하나님은 아간 개인의 죄를 공동체 전체와 연관 지으셨습니다.

> 다음 구절에서 하나님은 죄를 저지른 아간을 언급하실 때 3인칭 단수 대명사 '그'를 쓰시지 않고, 3인칭 복수 대명사 '그들'을 사용하셨습니다. "이스라엘이 범죄하여 내가 '그들'에게 명령한 나의 언약을 어겼으며 또한 '그들'이 온전히 바친 물건을 가져가고 도둑질하며 속이고 그것을 '그들'의 물건들 가운데에 두었느니라"(수 7:11). 아간이 지은 개인적인 죄를 회중 전체의 죄로 보신 것입니다.

하나님은 나라 전체를 기소하시면서 모든 백성에게 똑같이 진노하십니다. 죄는 파괴적입니다. 믿는 자 한 사람의 죄가 가족과 교회와 공동체에 영향을 미칩니다. 만약 아간이 죄짓는 것을 알면서도 다른 사람들이 그를 말리지 않고 내버려 두었다면, 그들도 아간의 죄를 용인한 죄를 지은 셈이 됩니다. 하나님은 여호수아에게 그들이 죄를 바로잡을 때까지 그들을 위해 더는 싸우지 않겠노라고 분명히 말씀하십니다.

심화 주석

아버지의 이름을 언급해서 아간의 신원을 나타낸 것('세라의 아들')과 아간의 모든 재산과 자손의 목록을 열거한 것은 형벌 받아야 할 그 사람이 정확하게 그의 모든 소유물과 함께 벌을 받았다는 사실을 나타냅니다.

이스라엘이 하나님께 바쳐진 것과 범죄자를 올바로 구별하지 못하는 동안, 하나님은 이스라엘 전체를 하나님께 바쳐진 존재로 여기셨습니다. 그래서 이스라엘 전체가 하나님의 진노 아래 있게 되었습니다. 그러나 그들이 이 둘을 분별하자 처벌 대상이 확정되었습니다. 오로지 범죄자와 그에게 속한 소유로 국한된 것입니다.

아간의 아들딸들이 포함된 것은 안타까운 일이지만, 하나님은 그의 생명뿐 아니라 그의 이름까지도 도말해 다음 세대에 본을 세우고자 하셨습니다. 그들 모두가 구별되어 다시 하나님께 바쳐지게 된 것입니다. 이 심판은 라합과 그녀의 가족이 구원을 얻은 일과 대조를 이룹니다. 여리고가 하나님께 바쳐진 것들과 함께 멸망할 때, 여호수아와 이스라엘은 라합과 그녀의 가족을 구원했습니다. 아간은 바쳐진 것들과 함께 멸망을 당해야 했지만 이로써 여호수아와 이스라엘을 하나님의 멸망으로부터 구해낼 수 있었습니다."[6]

_리처드 S. 헤스

Q 한 사람의 죄가 다른 사람들에게도 끔찍한 결과를 안긴 예를 찾아보십시오.

Q 하나님이 왜 한 사람의 죄 때문에 모든 사람이 고통을 겪게 하신다고 생각합
니까?

2. 죄의 삯은 사망입니다(수 7:19~26)

[19]그러므로 여호수아가 아간에게 이르되 내 아들아 청하노니 이스라엘의 하나
님 여호와께 영광을 돌려 그 앞에 자복하고 네가 행한 일을 내게 알게 하라 그
일을 내게 숨기지 말라 하니 [20]아간이 여호수아에게 대답하여 이르되 참으로
나는 이스라엘의 하나님 여호와께 범죄하여 이러이러하게 행하였나이다 [21]내가
노략한 물건 중에 시날 산의 아름다운 외투 한 벌과 은 이백 세겔과 그 무게가
오십 세겔 되는 금덩이 하나를 보고 탐내어 가졌나이다 보소서 이제 그 물건들
을 내 장막 가운데 땅 속에 감추었는데 은은 그 밑에 있나이다 하더라 [22]이에 여
호수아가 사자들을 보내매 그의 장막에 달려가 본즉 물건이 그의 장막 안에 감
추어져 있는데 은은 그 밑에 있는지라 [23]그들이 그것을 장막 가운데서 취하여
여호수아와 이스라엘 모든 자손에게 가지고 오매 그들이 그것을 여호와 앞에
쏟아 놓으니라 [24]여호수아가 이스라엘 모든 사람과 더불어 세라의 아들 아간을
잡고 그 은과 그 외투와 그 금덩이와 그의 아들들과 그의 딸들과 그의 소들과
그의 나귀들과 그의 양들과 그의 장막과 그에게 속한 모든 것을 이끌고 아골 골
짜기로 가서 [25]여호수아가 이르되 네가 어찌하여 우리를 괴롭게 하였느냐 여호
와께서 오늘 너를 괴롭게 하시리라 하니 온 이스라엘이 그를 돌로 치고 물건들
도 돌로 치고 불사르고 [26]그 위에 돌 무더기를 크게 쌓았더니 오늘까지 있더라
여호와께서 그의 맹렬한 진노를 그치시니 그러므로 그곳 이름을 오늘까지 아골
골짜기라 부르더라

아간이 죄를 고백하면서 자신이 무엇을 잘못했는지 자세히 설명합
니다. 그의 세 가지 행동("보고, 탐내어, 가졌나이다")은 요한일서에서 묘사된
세속적인 마음, 즉 "육신의 정욕과 안목의 정욕과 이생의 자랑"(요일 2:16)
과 유사합니다.

> 아담과 하와가 그 열매를 보니 "먹음직도 하고"(육신의 정욕), "보암직도 하고"(안
> 목의 정욕), "지혜롭게 할 만큼 탐스럽기도"(이생의 자랑) 했습니다. 아간은 "시날
> 산의 아름다운 외투 한 벌과 은 이백 세겔과 그 무게가 오십 세겔 되는 금덩이 하

심화 주석 아이 성 전투 이야기는 신자
의 삶에서 드러나는 죄에
관한 예화로 자주 사용됩니다. 아간
의 경우처럼 하나님의 뜻에 대적하
는 반역 행위가 제거되지 않는 한, 인
생에서 성공이란 있을 수 없습니다.
하나님과의 관계를 돈독히 하고, 온
전한 축복을 받기 원한다면 반드시
죄를 없애야만 합니다. 한 사람의 죄
가 모두에게 영향을 미치는데, 특히
그 가족에게 영향을 미칩니다. 아간
의 이야기는 하나님의 사람들에게
이러한 위험성을 경고해 줍니다. 그
리고 죄에 가담한 사람들이 맞게 될
끔찍한 결과에 대해 경고해 줍니다.
이 사건은 초대교회에서 있었던 아
나니아와 삽비라 사건에 비견할 수
있습니다(행 5:1~11).[7]

_리처드 S. 헤스

나를" 보자 안목의 정욕이 일었고, 그것들을 탐하자 육신의 정욕이 발동했습니다. 마지막으로 그것들을 가지자 이생의 자랑이 그를 지배했습니다. 여리고 성 전투 중 획득한 것은 하나님께 구별된 것이었기에 주의 창고에 들여야 한다는 법을 알고도 위반한 것입니다.

아간은 훔친 보물들을 자기 장막 안에 감추었습니다. 그가 금지된 보물을 숨기기 위해 구덩이를 파는 것을 가족들도 보았을 것입니다. 어쩌면 그들은 아간의 비밀을 감춰 주는 것이 죄를 폭로함으로써 소외당하는 것보다 더 명예롭다고 생각했을지도 모릅니다. 만일 그들도 알고 있었다면, 아간의 잘못된 행동을 알고도 묵인한 셈입니다. 그러나 장막에서 발견된 물건들이 진실을 드러냅니다(참조, 삼상 16:7; 시 51:6).

> 하나님이 이렇게 말씀하셨습니다. "내가 보는 것은 사람과 같지 아니하니 사람은 외모를 보거니와 나 여호와는 중심을 보느니라"(삼상 16:7). 시편은 "주께서는 중심이 진실함을 원하시오니"(시 51:6)라고 밝히고 있습니다.

Q 에덴동산에서 아담과 하와가 하나님을 피해 숨은 이래로 우리는 죄를 숨기기 위해 늘 애써 왔습니다. 하나님 앞에 우리의 죄가 밝히 드러나도록 서로 어떻게 도울 수 있을까요?

> 여호수아는 백성이 "아골 골짜기"("괴로움의 골짜기")로 모이는 동안 아간에게 묻습니다. "네가 어찌하여 우리를 괴롭게 하였느냐 여호와께서 오늘 너를 괴롭게 하시리라"(수 7:25). 훗날 아간은 "아갈"(대상 2:7)이라는 이름으로 불리는데, "괴롭히는 자"라는 뜻입니다. 이 별명을 얻은 아간은 사실상 라합과 자리를 맞바꾼 것입니다. 기생 라합은 신실하게 행함으로써 신자가 되었지만, 괴롭히는 자 아간은 불신앙으로 일관하다가 우상 숭배자가 되었습니다.

온 이스라엘 백성이 아간의 범죄로 말미암아 36명의 전사자를 내고 자신들이 패배했다는 사실을 알게 되었습니다. 이스라엘 백성은 아간과 그의 가족을 돌로 치고, 그곳을 "아골 골짜기"라 명했습니다. 공동체 모두가 나서서 이스라엘 가운데 벌어진 죄를 바로잡는 책임을 수행한 것입니다. 그들은 모든 것을 불살라 버렸습니다. 불길에 휩싸인 아간과 그의 가족과 가축과 훔친 물건들은 순식간에 잿더미로 변했습니다. 이스라엘은 그 잿더미 위에 쌓인 돌무더기를 악행의 기념비로 삼아 하나님의 말씀을 거역하려는 자들에게 경고가 되게 했습니다.

7장은 다음과 같이 끝납니다. "여호와께서 그의 맹렬한 진노를 그치시니"(수 7:26). 너무나 끔찍한 일이지만, 훗날 이것은 우리에게 새로운 약속을 가져다줍니다. 호세아 2장 14~15절에서 하나님이 "아골 골짜기로 소망의 문을 삼아 주리니" 하고 말씀하신 것입니다. 아간이 온 이스라엘을 곤경으로 몰아넣고 나서 죽음으로 죗값을 치른 바로 그곳이 언젠가는 소망의 문이 될 것입니다. 왜냐하면 죄의 삯은 사망이요, 하나님의 은사는 영생이기 때문입니다(롬 6:23).

불법적으로 물건을 취한 아간과 달리 예수 그리스도께서는 생각지도 못한 것, 곧 자기 생명을 우리에게 주기 위해 오셨습니다(고후 5:21). 아간은 이스라엘에 대한 하나님의 맹렬한 진노를 그치게 하기 위해 자기 죗값을 치렀습니다. 하지만 예수님은 우리를 하나님과 화해시키기 위해 우리 죗값을 대신 치르셨습니다.

Q 죄를 은폐하면 어떤 일이 벌어집니까?

Q "죄의 삯은 사망"인 이유는 무엇입니까?

3. 죄 문제를 해결해야 승리합니다(수 8:1~2)

¹여호와께서 여호수아에게 이르시되 두려워하지 말라 놀라지 말라 군사를 다 거느리고 일어나 아이로 올라가라 보라 내가 아이 왕과 그의 백성과 그의 성읍과 그의 땅을 다 내 손에 넘겨 주었으니 ²너는 여리고와 그 왕에게 행한 것같이 아이와 그 왕에게 행하되 오직 거기서 탈취할 물건과 가축은 스스로 가지라 너는 아이 성 뒤에 복병을 둘지니라 하시니

> 이스라엘 진영에서 숨은 죄를 찾아냈지만, 여호수아는 다음 전투에서 승리할 수 있을지 확신할 수 없었습니다. 그래서 이번 아이 성 전투에는 군사를 얼마나 보내야 할지 하나님께 일일이 지시를 받습니다. 하나님은 그에게 군사를 다 거느리고 나가라고 명령하십니다. (아마도 첫 번째 아이 성 전투에서는 여호수아가 병사들과 함께 싸우러 나가지 않았던 모양입니다.)

하나님이 여호수아와 이스라엘 백성에게 두 번째 기회를 주겠노라고 말씀하십니다. 아이와 다시 맞서 싸울 기회를 주신 것입니다. 하나님은 여호수아에게 이스라엘이 아간의 죄로 말미암아 고통을 당한 것처럼 아이도 똑같은 고통, 즉 패배를 당하게 될 것이라고 말씀하십니다.

심화 주석

"두려워하지 말라, 놀라지 말라"(수 8:1)라는 하나님의 말씀은 이스라엘이 하나님의 임재와 이에 따른 기적들을 맞을 준비를 하던 곳에서 하나님이 여호수아에게 주셨던 첫 번째 격려 말씀을 연상시킵니다(수 1:9). 슬피 울었던(수 7:3) 이스라엘은 전 군대가 다시 연합하게 되었고, 승리의 전망은 더욱 밝아졌습니다. 여리고에 대해 주셨던 약속(수 6:2)처럼 하나님은 승리를 전제하고 명령하셨습니다. 여리고처럼 아이도 멸망했습니다. 그런데 이번에는 '가축'이 전리품으로 허락되었습니다(수 8:2). 이러한 변화는 하나님께 드리는 물건 규정에 융통성이 있었음을 보여 줍니다.

'매복'은 고대 근동에서 자주 쓰인 군사 전략이었으며, 이스라엘 역사 가운데서도 몇 차례 사용되었습니다(삿 9:20). 속이는 전략은 라합이 여호수아 2장 4~5절에서 사용했던 방법을 떠올리게 합니다. '아이 왕'과 그 '성읍'을 언급한 것은 아마도 아이가 요새가 아니었다는 것을 암시합니다. 아이 왕은 여리고 왕 같은 주권 통치자라기보다는 군사 지도자에 가까웠을 가능성이 높습니다(수 6:2). 또한 여기서 '성읍'이란 요새를 포함한 인구 밀집 장소를 의미한 것일 수 있습니다(삼하 5:7).[9]

*_리처드 S. 헤스,
HCSB Study Bible*

"그리스도를 믿는다는 것은 그분이 말씀하신 모든 것을 행하려고 애쓴다는 뜻입니다. 누군가를 신뢰한다고 하면서도 그의 조언을 받아들이지 않는 것은 어불성설입니다. 그러므로 만약 당신이 자신을 그분께 진정으로 맡겨 드렸다면, 반드시 그분께 순종하지만 새롭고 덜 근심스러운 방식으로 애써야 합니다. 이런 일들을 하는 것은 구원을 받기 위해서가 아니라 그분이 이미 당신을 구원하기 시작하셨기 때문입니다. 당신은 행위들에 대한 보상으로 천국에 들어가기를 소망하는 것이 아니라, 천국의 희미한 빛이 당신 내면을 비추고 있기 때문에 필연적으로 어떤 방식으로든 행하고 싶어서 순종하는 것입니다."[10]
_C.S. 루이스

> Leader

하나님은 여리고 성 전투에서는 승리를 거둔 뒤 전리품을 취하지 못하게 하셨는데, 이번에는 "탈취할 물건과 가축"을 가져도 좋다고 허락하셨습니다. 아간이 전리품을 취하지 말라고 하셨던 하나님의 명령에 순종했더라면, 그는 아이 성 전투가 끝나고 값비싼 물건들을 당당히 가질 수 있었을 것입니다.

에덴동산에서 아담과 하와는 하나님께 죄를 지었습니다. 하와가 "금지된 것을 눈으로 보고, 탐하여, 취했던" 것입니다. 그러고 나서 그들은 하나님을 피해 숨었습니다. 믿는 자로서 우리는 하나님을 따를 것인지, 아니면 불순종할 것인지 선택해야 합니다. 죄를 짓고 회개하기를 거부할 때마다 우리의 마음은 완악해집니다. 주님께 달려가 회개하기보다는 주님으로부터 달아나 숨으려고 합니다. 아간의 이야기는 죄가 가져오는 끔찍한 결과를 상기시켜 줍니다.

아간에게는 회개할 기회가 있었습니다. 장막에 들어갈 때마다 자기가 훔쳐서 감춘 보물에 관해 생각했을 것입니다. 여호수아가 백성에게 스스로 거룩하게 하라고 명령할 때(수 7:13), 즉 그 정결 의식을 진행하는 중에 회개했어야 합니다. 아니, 여호수아가 그의 가족을 따로 세우기 전에 회개했어도 늦지 않았습니다. 그가 자기 죄를 숨김으로써 이스라엘은 참혹하게 패배했고, 아간은 자신의 가족과 소유물을 모두 잃었습니다. 죄의 결과는 죽음입니다. 죗값을 치른 후에야 이스라엘은 비로소 승리를 향해 나아갈 수 있게 되었습니다.

Q 회개가 힘든 이유는 무엇입니까? 아간은 왜 회개하지 않았을까요?

Q 이스라엘의 죄 문제가 해결되자, 하나님은 여호수아에게 "두려워하지 말라 놀라지 말라"라고 말씀해 주셨습니다. 죄를 숨기는 것과 두려움 또는 낙담 사이에는 어떤 관계가 있습니까?

결론

　여호수아의 조상 아브라함이 하나님의 친구로 불린 것은 그가 하나님을 믿었기 때문입니다. '믿음을 가진다'는 것은 어떤 것에 대해 자신감을 갖거나 누군가를 전적으로 신뢰하는 것을 의미합니다. 아브라함은 하나님께 자기 삶을 맡겼으며, 그의 인생을 향한 하나님의 계획을 확신했습니다.

　반대로 하나님의 대적들은 그들의 악행으로 인해 하나님으로부터 멀어져 적대적인 마음을 가집니다(골 1:21). 그들은 하나님을 믿거나 그분의 길을 찾으려고 하지 않습니다. 하나님의 원수들은 마치 그분의 원칙이 자신에게는 적용되지 않는다는 듯 살아가지만, 그것은 오산입니다.

　"죄의 삯은 사망"이라는 것은 우리에게 절망적인 소식입니다. 그러나 낙담할 필요는 없습니다. 예수님이 우리 대신 죗값을 치르시고 우리에게 하나님의 선물, 즉 영생을 값없이 주셨기 때문입니다. 그리스도인은 한때 죄에 물들었으나 예수님 덕분에 눈과 같이 희어진 사람답게 기도하고 예배하며 주님을 증거해야 합니다.

그리스도와의 연결
아골 골짜기는 죄와 그 결과들을 상기시켜 주는 무서운 곳입니다. 그러나 하나님은 훗날 이곳을 "소망의 문"으로 삼아 주겠다고 약속하십니다(호 2:14~15). 하나님의 은사는 그리스도 예수 우리 주 안에 있는 영생입니다(롬 6:23).

하나님의 계획 우리의 사명

`선교적 적용` 하나님은 우리가 만성적인 죄와 그 결과에 맞서 싸우는 가운데 주님의 이름을 높이기를 원하십니다.

1. 하나님의 능력과 공급에 늘 의지하며 살도록 서로 어떻게 격려할 수 있을까요?

2. 교회나 그룹이 복음으로써 함께 다룰 수 있는 공동체의 죄에는 어떤 것들이 있을까요?

3. 하나님 나라의 증인이 되기 위해 당신 삶에서 쉽게 사라지지 않는 죄에 맞서 싸우려면 어떤 과정을 거쳐야 합니까?

**금주의 성경 읽기
신 16~23장**

Summary and Goal

이 세션에서 우리는 여호와를 그들의 하나님으로 예배하기로 결정하는 이스라엘의 이야기를 공부할 것입니다. 이스라엘의 지도자 여호수아가 세상을 떠날 때가 되었습니다. 그는 백성에게 율법책을 읽어 준 후 하나님을 섬길 것인지, 우상을 섬길 것인지 선택하라고 말합니다. 그리고 하나님의 신실하심을 기억하고 구원의 관점에서 살아갈 것을 촉구합니다. 우리도 이스라엘처럼 우상을 물리치고 하나님께 순종함으로써, 그리고 온전함과 진실함으로 주님을 예배함으로써 하나님의 구원 안에서 살아가도록 부름받았습니다.

- **성경 본문**

  여호수아 24:1-28

- **세션 포인트**

  1. 온전하고 진실함으로 주님을 예배하십시오 (여호수아 24:14)
  2. 우상을 물리치십시오 (여호수아 24:15-23)
  3. 순종은 구원의 증거입니다 (수 24:24-28)

- **신학적 주제**

  예수님을 통해 하나님의 구원을 먼저 경험하지 않으면 아무리 애써도 절대 순종할 수 없습니다

- **그리스도와의 연결**

  여호수아는 이스라엘을 약속의 땅으로 인도하도록 선택받은 하나님의 종이었습니다. 그의 이야기는 하나님의 사람들을 영원한 기업으로 이끄시는 하나님의 종 예수 그리스도를 떠올리게 합니다.

- **선교적 적용**

  하나님이 우리에게 우상을 제거하고, 그리스도의 구원을 통해서만 맛볼 수 있는 새로운 삶을 세상에 증거하라고 요구하십니다.

도입

"다섯 꼬마 원숭이" 노래 예화를 통해 여호수아서에서 배울 타산지석의 교훈을 소개하십시오.

사람들이 믿는다고 말하면서도 저지르는 모순된 행동에는 어떤 것들이 있습니까?

믿음과 일치하게 행동하는 것이 그리스도인에게 중요한 이유는 무엇일까요?

구원 가운데 살아가는 삶과 여호수아의 말년에 여호와를 섬기기로 선택한 이스라엘의 이야기가 담긴 이 세션을 요약하십시오.

전개

1

**온전함과 진실함으로
주님을 예배하십시오**
(수 24:14)

부록 1: '여호수아의 생애'와 인도자용 교재의 내용을 통해 여호수아의 삶에서 중요한 순간들을 돌아보고, 그의 변함없는 신실함에 관해 살펴보십시오. 그러고 나서 여호수아 24장 14절을 읽으십시오. 예배에 보였던 여호수아의 관심에 초점을 맞추십시오. 그리고 그가 이스라엘 백성에게 그들을 구원하신 하나님을 섬길 것을 얼마나 간곡하게 부탁했는지 보십시오.

"온전함과 진실함으로" 드리는 예배의 특징은 무엇입니까?

"가식적이고 진실하지 못한" 예배의 특징은 무엇입니까?

우상을 제거하고 온전함과 진실함으로 주님을 섬길 때 해야 할 일과 하지 말아야 할 일에 대해 여호수아가 어떻게 말했는지 설명해 주십시오. 어느 시대를 살든지 거룩함에 대한 하나님의 기준은 변함없다는 것을 강조해 주십시오.

경외감은 온전함과 진실함으로 예배드리는 데 어떤 역할을 합니까?

2

**우상을
제거하십시오**
(수 24:15~23)

여호수아 24장 15~23절을 읽으십시오. 여호수아가 이스라엘 백성에게 제안한 '선택'의 본질이 무엇인지 가르쳐 주십시오. 믿음의 선택에 '중립'이란 없습니다.

여호수아는 가족과 함께 하나님께 헌신했습니다. 어떻게 하면 온 가족이 같은 마음으로 주님께 헌신할 수 있을까요?

이스라엘 백성이 여호수아에게 '아멘'으로 화답하지만, 그들의 죄성과 신실하지 못한 과거를 알고 있던 그는 놀라운 선언을 합니다(수 24:19). 여호수아는 주님을 섬기는 것은 그저 몇 마디 다짐으로 될 수 없는 매우 진지한 문제라는 것을 다시 한번 강조합니다.

이스라엘의 영적 무능을 있는 그대로 지적하는 여호수아의 말이 어떻게 다가옵니까?

하나님을 섬기는 데 있어 오늘날 우리의 헌신과 옛 이스라엘의 헌신은 어떻게 다릅니까?

3
순종은 구원의 표시입니다
(수 24:24~28)

자원자에게 여호수아 24장 24~28절을 읽게 하십시오. 하나님에 대한 헌신을 가늠해 볼 수 있도록 여호수아가 백성에게 제시한 방법에 관해 알려 주십시오.

백성이 한 약속을 상기시켜 주기 위해 기념비를 세운 것이 중요한 이유는 무엇일까요?

가정이나 교회에서 하는 일들이 구원 안에서 살아가도록 부르신 하나님의 소명을 상기시켜 줍니까?

여호수아가 백성과 언약을 맺고, 율법책에 그것을 기록했으며, 증거를 남기기 위해 큰 돌을 사용했다는 것을 지적해 주십시오. 다음 세대를 제자 삼기 위해 노력해야 할 책임이 우리에게도 있다는 사실을 연결해 생각할 수 있게 하십시오.

'순종'을 하나님의 구원을 얻기 위한 방편이 아닌 구원의 표시로 삼는 것이 중요한 이유는 무엇일까요?

결론

하나님을 섬기는 자신의 능력(혹은 무능력)을 현실적으로 이해하면서 동시에 하나님의 신실함을 기억하도록 도우십시오. 구원받음으로써 순종하기로 결정하는 헌신의 중요성을 기억하게 하십시오. 이 세션에서 배운 진리를 '하나님의 계획, 우리의 사명'에서 적용해 보십시오.

6. 구원받은 자의 신앙생활

심화토론

- 과거의 실수를 반복하지 않도록 깨달음을 준 경험이 있습니까?
- 그 경험이 당신에게 어떤 영향을 미쳤습니까?

도입

어린아이를 키우는 집이라면 "다섯 꼬마 원숭이"(Five Little Monkeys)라는 동요를 잘 알 것입니다.

"다섯 꼬마 원숭이가 침대 위에서 뛰어놀아요. 한 마리가 떨어져서 머리를 찧었어요. 엄마가 의사 선생님을 불렀어요. 의사 선생님은 말씀하시길, '원숭이들아, 다시는 침대 위에서 뛰어놀지 마라!'"

뺄셈의 원리를 가르치는 이 노래는(원숭이가 한 마리씩 떨어질 때마다 남은 원숭이를 셉니다. - 역주) 중요한 인생 교훈도 가르쳐 줍니다. 바로 다른 사람의 실수를 통해 배우라는 것입니다. 여호수아서를 공부하면서 보았다시피 이스라엘은 그들의 조상과 이웃들의 실수를 보고 배울 기회가 아주 많았습니다. 이제 그들에게 과거 실수를 통해 배울 것인지, 아니면 실수를 반복할 것인지를 선택할 기회가 주어집니다.

> 덴마크의 철학자이자 신학자인 쇠렌 키르케고르는 "정결한 마음은 한 가지만 생각한다"라고 말했습니다.[1] 그는 다른 생각이나 행동을 동시에 하는 사람은 한 가지에 집중할 수 없다고 믿었습니다. 이스라엘의 지도자로서 여호수아는 전적인 헌신의 본을 보였고, 삶의 마지막 순간에도 이스라엘 백성에게 하나님을 따르기로 선택할 것을 요청합니다.

Q 사람들이 믿는다고 말하면서도 저지르는 모순된 행동에는 어떤 것들이 있습니까?

Q 믿음과 일치하게 행동하는 것이 그리스도인에게 중요한 이유는 무엇일까요?

Session Summary

이 세션에서 우리는 여호와를 그들의 하나님으로 예배하기로 결정하는 이스라엘의 이야기를 공부할 것입니다. 이스라엘의 지도자 여호수아가 세상을 떠날 때가 되었습니다. 그는 백성에게 율법책을 읽어 준후 하나님을 섬길 것인지, 우상을 섬길 것인지 선택하라고 말합니다. 그리고 하나님의 신실하심을 기억하고 구원의 관점에서 살아갈 것을 촉구합니다. 우리도 이스라엘처럼 우상을 물리치고 하나님께 순종함으로써, 그리고 온전함과 진실함으로 주님을 예배함으로써 하나님의 구원 안에서 살아가도록 부름받았습니다.

전개

1. 온전함과 진실함으로 주님을 예배하십시오(수 24:14)

> **Leader**
>
> 여호수아의 마지막 순간을 보면서 그의 인생 여정을 돌아봅시다. 그는 애굽에서 노예로 태어나 모세의 지도 아래 전사가 되었습니다(출 17장). 그는 모세의 가르침을 따랐으며, 아말렉을 물리치는 데 성공했습니다. 하나님은 모세에게 "이것을 책에 기록하여 기념하게 하고 여호수아의 귀에 외워 들리라 내가 아말렉을 없이하여 천하에서 기억도 못 하게 하리라"(출 17:14) 하고 말씀하실 때부터 이미 여호수아를 선택해 준비시키셨습니다.
>
> 하나님은 여호수아를 내내 훈련시키셨습니다. 그는 모세의 지시로 약속의 땅을 정탐하기도 했습니다. 정탐꾼들 중에 오직 여호수아와 갈렙만이 하나님의 약속과 일치된 보고를 했습니다.

모세의 후계자로서 이스라엘을 오랫동안 신실하게 이끌어 온 여호수아가 백성에게 하나님의 구원 가운데 살아가라고 권고합니다.

14 그러므로 이제는 여호와를 경외하며 온전함과 진실함으로 그를 섬기라 너희의 조상들이 강 저쪽과 애굽에서 섬기던 신들을 치워 버리고 여호와만 섬기라

> **Leader**
>
> 여호수아의 말을 듣고 있는 이스라엘 백성의 모습을 그려 보십시오. 그들은 그가 하는 말이 모세의 유언과 비슷하다고 생각할지도 모릅니다. 그런데 여호수아의 뒤를 이을 사람이 없습니다. 이스라엘 백성이 모세가 죽었을 때 어려움에 처했던 상황을 기억했다면 아마도 여호수아가 이 세상에서 사라진다는 생각에, 즉 그들을 인도하고, 그들을 위해 중재하고, 그들을 대신하여 하나님과 소통할 지도자가 없어진다는 생각에 몸이 떨려 문제를 직시하지 않으려 했을 수 있습니다.

여호수아는 이스라엘 백성에게 언제나 그들을 신실하게 도와주셨던 하나님을 신실한 마음으로 섬기라고 강권했습니다. 또한 그들의 조상이 섬겼던 우상들을 언급하며(수 24:2), 그것들을 무리 가운데서 치워 버리라고(던져 버리라고) 촉구했습니다. NIV 성경이 번역한 여호수아 24장 14절은 "모든 신실함으로 그를 섬기라"(serve Him with all faithfulness)입니다. 그러나 본래 의미는 "온전함과 진실함으로 그를 섬기라"(serve him with integrity and truth)입니다. NASB 성경은 이 구절을 "진정과 진실"(sincerity and truth)로, NRSV 성경은 "진정함과 신실함"(sincerity and faithfulness)으로, REB 성경은 "충성스러움과 진실함"(loyalty and truth)으로, NLT는 "전심"(wholeheartedly)으로 번역했습니다.

"온전함"(히브리어로 '탐밈')이란 '완전함, 흠 없음, 진실함'을 의미합니다. 심지어 '완벽함'이란 뜻도 있습니다. 그러므로 여호수아의 표현은 사람들이 흠 없이 완전히 헌신하여 하나님을 예배해야 한다는 뜻입니다. 14절 전반절은 신학적으로 매우 무게감 있는 단어들로 쓰였습니다. 이스라엘은 '여호와를 경외하며 온전함과 진실함으로 섬겨야' 합니다. 여호수아는 그들이 해야 할 일들을 알려 주며, 하나님을 신실하게 섬길 것을 강권했습니다.[4]

데이비드 M. 하워드 Jr.

여호수아는 이스라엘 백성에게 예배에 관한 중요한 가르침을 전해 줍니다. "조상들이 섬기던 우상을 제거하고, 온전함과 진실함으로 주님을 섬기라"는 것입니다. 여호수아는 그들을 구원하신 하나님을 '온전함'과 '진실함'으로 섬기라고 강조합니다. 여기서 '섬기다'는 '예배드리다'로 이해할 수 있습니다('섬김의 도'에 관한 성경적 이해의 근거는 '예배를 통해 하나님을 섬기는 사람'에 있습니다. 따라서 '섬김'과 '예배'라는 용어는 흔히 교체 가능합니다).[3]

Q **"온전함과 진실함으로"** 드리는 예배의 특징은 무엇입니까?

Q **"가식적이고 진실하지 못한"** 예배의 특징은 무엇입니까?

여호수아는 주님을 섬길 때 '필요한 것'과 '버려야 할 것'에 관해 알려 줍니다. 그는 주님을 섬길 때는 '온전함과 진실함'이 필요하며, '이스라엘의 조상이 아브라함 때부터 유프라테스 강 저편에서 섬겨 온 우상들과 애굽의 신들'을 버려야 한다고 말합니다(여호수아는 아론이 애굽의 신을 본떠 만든 금송아지 앞에서 이스라엘 백성이 춤추었던 장면을 떠올렸는지도 모릅니다).

> 여호수아의 가르침은 오늘날 그리스도인들에게도 동일하게 적용됩니다. 왜냐하면 하나님은 변함이 없으시기 때문입니다. 지금도 주님은 부르신 자들을 준비시키십니다. 레이 스테드만(Ray Stedman)은 이렇게 말했습니다.
>
> "그리스도인은 빈 그릇 이상의 존재입니다. 그들은 그 안에 무언인가를, 아니 좀 더 정확히 말하자면 누군가를 담고 있습니다. 우리는 질그릇 안에 보물을 담고 있습니다. 아니, 보물보다 더 귀한 초자연적인 권능을 담고 있습니다. 하나님은 우리를 그런 존재로 지으셨습니다. 질그릇 자체는 별것 아니지만, 그 안에 담긴 보물은 값을 따질 수 없이 소중하고 초자연적이며, 인류에게 알려진 그 무엇보다도 더 큰 능력을 가졌습니다."[5]

비록 우리는 그들과 다른 시대를 살고 있지만, 거룩함에 대한 하나님의 기준은 변함없습니다. 하나님을 경외한다는 것은 두렵고 떨리는 마음으로 그분 앞에 서는 것입니다. 좋아하는 가수나 배우 앞에서 떠는 자기 모습을 상상하면 이해하기 쉬울 것입니다. 그런데 한번 생각해 봅시다. 우리는 언제나 하나님의 임재 앞에 있으며(시 139:7~12), 주의 분노를 마땅히 두려워해야 합니다.

그렇기 때문에 여호수아가 가르친 것처럼 하나님을 섬기는 데는 온전함이 필요합니다. '온전함'이란 말은 다윗이 원수로부터 자신을 구원해 주시는 하나님을 묘사할 때도 사용되었습니다(시 18:25). 사울에게서 자기 목숨을 구해 주신 하나님께 전심으로 감사드리는 다윗을 상상할 수 있겠습니까? 그는 강직한 자신에게 주님이 의로 갚아 주셨다고 말합니다. 여호수아가 '온전함'이라는 강력한 표현을 쓴 이유는 이스라엘이 건성으로 헌신함으로써 치르게 될 대가를 염려하고 하나님을 전심으로 섬기도록 이끌기 위해서입니다.

또한 여호수아는 백성에게 진실함으로 하나님을 섬기라고 가르칩니다. '진실함'이란 겉치레의 반대입니다. 그의 명령에는 참된 백성이 되어야 한다는 경고의 의미가 담겨 있습니다. 하나님은 우리 마음과 내면의 생각까지도 아시는 분이기 때문입니다.

Q 경외감은 온전함과 진실함으로 예배드리는 데 어떤 역할을 합니까?

2. 우상을 제거하십시오(수 24:15~23)

> 여호수아는 주님을 섬기는 일이 강압으로 이루어질 일이 아니라는 것을 알았습니다. 주님을 기쁘시게 하는 순종은 자원하는 마음으로 드려야 합니다.

Leader

15만일 여호와를 섬기는 것이 너희에게 좋지 않게 보이거든 너희 조상들이 강 저쪽에서 섬기던 신들이든지 또는 너희가 거주하는 땅에 있는 아모리 족속의 신들이든지 너희가 섬길 자를 오늘 택하라 오직 나와 내 집은 여호와를 섬기겠노라 하니 16백성이 대답하여 이르되 우리가 결단코 여호와를 버리고 다른 신들을 섬기기를 하지 아니하오리니 17이는 우리 하나님 여호와께서 친히 우리와 우리 조상들을 인도하여 애굽 땅 종 되었던 집에서 올라오게 하시고 우리 목전에서 그 큰 이적들을 행하시고 우리가 행한 모든 길과 우리가 지나온 모든 백성들 중에서 우리를 보호하셨음이며 18여호와께서 또 모든 백성들과 이 땅에 거주하던 아모리 족속을 우리 앞에서 쫓아내셨음이라 그러므로 우리도 여호와를 섬기리니 그는 우리 하나님이심이니이다 하니라 19여호수아가 백성에게 이르되 너희가 여호와를 능히 섬기지 못할 것은 그는 거룩하신 하나님이시요 질투하시는 하나님이시니 너희의 잘못과 죄들을 사하지 아니하실 것임이라 20만일 너희가 여호와를 버리고 이방 신들을 섬기면 너희에게 복을 내리신 후에라도 돌이켜 너희에게 재앙을 내리시고 너희를 멸하시리라 하니 21백성이 여호수아에게 말하되 아니니이다 우리가 여호와를 섬기겠나이다 하는지라 22여호수아가 백성에게 이

"사람들로 하여금 행동하게 만드는
네 가지 강력한 동인이 있는데,
두려움과 희망과 믿음과 사랑입니다.
… 두려움은 순서로 보나, 힘으로
보나, 열매로 보나 네 가지 중 가장
앞섭니다. 사실 두려움은 '지식의
근본'입니다. 성경은 사람들이 죄를
짓게 되는 주요 원인이 '하나님을
경외하지 않는 데 있다'고 말합니다."[6]
_the Prairie Overcomer

심화토론

• 여호수아는 백성에게 온전함과 진실함으로 예배드려야 한다고 도전했습니다. 오늘날 그리스도인들은 어떻게 예배드리고 있습니까?

르되 너희가 여호와를 택하고 그를 섬기리라 하였으니 스스로 증인이 되었느니라 하니 그들이 이르되 우리가 증인이 되었나이다 하더라 [23]여호수아가 이르되 그러면 이제 너희 중에 있는 이방 신들을 치워 버리고 너희의 마음을 이스라엘의 하나님 여호와께로 향하라 하니

이스라엘 백성은 여호수아의 말이 무엇을 의미하는지 알았습니다. 마치 모세가 약속의 땅을 눈앞에 두고 마지막 유언을 남겼던 것처럼, 여호수아도 이스라엘에게 선택의 여지를 준 것입니다. 여호수아는 만약 하나님을 섬기는 일이 좋아 보이지 않으면 그들의 조상이 유프라테스 강 건너편에서 섬겼던 다른 신들, 곧 하나님이 무능력을 입증해 내셨던 그 신들에게 충성해도 좋다고 말합니다. 아니면 그들이 머물고 있는 아모리 땅의 신들, 곧 하나님이 아모리 족속을 쫓아내실 때 이미 아무것도 아님을 입증해 내셨던 그 신들을 섬겨도 좋다고 말합니다. 선택은 그들 몫입니다.

여호수아는 유일하신 참 하나님과 거짓 신들을 동시에 섬기는 '중립'이라는 이름의 호사를 누릴 여지를 주지 않습니다(마 6:24). 그는 한 사람이 하나님께 드릴 수 있는 전적인 충성의 최고봉을 보여 주면서 자신과 그 가족은 주님만을 섬길 것을 맹세합니다. 바로 이렇게 말한 셈입니다. "설령 온 이스라엘이 주님을 섬기지 않는다 할지라도, 나와 내 가족은 주님을 섬길 것이다."

Q 여호수아는 가족과 함께 하나님께 헌신했습니다. 어떻게 하면 온 가족이 같은 마음으로 주님께 헌신할 수 있을까요?

이스라엘 백성이 여호수아에게 "아멘"으로 화답했습니다. 거짓 신들을 섬기기 위해 주님을 저버리는 것은 터무니없는 짓이라는 합의를 표현한 것입니다. 회중의 헌신은 그들 역사 속에 개입하셨던 하나님에 대한 믿음에 기초한 것입니다. 그들이 기억하는 역사는 여호수아가 회상하는 역사와 일치합니다. 그들은 하나님이 아브라함에게 주셨던 약속(창 12장)을 지키기 위해 그동안 행하셨던 기적들을 잘 알고 있었습니다. 이제 그들의 때에 그 약속이 성취되려 하고 있습니다. 이스라엘 백성이 주님을 섬기며 그분만이 자기 하나님임을 선언하고자 하는 것은 그들을 향한 하나님의 신실하심 때문입니다.

그런데 여호수아가 뜻밖의 말을 합니다. "너희가 여호와를 능히 섬기지 못할 것은 그는 거룩하신 하나님이시요 질투하시는 하나님이시니"(수 24:19). 여호수아는 왜 이런 말을 한 것일까요? 여호수아는 그들의 열정적인 맹세 뒤에 펼쳐질 현실을 잘 알고 있었기 때문입니다. 그는 이스라엘 백성의 죄짓기 쉬운 성향과 자신들을 구원해 주신 하나님을 종종 잊곤 한 불성실한 과거를 잘 알고 있었습니다.

> **Leader**

거룩하신 하나님은 "질투하는 하나님"이십니다(출 20:5). 그래서 여호수아는 주님이 그들의 '죄'(sin)와 '잘못'(transgression)을 간과하지 않으신다고 말합니다. '죄'란 과녁을 빗나가거나 잘못된 곳으로 가는 것을 의미하며, '잘못'이란 언약을 파기하거나 정해진 한계를 넘어가는 것을 의미합니다. 하나님은 여호수아 7장 11절에서 아간의 죄로 인해 이스라엘을 책망하실 때, 이 두 단어를 모두 사용하셨습니다(한글 개역개정판은 "범죄"와 "어겼으며"로 번역했습니다 - 역주).

죄악의 심각성을 더 깊이 이해할 수 있도록 다음의 비교를 참고하십시오.

"인간은 죄를 '사고'라고 말하지만, 하나님은 '가증한 것'이라고 말씀하십니다.

인간은 그것을 '실수'라고 말하지만, 하나님은 '무분별한 짓'이라고 말씀하십니다.

인간은 그것을 '결함'이라고 말하지만, 하나님은 '질병'이라고 말씀하십니다.

인간은 그것을 '기회'라고 말하지만, 하나님은 '선택'이라고 말씀하십니다.

인간은 그것을 '오류'라고 말하지만, 하나님은 '반목'이라고 말씀하십니다.

인간은 그것을 '매혹적인 것'이라고 말하지만, 하나님은 '사망'이라고 말씀하십니다.

인간은 그것을 '약점'이라고 말하지만, 하나님은 '사악한 것'이라고 말씀하십니다.

인간은 그것을 '호화로운 것'이라고 말하지만, 하나님은 '나병'이라고 말씀하십니다.

인간은 그것을 '자유'라고 말하지만, 하나님은 '무법'이라고 말씀하십니다.

인간은 그것을 '하찮은 일'이라고 말하지만, 하나님은 '비극적인 일'이라고 말씀하십니다.

인간은 그것을 '잘못'이라고 말하지만, 하나님은 '미친 짓'이라고 말씀하십니다.

인간은 그것을 '허점'이라고 말하지만, 하나님은 그것을 '의지'라고 말씀하십니다."[9]

주님을 섬기는 것은 중요한 문제입니다. 그저 몇 마디 다짐으로 끝낼 수 있는 일이 아니었습니다. 하나님을 거역하면 끔찍한 결과를 맞게 될 것이기 때문입니다. 특히 하나님을 저버리고 이방 신을 섬기는 사람은 그 대가를 치러야 할 것입니다. 그러나 이스라엘 백성은 여호수아의 경고에도 불구하고 침착하게 다시 한번 신앙고백을 합니다. "아니니이다 우리가 여호와를 섬기겠나이다"(수 24:21).

우리는 그들이 왜 이런 결심을 했는지 이해할 수 있습니다. 그들은

심화주석 프란시스 쉐퍼(Francis A. Schaeffer)는 여호수아 24장 연구에서 여호수아가 백성으로 하여금 하나님을 섬기도록 도전하면서 자신도 그렇게 하기로 확정했노라고 말할 때 사용한 시제에 주목합니다. 그는 여호수아가 사용한 시제는 '최종적으로' 그 이상을 의미하는 것으로, 한 번 선택하면 다시는 바꿀 수 없는 행위를 가리킨다고 지적했습니다. 이 시제는 진행형의 의미를 포함하고 있습니다. 과거뿐 아니라, 현재와 미래까지도 포함한다는 뜻입니다. 여호수아는 "나는 하나님을 섬기기로 선택했었고, 지금도 선택하며, 앞으로 마지막 순간까지도 하나님을 섬길 것을 선택합니다"라고 말한 셈입니다.

쉐퍼는 이렇게 말합니다.

"이것이 여호수아의 성품이었습니다. 그는 선택하고, 선택하고, 또 선택했습니다. 그는 계속해서 옳은 선택을 했습니다. 또한 최종적인 선택과 존재론적인 선택이 가진 역동성을 이해했습니다. 그는 백성에게 순간의 충동으로 거드름을 피우며 그런 말을 한 것이 아니었습니다. 기계나 동물처럼 맹목적인 순종이 아닌 선택을 통한 순종을 하도록 부름받은 하나님의 형상인 인간에게 무엇이 요구되는지 깊이 이해했기에 그런 말을 할 수 있었습니다."[8]

_제임스 몽고메리 보이스

요단 강을 건널 때 두려움을 느꼈고, 여리고 성이 무너질 때 지축이 흔들렸던 것을 기억하고 있습니다. 그들이 가져 보지 못했던 땅을 차지하기까지 하나님이 거듭해서 경이로운 권능을 베풀어 오셨다는 사실을 이스라엘 백성은 너무도 잘 알고 있었습니다. 여호수아는 여호와를 섬기겠노라고 결심한 이스라엘 백성에게 "너희 중에 있는 이방 신들을 치워 버리고"(수 24: 23), 이스라엘의 하나님 여호와를 섬기며 스스로 증인이 되라고 외쳤습니다.

> **Leader** 주님은 모세를 통해 온 이스라엘에 그들이 "전에 음란하게 섬기던 숫염소에게 다시 제사하지 말 것이니라"(레 17:7)라고 명령하신 바 있습니다. 신명기 32장 16~17절은 이스라엘이 우상과 씨름했음을 보여 주는 많은 증거 가운데 하나입니다. 여호수아는 이스라엘의 우상 숭배를 금해야 했습니다. 그들이 아브라함 때부터 유프라테스 강 저편에서, 애굽에서, 광야에서, 심지어 약속의 땅에서까지 쉽게 우상 숭배에 빠지곤 했기 때문입니다.

Q 이스라엘의 영적 무능을 있는 그대로 지적하는 여호수아의 말이 어떻게 다가옵니까?

Q 하나님을 섬기는 데 있어 오늘날 우리의 헌신과 옛 이스라엘의 헌신은 어떻게 다릅니까?

3. 순종은 구원의 표시입니다(수 24:24~28)

> **Leader** 이스라엘 백성이 자신감 넘치는 목소리로 다시 한번 맹세합니다. "우리 하나님 여호와를 우리가 섬기고 그의 목소리를 우리가 청종하리이다." 그들은 하나님의 신실하심을 기억하고, 하나님이 구원할 능력이 있으신 분임을 믿었습니다.

²⁴백성이 여호수아에게 말하되 우리 하나님 여호와를 우리가 섬기고 그의 목소리를 우리가 청종하리이다 하는지라 ²⁵그 날에 여호수아가 세겜에서 백성과 더불어 언약을 맺고 그들을 위하여 율례와 법도를 제정하였더라 ²⁶여호수아가 이 모든 말씀을 하나님의 율법책에 기록하고 큰 돌을 가져다가 거기 여호와의 성소 곁에 있는 상수리나무 아래에 세우고 ²⁷모든 백성에게 이르되 보라 이 돌이 우리에게 증거가 되리니 이는 여호와께서 우리에게 하신 모든 말씀을 이 돌이 들었음이니라 그런즉 너희가 너희의 하나님을 부인하지 못하도록 이 돌이 증거

가 되리라 하고 [28]*백성을 보내어 각기 기업으로 돌아가게 하였더라*

여호수아는 그들이 대가를 치를 줄 아는 백성이 되기를 바랐습니다. 그는 이스라엘 백성이 하나님 앞에 맹세한 바를 지키는지 안 지키는지를 판단할 기준을 세웁니다. 바로 토라의 율법과 규칙입니다. 이것은 그들이 입술로 고백한 대로 순종하며 살 수 있도록 해 줄 것입니다. 또한 하나님을 향한 그들의 헌신을 측량하는 도구가 될 것입니다.

Q 백성이 한 약속을 상기시켜 주기 위해 기념비를 세운 것이 중요한 이유는 무엇일까요?

Q 가정이나 교회에서 하는 일들이 구원 안에서 살아가도록 부르신 하나님의 소명을 상기시켜 줍니까?

여호수아는 백성과 언약을 맺고, 그 내용을 하나님의 율법책에 기록합니다. 그런 다음 큰 돌을 가져다가 마치 그것이 이스라엘의 맹세를 들은 듯 의인화해 설명합니다. 만약 이스라엘이 하나님께 신실하게 살겠노라고 고백한 대로 살아내지 못하면, 그 돌이 증인이자 검사가 되어 그들을 기소할 것입니다.

> **Leader :....** 이스라엘 백성이 결단을 마치자 여호수아가 해산을 명했습니다. 그들은 새로 받은 땅에 있는 자기 집으로 돌아갔습니다. 이제 그들은 하나님과 맺은 언약에 각자 스스로 책임져야 합니다. 이제 곧 여호수아가 세상을 떠날 것이기 때문입니다.

여호수아와 그의 리더십에 관한 이야기는 다음 세대를 제자 삼아야 하는 우리의 책임을 상기시켜 줍니다. 부모에게는 자녀가 마땅히 가야 할 길로 가도록 훈련시키고 인도해야 할 책임이 있습니다(잠 22:6). 우리는 우리를 여러모로 훈련시키시고, 주님의 방식대로 따를 수 있도록 힘주시는 하나님을 신뢰하며 순종의 삶을 살기 위해 노력해야 합니다. 하나님이 우리에게 우상을 제거하고, 그리스도의 구원을 통해서만 맛볼 수 있는 새로운 삶을 세상에 증거하라고 요구하시기 때문입니다.

Q '순종'을 하나님의 구원을 얻기 위한 방편이 아닌 구원의 표시로 삼는 것이 중요한 이유는 무엇일까요?

심화 주석 그 돌은 미래 세대에게 세겜에서 맺은 약속과 그것의 중요성을 상기시켜 주는 영원한 기념비 역할을 했습니다. 본문에서 '야곱'과 '돌'과 '세겜'의 연관성은 특히 중요합니다. 세겜에서 야곱은 그의 아내들과 첩들이 하란에 있는 가족들에게서 가져온 모든 이방 신을 땅에 묻었습니다(창 35:2~4). 바로 그 자리에 기념비를 세운 것은 우상을 섬기지 않겠다는 다짐을 확인시켜 줍니다. 또한 우상들이 묻힌 곳을 쉽게 구별할 수 있게 합니다.

여기서 세겜의 애매모호함이 드러납니다. 기념비의 의미대로 이스라엘은 주님만을 섬길까요? 아니면 그곳에 묻힌 우상들을 섬기기 위해 다시 돌아올까요? 결국 약속을 파기한 이스라엘의 선택(삿 2:12~13)은 여호수아의 도전(수 24:23~24)을 들었을 때, 그들이 호응하며 자신들이 가진 우상들을 치워 버렸다는 언급이 없는 것으로 보아 이미 예견된 일이었음을 알 수 있습니다. 이것은 야곱이 그의 가족들에게 우상들을 제거하라고 했을 때, 그들이 모두 참여했던 것과 대조됩니다.[11]

리처드 S. 헤스

"우리는 우리 과거가 낳은 산물이지만, 그것의 포로가 될 필요는 없습니다."[12]
_릭 워렌_

칭의는 인간의 노력이나 선행의 결과로 얻어지는 것이 아닙니다. 그것은 그리스도의 은혜를 믿음으로 말미암아 그리스도의 의가 우리에게 주어지는 것입니다. 비록 선행은 칭의를 얻게 하는 근거나 이유가 아니지만, 칭의를 받은 신자는 선행의 삶을 살아가도록 부르심을 받고 있으며, 선행을 행합니다(엡 2:10). 행함이 없는 믿음은 죽은 것입니다(약 2:17). 선행은 우리의 믿음이 진실하다는 것을 증거해 주며 우리가 의롭다 함을 입은 사실을 분명하게 드러내 줍니다.

"진정한 그리스도인이 되기 위해서는 대가를 치러야 합니다. 이것을 절대로 잊지 마십시오. 명목상의 그리스도인으로서 교회에 출석하는 일은 값싸고 쉽습니다. 그러나 그리스도의 음성을 듣고, 그를 따르며, 그를 믿고, 그에 대한 신앙을 고백하기 위해서는 엄청난 자기 부인이 필요합니다. 우리 안에 있는 죄와 자기 의와 안이함과 세속적인 것들을 모두 부인해야 하는 것입니다. … 주님은 우리가 '치러야 할 대가를 헤아려 보기'를 원하십니다."[13]

_J.C. 라일_

결론

여호수아가 그랬듯이 믿는 자들은 자신이 치러야 할 대가를 셈할 줄 알아야 합니다. 믿는 자들에게 재앙이 아닌 평안을 주려 하시는 하나님의 계획(렘 29:11)을 잊지 않도록 주님이 우리를 위해 행하신 일들을 기록하면서 말입니다. 여호수아의 신실함은 보상되었습니다. 말년에 "여호와의 종"(수 24:29)으로 불린 것입니다.

여호수아처럼 우리도 스스로 하나님을 온전하게 섬길 만한 능력을 갖췄는지 진단해 볼 필요가 있습니다. 이스라엘 자손과 우리 사이에는 분명한 차이점이 있습니다. 우리에게는 그들을 약속의 땅으로 이끈 여호수아보다 훨씬 더 훌륭한 지도자, 즉 영원한 기업으로 인도하시는 하나님의 종 예수 그리스도가 계시다는 사실입니다. 이스라엘 백성은 그들의 맹세를 지키는 데 실패했지만(곧 사사기 2장 10절에서 보게 될 것입니다), 우리는 우리 안에 내주하며 인도하시는 성령님 덕분에 하나님의 구원 아래 살아갈 힘을 얻고, 세상 사람들에게 주님의 구원하심을 증거할 능력을 얻습니다.

그리스도와의 연결

여호수아는 이스라엘을 약속의 땅으로 인도하도록 선택받은 하나님의 종이었습니다. 그의 이야기는 하나님의 사람들을 영원한 기업으로 이끄시는 하나님의 종 예수 그리스도를 떠올리게 합니다.

하나님의 계획 우리의 사명

선교적 적용 하나님은 우리에게 우상을 제거하고, 그리스도의 구원을 통해서만 맛볼 수 있는 새로운 삶을 세상에 증거하라고 요구하십니다.

1. 예수 그리스도를 통한 하나님의 구원이 우리로 하여금 그분을 경외하도록 어떻게 이끕니까?

2. 그리스도와 그분이 주신 사명에 집중할 수 있도록 당신 삶에서 제거해야 할 우상은 무엇입니까?

3. 예수 그리스도를 통해 주신 구원 가운데 하나님께 순종할 수 있도록 교회나 그룹이 할 수 있는 일은 무엇일까요?

Summary and Goal

이 세션에서 우리는 사사기의 요약이라고 할 수 있는 사사기 2장을 살펴볼 것입니다. 이스라엘 사람들이 자기 소견에 옳은 대로 행하다가 어떻게 '죄, 심판, 구원'이라는 악순환에 빠지게 되었는지를 볼 것입니다. 때마다 하나님이 잠시 평화를 선사할 구원자를 세워 주셨지만, 궁극적으로는 그들 자신의 구원이 필요하다는 사실을 보여 주셨습니다. 사사기는 하나님의 권위를 거부함으로써 빠지는 우상 숭배에 관해 보여 줍니다. 오늘날, 예수 그리스도를 왕으로 모시는 우리는 죄의 반복에서 자유롭게 되었으며, 하나님이 보시기에 옳은 일을 행할 힘도 얻었습니다.

- **성경 본문**
  사사기 2:11~19

- **세션 포인트**
  1. 백성이 다른 신들을 따라가 우상을 섬겼습니다 (삿 2:11~13)
  2. 하나님이 자기 백성을 대적의 손에 넘기셨습니다 (삿 2:14~15)
  3. 하나님이 사사들을 세워 자기 백성을 구원하셨습니다 (삿 2:16~19)

....

- **신학적 주제**
  하나님은 죄와 우상 숭배에 빠진 자기 백성을 사랑으로 심판하시고 구원하십니다.

- **그리스도와의 연결**
  사사들은 백성을 죄의 결과에서 구해 냈지만, 죄의 뿌리를 없앨 수는 없었습니다. 사사이신 예수님은 또한 구원자이십니다. 그리하여 예수님은 죄의 결과를 우리 대신 감당하시고, 주님의 의를 추구하는 새 마음을 우리에게 주십니다.

- **선교적 적용**
  하나님은 우리가 세상과 구별된 삶, 즉 사회에 만연한 우상들을 분별하고 그것에 저항하는 삶을 살아감으로써 복음 선포에 강력한 도구로 쓰이기를 원하십니다.

도입

영화 〈사랑의 블랙홀〉(*Groundhog day*)의 내용을 들려주면서 죄짓기를 반복하는 악순환에 관해 설명해 주십시오.

삶의 변화를 시도해 봤지만 결국 실패해 좌절했던 적이 있나요?

낙담할 때 좌절감을 어떻게 극복합니까?

여호수아서 전체 내용을 요약해 주십시오. 그러고 나서 사사기 2장을 요약함으로써 책 전체의 내용, 즉 이스라엘이 자기 소견에 옳은 대로 행함으로써 죄, 심판, 구원이 끝없이 반복되는 사이클에 빠졌다는 것을 지적해 주십시오. 부록 3: '사사기'를 이용해 사사기의 사이클이 어떻게 작용하는지 보여 주십시오.

전개

1
하나님의 백성이 우상을 숭배했습니다
(삿 2:11~13)

사사기 2장 11~13절을 읽으십시오. 하나님에 관한 무관심과 무지가 다음 세대의 급격한 쇠락을 가져왔다는 사실에 주목하십시오. 신실한 믿음은 유전자를 통해 물려주는 것이 아님을 지적해 주십시오. 우리는 다음 세대에 단순히 정보를 전달하는 것을 넘어서 신앙을 전수하도록 부름받았습니다.

'영적 기억 상실'을 극복하려면 어떻게 해야 할까요?

주님의 약속을 잊어버리면 주님과 동떨어진 결정을 내리게 되고, 결국 우상을 섬기게 된다는 것을 지적해 주십시오. 그런 의미에서 우리도 이스라엘 백성과 별반 다르지 않음을 인정해야 합니다.

어떨 때 자기 소견에 옳은 대로 행하고 싶은 유혹을 느끼나요?

저마다 스스로 무엇이 옳은지 결정하는 것에는 어떤 위험이 따릅니까?

2
하나님이 자기 백성을 대적의 손에 넘기셨습니다
(삿 2:14~15)

이스라엘 백성이 계속해서 고집부리며 불순종하면, 그들을 연단하겠다고 하신 하나님의 약속을 생각해 보십시오. 자원자에게 사사기 2장 14~15절을 읽게 하십시오. 우상에 대한 하나님의 진노는 자기 백성을 향한 독립적인 사랑에서 나온 것임을 설명해 주십시오.

하나님께 반역을 일삼을 때 어떤 결과가 나타납니까?

어떻게 하면 다른 사람들이 '당신이 겪는 하나님의 징계'를 '당신을 향한 하나님 아버지의 사

랑'으로 볼 수 있도록 도울 수 있을까요?

죄에 대한 하나님의 진노는 두 가지 방식, 즉 수동적인 방식과 적극적인 방식으로 표현된다는 것을 강조하십시오. 각각의 사례를 들어 설명해 주십시오. 그러고 나서 각자 학습자용 교재에 실린 표의 질문들에 답하게 하십시오. 잠시 시간을 준 후 둘씩 짝을 지어 자신이 깨달은 것을 나누게 하십시오. 그리고 몇 사람의 이야기를 들어봅니다.

우리 삶에서 죄로 인해 나타나는 결과는 무엇입니까?

우리 삶에서 하나님의 연단으로 나타나는 직접적인 결과는 무엇입니까?

죄의 결과들은 죄에 대한 하나님의 진노와 우리를 향한 하나님의 사랑을 어떻게 보여 줍니까?

3
하나님이 지도자를 세워 자기 백성을 구원하셨습니다
(삿 2:16~19)

사사기 2장 16~19절을 읽으십시오. 하나님의 공의로우심과 의로우심을 알 수 있도록 14절과 16절을 비교해 보십시오. 하나님이 자기 백성을 구원하신 이유가 그분의 크신 사랑에 있음을 강조하십시오.

하나님의 은혜는 우리를 어떻게 회개로 이끕니까?

사사기의 사이클은 매 번 구원이 베풀어지고 난 후 다시 시작되곤 했다는 사실에 주목하십시오. 하나님의 인자하심이 그들을 구원하셨지만 그들이 항상 충성을 보인 것은 아니었습니다. 이스라엘에게는 마음을 변화시켜주실 구세주가 필요했다는 사실을 강조하십시오. 그리고 우리도 그가 필요합니다. 바로 예수 그리스도이십니다. 부록 4: '약속의 땅에서 예수님 바라보기'의 사사기 편을 참고하세요.

그리스도인들은 어떻게 서로 든든히 세워 가며 의의 순환 구조를 만들어 낼 수 있을까요?

결론

신자로서 우리는 그리스도께서 이와 같은 죄와 낙심의 끝없는 고리에서 우리를 구원해 주셨음을 잘 알고 있습니다. 우리를 향한 하나님의 인애와 우리를 연단하여 주님께 돌아오게 하시는 과정을 연관 지어 생각해 보십시오. 그리스도 안에서 하나님은 우리의 신실한 사사이자 영원한 구원자이십니다. 이 세션에서 배운 진리를 '하나님의 계획, 우리의 사명'에서 적용해 보십시오.

Session Content

7. 사사기의 사이클

도입

1993년도 영화 〈사랑의 블랙홀〉(*Groundhog day*)에서 기상 캐스터 필 코너스(빌 머레이 분)는 펜실베이니아의 한 마을로 취재를 갔다가 자신이 같은 시공간 속에 갇혔다는 사실을 깨닫게 되었습니다. 그날, 곧 성촉절(우리의 경칩에 해당하는 날 - 역주)이라고도 하는 그라운드호그 데이(Groundhog Day)에 갇혀서 매일 똑같은 날을 반복해서 살게 된 것입니다.

> **Leader**
>
> 주인공은 그라운드호그 데이의 불행을 행운으로 바꾸는 방법을 깨닫게 됩니다. 똑같은 날이 반복되지만, 사랑하는 여인에게 구애하면서 수많은 시행착오를 통해 배워 나간 것입니다. 결국 그는 그녀의 마음을 얻고 사랑을 이룹니다. 여기서 중요한 것은 그 과정에서 그의 존재가 변화되었다는 사실입니다.

 그리스도인으로서 우리는 때때로 신앙적으로 '그라운드호그 데이'에 갇힌 것 같은 경험을 합니다. 날마다 비슷한 유형의 죄에 빠지는 것입니다. 그리스도와 동행한다고 하면서도 두 걸음 나아가면 곧 다시 두 걸음 물러서게 되니, 도무지 앞으로 나아가는 것 같지가 않습니다. 마치 하나님과 함께 위아래로 요동치는 영적 롤러코스터를 타는 것만 같습니다.

Q 삶의 변화를 시도해 봤지만 결국 실패해 좌절했던 적이 있나요?

Q 낙담할 때 좌절감을 어떻게 극복합니까?

> **Leader**
>
> 사사기는 하나님의 백성에게 일상이 되어 버린 죄와 구원의 악순환을 보여 줍니다. 세션 6에서 우리는 여호수아가 이스라엘 백성에게 놀라운 영향을 미치는 것을 보았습니다. 모세의 후계자인 여호수아는 이스라엘을 큰 승리로 이끌었습니다. 여리고 성을 무너뜨린 것입니다. 여호수아와 장로들은 이스라엘 백성에게 긍정적인 영향을 미쳤고, 그들이 주님의 길로 걸어갈 수 있도록 조언해 주었습니다. 그러나 여호수아가 죽고 난 뒤, 그의 세대가 역사의 무대 위에서 사라지자 "여호

와를 알지 못하며 여호와께서 이스라엘을 위하여 행하신 일도 알지"(삿 2:10) 못 하는 세대가 일어났습니다. 사사기는 바로 여기서부터 시작됩니다. 혼란한 때에 하나님이 그들에게 그들을 다스리고 원수로부터 구원해 줄 지도자들을 보내 주 십니다.

Session Summary

이 세션에서 우리는 사사기의 요약이라고 할 수 있는 사사기 2장을 살펴볼 것입니다. 이스라엘 사람들이 자기 소견에 옳은 대로 행하다가 어떻게 '죄, 심판, 구원'이라는 악순환에 빠지게 되었는지를 볼 것입니다. 때마다 하나님이 잠시 평화를 선사할 구원자를 세워 주셨지만, 궁극적으로는 그들 자신의 구원이 필요하다는 사실을 보여 주셨습니다. 사사기는 하나님의 권위를 거부함으로써 빠지는 우상 숭배에 관해 보여 줍니다. 오늘날, 예수 그리스도를 왕으로 모시는 우리는 죄의 반복에서 자유롭게 되었으며, 하나님이 보시기에 옳은 일을 행할 힘도 얻었습니다.

> **심화 주석** 근 2세기에 걸친 역사가 사사기 2장에 요약되어 있는데, 여기에 이스라엘을 다루시는 하나님의 원리가 포함되어 있습니다. 이 기간에 '배교', '복속', '탄원', '구원'의 네 단계가 반복적으로 나타났습니다.
>
> 이스라엘은 주님을 잊어버렸고, 자기 조상들에 대해 불충했을 뿐만 아니라, 애굽으로부터 그들을 구원하고 그들을 위해 놀라운 일들을 행하신 주님을 무시하는 죄를 범합니다. 그들이 지켜 온 많은 전통과 증거들이 그들을 신실하게 지켜 주어야 했지만, 그들은 자신들이 차지한 땅의 사람들이 섬기는 신들, 곧 번영과 직접 연관되어 보이는 신들에게로 돌아서 버리고 말았습니다.[2]
>
> _아서 어니스트 쿤달

전개

1. 하나님의 백성이 우상을 숭배했습니다(삿 2:11~13)

> **Leader** 여호수아 사후에 영적인 상태는 참담합니다. 그들은 결국 하나님을 저버리고, 우상을 껴안았습니다.

11이스라엘 자손이 여호와의 목전에 악을 행하여 바알들을 섬기며 12애굽 땅에서 그들을 인도하여 내신 그들의 조상들의 하나님 여호와를 버리고 다른 신들 곧 그들의 주위에 있는 백성의 신들을 따라 그들에게 절하여 여호와를 진노하시게 하였으되 13곧 그들이 여호와를 버리고 바알과 아스다롯을 섬겼으므로

여호수아 시대에 그토록 신실했던 신앙이 어쩌다가 다음 세대에 불신앙으로 급격히 주저앉게 된 것일까요? 젊은 세대는 "여호와를 알지" 못하거나, 주님이 그들을 위해 행하셨던 일을 알지 못했습니다(삿 2:10). 그들은 하나님도, 그들의 조상이 경험했던 하나님의 영광스러운 구원도 기억하지 못했습니다. 기억 상실이 배교를 낳은 것입니다.

> **Leader**

우리는 구약 이야기를 통해 구원의 하나님이 자기 백성에게 그의 신실하심을 상기시키는 말씀을 하시는 장면을 봅니다. 말씀은 주로 이렇게 시작됩니다. "나는 너를 애굽 땅, 종 되었던 집에서 인도하여 낸 네 하나님 여호와니라"(출 20:2. 레 25:38; 26:13; 민 15:41; 신 5:6; 시 81:10). 죄와 관련한 우리 싸움은 주로 주님이 누구시며 우리를 위해 어떤 일을 하셨는지를 잊는 영적 기억 상실에서 비롯됩니다. 여호수아의 후손은 어쩌다가 우상 숭배의 길을 걷게 된 것일까요? 이전 세대는 하나님이 자기 백성을 애굽에서 구출해 내어 광야에서 살아남게 하셨을 뿐 아니라 그 원수들을 모두 흩어 버리시는 것을 목격했습니다. 그런데 불과 한 세대 만에 젊은 세대는 하나님이나 그분이 하신 일들을 모두 잊어버렸습니다.

이 이야기는 우리에게 하나님께 대한 신실함은 유전자를 통해 대대로 전해지는 것이 아님을 경고해 줍니다. 부모의 구원을 자식이 물려받을 수 없고, 내 구원을 내 자녀에게 물려줄 수 없습니다. 그렇기 때문에 우리는 하나님을 아는 지식을 다음 세대에 전하는 데 게을리해서는 안 됩니다. 자녀와 손주에게 하나님이 어떤 분이신지, 그가 우리를 위해 어떤 일을 하셨는지 가르쳐 주어야 합니다.

단지 정보만이 아니라, '신앙'을 전해 주도록 부름받았다는 사실을 인식하는 것이 중요합니다. 당시 이스라엘 백성의 문제는 하나님이 무슨 일을 하셨는지 인지적으로 알지 못했다는 것이 아니라, 하나님이 어떤 분이신지 인격적으로 알지 못했다는 것이었습니다. 여기서 '안다'는 것은 속속들이 아는 지식을 말합니다. 하나님과의 관계는 그들에게 그다지 소중한 것이 아니었습니다. 정보를 전달하는 것만으로는 충분하지 않습니다. 하나님과의 관계를 소중히 여기는 우리의 마음을 함께 전달해야만 합니다.

> **Leader**

신명기에서 모세가 이스라엘 백성에게 어떻게 당부했는지 보십시오. 그는 율법을 다 요약하고 나서 "이스라엘아 들으라 우리 하나님 여호와는 오직 유일한 여호와이시니 너는 마음을 다하고 뜻을 다하고 힘을 다하여 네 하나님 여호와를 사랑하라 오늘 내가 네게 명하는 이 말씀을 너는 마음에 새기고 네 자녀에게 부지런히 가르치며 집에 앉았을 때에든지 길을 갈 때에든지 누워 있을 때에든지 일어날 때에든지 이 말씀을 강론할 것이며"(신 6:4~7)라고 했습니다. 이스라엘은 먼저 하나님을 사랑하고, 그러고 나서 자녀들을 가르치도록 부름받았다는 사실을 지적해 주십시오. 자기가 아는 것을 전하는 게 아니라, 가장 소중히 여기는 것을 전해야 하기 때문입니다.

Q '영적 기억 상실'을 극복하려면 어떻게 해야 할까요?

주님의 약속을 잊으면, 주님과 상관없는 결정을 내리게 됩니다. 그들은 "여호와의 목전에 악을" 행했습니다(삿 2:11). 무엇이 옳고 그른지, 무엇이 선이고 악인지는 우리가 아니라 하나님이 결정하십니다. 죄가 명함을 가지고 있다면, 거기에는 이렇게 쓰여 있을 것입니다. "내가 하나님보다 더 잘 안다." 사사기에서 가장 유명한 구절은 마지막 구절일 것입니다. 죄가 무엇인지 잘 요약하고 있기 때문입니다. "그 때에 이스라엘에 왕이 없으므로 사람이 각기 자기의 소견에 옳은 대로 행하였더라"(삿 21:25).

이른바 '자립'한 이스라엘 백성은 각자 자기 생각대로 우상을 찾아 하나님을 떠났습니다. 그들은 "그들의 주위에 있는 백성의 신들"(삿 2:12) 중에서 새로운 숭배 대상을 찾았습니다. 주님이 그들을 거룩한 백성(구별된 백성, 성결한 백성)으로 삼기 위해 세상에서 불러내셨다는 사실을 까맣게 잊은 것입니다(신 7:6).

> 문제는 그들이 예배를 멈추었다는 데 있는 것이 아니라, 하나님 대신 다른 우상을 섬기기 시작했다는 데 있습니다. 죄란 단순히 멈춤의 문제가 아니라, 배교의 문제인 것입니다. 하나님을 떠나 우상에게로 예배의 대상을 옮긴 것이 문제입니다. 그러므로 죄는 본질적으로 예배의 문제입니다.

그들이 예배한 대상은 누구입니까? 그들은 "여호와를 버리고 바알과 아스다롯을"(삿 2:13) 섬겼습니다. 가나안 사람들은 바알이라는 풍요의 신과 그 배우자 여신 아스다롯을 섬겼습니다. 그들은 바알과 아스다롯이 성관계를 가져야 농작물이 잘 자라고, 가족이 다산의 축복을 누릴 수 있다고 믿었습니다. 그래서 남자들이 신전의 창기와 성관계를 맺는 의식을 치르곤 했습니다. 신들을 자극해 소기의 목적을 달성하고자 한 것입니다.

하나님의 백성이 그와 같은 우상 숭배에 빠졌다는 사실이 놀랍습니다. 어떻게 이런 일이 일어날 수 있습니까? 그들이 이방인들의 우상 문화를 완전히 멀리하지 않은 데서부터 문제가 시작되었습니다. 하나님은 그들에게 약속의 땅을 차지하고, 가나안 족속을 몰아내라고 명령하셨습니다. 그런데 그 명령에 온전히 순종하지 않은 탓에 이방 신들의 올무에 걸리고 만 것입니다(시 106:34~36).

우상 숭배에 빠진 이스라엘 백성의 모습을 보며, 그들의 불순종을 꾸짖고 싶은 마음이 들지도 모릅니다. 그런데 지금 우리의 모습이 그들과 닮아 있다면 어떻게 하겠습니까? 심지어 아직 정복되지 않은 약속의 땅에 사는 거주민들과 다를 바 없이 살고 있다면, 나도 모르게 죄를 품고

여백 — Leader

살아가고 있다면 어떻게 하겠습니까?

거룩함을 찾는 일을 게을리하면 대개 종교혼합주의에 빠지기 쉽습니다. 세상과 뒤섞여서 우리의 구별됨을 잃고 맙니다. 하나님이 우리를 세상과 구별해 부르신 것은 그저 다른 존재가 되라는 것이 아니라, 다르게 살라는 뜻입니다. 우리의 거룩함이 세상에 영향을 미치기 때문입니다.

Q 어떨 때 자기 소견에 옳은 대로 행하고 싶은 유혹을 느끼나요?

Q 저마다 스스로 무엇이 옳은지 결정하는 것에는 어떤 위험이 따릅니까?

2. 하나님이 자기 백성을 대적의 손에 넘기셨습니다(삿 2:14~15)

> 우리는 하나님의 백성이 어떻게 하나님을 떠나 주변에 있는 이방 신을 섬기기 시작했는지 보았습니다. 하나님은 이 일에 대해 어떤 반응을 보이실까요? 우리는 하나님이 약속을 지키는 신실하신 분임을 알고 있습니다. 하나님은 백성이 계속 불순종하면 그들을 연단하겠다고 약속하셨습니다(참조, 레 26:17; 신 28:15).

14여호와께서 이스라엘에게 진노하사 노략하는 자의 손에 넘겨 주사 그들이 노략을 당하게 하시며 또 주위에 있는 모든 대적의 손에 팔아넘기시매 그들이 다시는 대적을 당하지 못하였으며 15그들이 어디로 가든지 여호와의 손이 그들에게 재앙을 내리시니 곧 여호와께서 말씀하신 것과 같고 여호와께서 그들에게 맹세하신 것과 같아서 그들의 괴로움이 심하였더라

> "여호와께서 이스라엘에게 진노하사"라는 구절을 읽고 깜짝 놀랐을지도 모릅니다. 하나님은 자비로우시고 은혜로우시며 노하기를 더디 하시고 인자와 진실이 많으신 분이라고 알고 있기 때문입니다(출 34:6~7). 하나님의 이 성품은 사실입니다. 여기서 하나님이 진노하신 것도 이스라엘 백성을 향한 한없는 사랑 때문입니다. 하나님은 신실하십니다.

우상 숭배에 대한 하나님의 진노에 놀라지 마십시오. 자기 백성을 향한 주님의 독점적인 사랑에서 나온 자연스러운 반응이기 때문입니다. 성경에서 우리는 하나님이 자신을 "질투하는 하나님"(출 20:5)으로 묘사하시는 것을 볼 수 있습니다. 강한 소유욕과 이기심에서 나오는 인간의 질투심이 아닙니다. 우리와 우리의 선을 지키기 위해 마음 쓰신다는 뜻

심화주석 사사기 2장 14절도 앞부분과 마찬가지로 주제 문장, "여호와께서 이스라엘에게 진노하사"로 시작합니다. 이 문장은 문자적으로 '그리고 그의 코가 붙탔다'라는 뜻입니다. 이러한 표현을 하나님에 대해 사용했다는 데 거부감이 들겠지만, 하나님의 분노가 표현된 것은 이스라엘 백성이 과거에 은혜를 풍성하게 베풀어 주셨던 하나님을 배신했다는 정황을 배경으로 해석되어야만 합니다.

여호와는 열정적인 분이십니다. 그래서 다른 우상들이 자기 백성을 빼앗아 가는 것을 수수방관하실 수 없습니다. 또한 이스라엘 백성이 다른 신들과 영적으로 간음하는 것도 봐주실 수 없습니다. 이스라엘 백성에게 충격적인 현실은 그들의 진짜 적이 하나님이시라는 사실입니다. 이제 그들은 밖에 나갈 때마다 그들 삶을 불행하게 만들려고 작정하신 분의 적대적인 손길에 부딪힐 수밖에 없습니다. 전에 경고하며 맹세하셨던 대로, 하나님은 그들에게 극심한 고통을 안겨 주셨습니다."6

_다니엘 블록

입니다. 하나님이 진노하시는 까닭은 죄가 우리에게 해악을 끼치고 그로 인해 주님의 마음을 상하게 하기 때문입니다.

우리는 본문에 나타난 하나님의 진노의 진정한 의미를 이해할 수 있어야 합니다. 이것을 잘못 이해하면 다음과 같이 받아들일 우려가 있기 때문입니다. '내가 하나님을 떠나 다른 거짓 신들에게 가더라도 하나님은 여전히 나를 봐주실 것이다.' 이것은 큰 착각입니다. 당신이 하나님보다 우상을 더 높인다면, 하나님은 당신을 그냥 내버려 두실 수 없습니다. 하나님이 당신의 죄를 보시고도 무덤덤하시다면, 당신이 하나님을 거역해도 신경을 안 쓰신다면, 그것은 당신을 전혀 사랑하지 않으신다는 뜻입니다.

> "나는 아내가 외간 남자와 데이트하는 걸 반길 정도로 내 아내를 많이 사랑합니다"라고 말하는 남편이 있다고 가정해 봅시다. "그게 무슨 말도 안 되는 소리야?"라는 말이 절로 나올 것입니다. 아내를 진정으로 사랑한다면 질투심에 불탈 수밖에 없습니다. 사랑에는 독점욕이 있기 때문입니다. 배신에 대한 분노는 부당하지 않고 오히려 신실한 것입니다. 마찬가지로 이스라엘에 대한 하나님의 진노는 자기 백성이 잘되기를 바라는 그분의 깊고 영원하신 헌신에서 비롯되었습니다.

Q 하나님께 반역을 일삼을 때 어떤 결과가 나타납니까?

Q 어떻게 하면 다른 사람들이 '당신이 겪는 하나님의 징계'를 '당신을 향한 하나님 아버지의 사랑'으로 볼 수 있도록 도울 수 있을까요?

> 하나님은 자기 백성의 반역에 대해 어떻게 반응하셨습니까? 그들이 원하는 것을 주셨습니다. 그들이 주변의 이방 민족들처럼 되고 싶어 하므로, 하나님은 그들을 대적자의 손에 맡기셨습니다. 우리의 요구를 들어주시는 것도 하나님이 죄를 벌하시는 방법 중 하나입니다.

죄에 대한 하나님의 진노는 두 가지 방식으로 표현됩니다.

첫째, '수동적인 방식'입니다. 하나님은 우리가 죄의 결과를 직접 체험함으로써 그분을 떠나 사는 것이 얼마나 어리석은 일인지를 깨닫게 하십니다. 하나님은 자기 백성을 "노략하는 자의 손에 넘겨 주사 그들이 노략을 당하게" 하셨습니다(삿 2:14). 이것은 로마서 1장에서 바울이 하나님에 관해 묘사한 것을 떠올리게 합니다. "그들을 마음의 정욕대로 더러움에 내버려 두사"(롬 1:24).

> 하나님은 왜 그들이 죄의 결과를 경험하도록 허락하셨을까요? 죄가 어떤 결과

핵심교리 99

17. 공의로우신 하나님

하나님은 자신의 도덕적 피조물들을 위해 그분의 의에 준한 기준을 세우셨고, 그 기준에 따라 피조물을 심판하실 것입니다(레 11:44~45; 롬 2:5~11; 고후 5:10). 만약 하나님이 심판하지 않으신다면, 그것은 의로우신 하나님의 성품에 어긋나는 일이 될 것입니다. 인간은 하나님의 의로운 기준에 합당하게 살지 못하고 죄를 지었습니다. 그래서 공의로 죄인을 심판하시는 하나님은 그리스도 안에 있는 믿는 자들을 구원하시기 위하여, 단지 재판관이실 뿐만 아니라, 변호인이 되기로 하셨습니다(롬 3:25~26).

를 초래하는지 알아야 구원자 되시는 주님에게로 돌아올 것이기 때문입니다. 우리는 하나님의 진노를 하늘에서 떨어지는 날벼락 같은 것으로 여기는 경향이 있습니다. 그러나 하나님의 진노는 때로 무척 원하는 것을 그냥 주시는 것으로, 즉 자기들 욕망에 내어 맡겨 버리시는 식으로 나타나기도 합니다. 죄는 심판을 부르고, 심판은 더 큰 죄와 타락으로 사람들을 이끕니다.

이러한 징계는 성경에 자주 등장합니다. 나중에 이스라엘이 그들의 왕이신 하나님을 거부하고, 다른 나라들처럼 자기들의 왕을 요구하는 장면을 통해 이러한 예를 또 보게 될 것입니다. 하나님은 그들에게 왕을 허락하시지만, 연약하고 타락한 인간 권세들의 모든 문제들도 안고 가게 하십니다. 또한 아들의 방탕한 생활을 허용해 주고 쓰디쓴 결과를 맛보고 돌아오는 탕자를 받아주는 아버지의 이야기에서도 같은 예를 볼 수 있습니다.

둘째, '능동적인 방식'입니다. 때로 죄의 결과는 수동적입니다. 죄에 하나님의 징계가 이미 포함되어 있기 때문입니다. 그러나 하나님은 때로 우리의 죄를 능동적으로 징계하십니다. 우리를 연단하여 주님께 돌아오라고 부르실 때가 그렇습니다. 요나의 이야기가 좋은 예입니다. 요나가 하나님께 반항하여 멀리 도망치자, 하나님은 그를 돌아오게 하기 위해 태풍, 해와 열풍, 큰 물고기, 아주까리, 벌레 등을 보내셨습니다.

본문은 하나님이 죄에 대해 수동적이면서 능동적으로 분노하시며 대응하시는 두 가지 면모를 모두 보여 줍니다. 주님이 자기 백성을 "노략하는 자의 손에 넘겨 주사 그들이 노략을 당하게"(삿 2:14) 하시는 장면에서는 수동적인 심판을, 또 "여호와의 손이 그들에게 재앙을 내리시니"(삿 2:15) 하는 장면에서는 능동적인 심판을 볼 수 있습니다.

우리 삶에서 죄로 인해 나타나는 결과는 무엇입니까?	우리 삶에서 하나님의 연단으로 나타나는 직접적인 결과는 무엇입니까?

이러한 결과들은 죄에 대한 하나님의 진노와 우리를 향한 하나님의 사랑을 어떻게 보여 줍니까?

3. 하나님이 지도자를 세워 자기 백성을 구원하셨습니다

(삿 2:16~19)

 심판은 하나님이 자기 백성에게 선고하시는 마지막 단계가 아닙니다. 이스라엘 역사의 격동기를 기록하고 있는 사사기 저자는 하나님의 연단 끝에 구원이 찾아 옴을 보여 줍니다.

[16]여호와께서 사사들을 세우사 노략자의 손에서 그들을 구원하게 하셨으나 [17]그들이 그 사사들에게도 순종하지 아니하고 오히려 다른 신들을 따라가 음행 하며 그들에게 절하고 여호와의 명령을 순종하던 그들의 조상들이 행하던 길에 서 속히 치우쳐 떠나서 그와 같이 행하지 아니하였더라 [18]여호와께서 그들을 위 하여 사사들을 세우실 때에는 그 사사와 함께하셨고 그 사사가 사는 날 동안에 는 여호와께서 그들을 대적의 손에서 구원하셨으니 이는 그들이 대적에게 압 박과 괴롭게 함을 받아 슬피 부르짖으므로 여호와께서 뜻을 돌이키셨음이거늘 [19]그 사사가 죽은 후에는 그들이 돌이켜 그들의 조상들보다 더욱 타락하여 다른 신들을 따라 섬기며 그들에게 절하고 그들의 행위와 패역한 길을 그 치 지 아니 하였으므로

14절과 16절을 나란히 놓고 읽으면, 아마 머리를 긁적이며 고개를 갸우뚱하게 될 것입니다. 하나님이 자기 백성을 원수들에게 내어 주셨는데, 다시 그들을 원수들에게서 구원해 주신 것입니다. 하나님은 대체 왜 그렇게 하신 걸까요?

그 이유는 하나님은 공의로우시면서 동시에 은혜가 풍성한 분이시기 때문입니다. 하나님은 모세에게 "벌을 면제하지는" 않겠다고 하시면서도 스스로 "노하기를 더디하고 인자와 진실이 많은" 하나님이라고 말씀하신 바 있습니다(출 34:6~7).

하나님은 자기 백성을 원수로부터 구원하십니다. 그들이 고통 속에서 슬피 부르짖는 소리를 듣고 뜻을 돌이키셨기 때문입니다. "슬피 부르짖음"이 곧 회개의 부르짖음은 아닙니다. 여기서 "슬피 부르짖으므로"로 번역된 히브리어 단어가 구약의 다른 두 곳에서도 등장하는데, 모두 이스라엘이 애굽의 노역으로 인해 신음하는 장면입니다. 하나님은 자기 백성의 "고통 소리"와 "신음 소리"를 듣고 아브라함과 맺은 언약을 기억하시고 그들을 구원하기로 하셨습니다(출 2:24; 6:5).

심화 주석 이스라엘 백성이 고통으로 울부짖자, 주님이 그들을 위해 사사를 세워 주셨습니다. 사사들은 "그들을 약탈하는 자의 권세"로부터 이스라엘을 구원했습니다. 그러나 이스라엘 백성이 회개했다는 언급은 없었습니다. 하나님은 그들의 고통 소리를 들으시고 긍휼한 마음으로 사사를 세워 주셨습니다. 자기 백성에게 내리셨던 징계를 철회함으로써 "노하기를 더디하고 인자와 진실이 많은 하나님"(출 34:6)이심을 증명하셨습니다. 사사들은 이스라엘(혹은 그 일부)을 다스렸고, 사는 동안 백성을 주님이 원하시는 길로 인도하기 위해 애썼습니다. 마지막 사사인 사무엘이 가장 전형적인 예입니다. 그러나 사사의 영향력은 제한적이었으며, 사사들이 죽고 나면 백성은 다시 예전처럼 우상을 섬기곤 했습니다. 이스라엘 역사상 이 시기는 각 세대가 그 부모 세대보다 더 타락해 점점 더 나락으로 빠져들던 때였습니다. 사사들은 점점 거세져 가는 죄의 물결을 멈추지는 못하고, 조금 늦추는 역할을 했을 뿐입니다.[8]

_이언 두구드
HCSB Study Bible_

*"하나님이 베푸시는 구원마다
너무나 초자연적이어서 우리는
놀라움과 충격을 받게 됩니다."*[9]
오스왈드 챔버스

이스라엘 백성이 다른 신들을 섬기자, 하나님의 보호와 능력이 거두어졌습니다. 이방 침입자들이 이스라엘을 점령하고 그들을 핍박했습니다. 그러자 하나님이 이스라엘 백성을 구원해 줄 구원자를 세우셨습니다. 그들을 '사사'라고 부릅니다. … 사사들 덕분에 구원을 얻어도 얼마 지나지 않아 이스라엘은 번번이 이전보다 심한 우상 숭배에 빠져들곤 했습니다. 그러면 또다시 하나님이 강력한 보호를 철회하시고, 대적이 침략하는 악순환이 계속되었습니다.[10]

_J. 스코트 듀발 & J. 다니엘 헤이스

"회개란 우상이 가득한 세상에서 충성의 대상을 오직 한 분뿐인 진정한 왕으로 바꾸는 것입니다."[11]

_다니엘 몽고메리 & 마이클 코스퍼

> Leader

당신이 친한 친구와 심한 말다툼을 했다고 가정해 봅시다. 배신당한 것 같고, 부당한 대우를 받은 것만 같아서 얼마 동안 그 친구와 관계를 끊었습니다. 그런데 관계가 소원해진 친구에게서 전화가 왔습니다. 다급한 목소리로 자동차 사고가 났는데 도움이 필요하다고 말합니다. 긴장한 모습이 역력합니다. 아마 당신은 그 친구와의 우정이 완전히 회복되지 않았음에도 그를 돕기 위해 현장으로 달려갈 것입니다. 왜 그럴까요? 사랑 때문입니다.

하나님이 자기 백성을 원수로부터 구원하신 것은 그들이 우상에게서 완전히 돌이켜 주님께 돌아오거나 진심으로 회개해서가 아닙니다. 크나큰 사랑 때문에 구원하시는 것입니다. 하나님의 백성의 고통을 불쌍히 여기시어 그들을 구원할 사사들을 보내심으로써 자격 없는 그들에게 자비를 베풀어 주셨습니다.

Q 하나님의 은혜는 우리를 어떻게 회개로 이끕니까?

사사기의 사이클은 매 번 구원이 베풀어지고 난 후 다시 시작되곤 했습니다. 본문의 마지막 구절에서 우리는 그것을 확인할 수 있습니다. 사사가 죽을 때마다 어김없이 죄로 돌아가는 이스라엘은 점점 더 타락의 소용돌이 속으로 빠져들어 갑니다.

누군가의 실체를 알고 싶거든 외부 제약을 모두 없애 보라는 말이 있습니다. 규칙과 법도, 교사와 형사도 없는 환경에 그를 놓아 보십시오. 이스라엘의 경우, 사사가 사라질 때마다 사람들은 다시 죄악으로 빠져들었습니다. 심지어 하나님의 구원의 은혜마저도 그들의 신실함을 붙잡아 두지 못했습니다. 그 증거로 사사기 2장 7절에서는 "(백성이) 여호와를 섬겼더라"라고 하지만, 곧 3장 6절에서는 "그들의 신들을 섬겼더라"라고 기록되었습니다.

이스라엘 백성에게는 위기를 잠시 모면하게 해 주는 해방자가 아니라, 그들의 마음을 송두리째 바꾸어 줄 구원자가 필요했습니다. 그리스도 안에서 우리는 반복되는 죄와 자기 파멸에서 놓여 하나님이 주신 사명을 위해 세상으로 나아갈 수 있게 되었습니다.

Q 그리스도인들은 어떻게 서로 든든히 세워 가며 의의 순환 구조를 만들어 낼 수 있을까요?

결론

사사기는 이스라엘 역사의 암흑기를 조명해 줍니다. 악순환이 계속 반복되었습니다. 왜냐하면 사사들은 외적인 환경은 잠시나마 나아지게 할 수 있었지만, 근본적인 문제는 해결할 수 없었기 때문입니다.

우리는 그리스도께서 죄와 낙심의 끝없는 악순환에서 우리를 구원해 주셨음을 잘 알고 있습니다. 따라서 우리는 하나님의 오래 참으심(벧후 3:9)을 생각하며 남은 죄를 속히 회개해야 합니다(약 5:16). 자비로우신 하나님은 우리를 연단하여 주님께 돌아오게 하실 때조차 우리를 향한 사랑을 보여 주십니다. 하나님은 신실한 사사이자 감사하게도 영원한 구원자이십니다.

그리스도와의 연결

사사들은 백성을 죄의 결과에서 구해 냈지만, 죄의 뿌리를 없앨 수는 없었습니다. 사사이신 예수님은 또한 구원자이십니다. 그리하여 예수님은 죄의 결과를 우리 대신 감당하시고, 주님의 의를 추구하는 새 마음을 우리에게 주십니다.

하나님의 계획 우리의 사명

선교적 적용 하나님은 우리가 세상과 구별된 삶, 즉 사회에 만연한 우상들을 분별하고 그것에 저항하는 삶을 살아감으로써 복음 선포에 강력한 도구로 쓰이기를 원하십니다.

1. 믿음을 다음 세대에 전하기 위해 가정 또는 교회에서 어떤 일들을 할 수 있을까요?

2. 어떻게 하면 죄와 원수의 유혹에 저항하는 의지를 키울 수 있을까요?

3. 죄와 절망의 악순환에 갇힌 사람들을 어떻게 도울 수 있을까요?

금주의 성경 읽기
신 31~34장;
수 1~2장; 시 105편

Summary and Goal

이 세션에서 우리는 하나님이 이스라엘의 사사로 세우신 지혜가 충만한 여인 드보라
의 이야기를 공부할 것입니다. 그녀는 하나님을 위해 자기 은사를 사용했으며, 구원하
시는 하나님의 능력에 대한 큰 믿음을 보여 주었습니다. 그리고 전능하신 주님의 역사
를 찬양하며 영광을 올려 드렸습니다. 그녀의 삶에서 우리는 하나님께 순종하며 지혜
와 용기를 발휘하는 믿음을 보게 될 것입니다.

- **성경 본문**

- **세션 포인트**

- **신학적 주제**

- **그리스도와의 연결**

- **선교적 적용**

도입

저자의 이야기를 통해 시나 노래로 역사적인 사건들을 기억하는 방법에 관해 생각해 보십시오.

'이야기를 들려주는 노래' 하면 어떤 곡들이 생각납니까?

그런 노래들이 사랑받는 이유는 무엇일까요?

성경 저자가 자기 백성을 다시 한번 구원하시는 하나님의 이야기를 들려주기 위해 드보라 사건을 두 가지 문학 기법, 즉 '서사'와 '시'를 사용해 기록한 것에 주목하십시오.

전개

1
믿는 자는 하나님을 위해 은사를 사용합니다
(삿 4:1~7)

모임을 하기 전에 두세 명의 자원자에게 다른 사사들의 이야기를 미리 조사해 오도록 지시하십시오. 드보라 이전에 활동했던 사사들, 특히 옷니엘과 에훗에 관해 조사해 사사기의 주기가 어떠했는지 간략히 설명하게 하십시오.

사사기 4장 1~7절을 읽으십시오. 부록 3: '사사기'를 통해 사사기 사이클의 패턴에 주목하게 하십시오. 하나님이 드보라를 사사로 세우신 것은 매우 뜻밖의 일이었습니다. 하나님이 드보라와 그녀의 은사를 사용하신 이야기가 우리의 믿음을 더욱 강하게 해 줍니다.

어떻게 하면 하나님이 우리에게 주신 은사를 발견할 수 있을까요?

하나님이 주신 은사를 주님을 섬기는 데 사용하지 않으면 어떻게 될까요?

바락은 비록 머뭇거리긴 했지만, 믿음을 소유한 군대 장관이었음을 보여 주십시오. 하나님이 서로 다른 두 사람, 드보라와 바락을 사용하신 방식에 주목하십시오. 이것은 우리가 기대하는 '교회 안에서 이루어지는 연합'의 축소판이라고 할 수 있습니다.

2
믿는 자는 불가능한 상황에 용기 있게 맞섭니다
(삿 4:12~16)

자원자에게 사사기 4장 12~16절을 읽게 하십시오. 바락은 자기 군대가 수적인 열세에 놓여 있음을 잘 알고 있었기에 두려워했지만, 하나님이 그들 편에 계셨다는 것을 강조하십시오.

드보라가 바락에게 "여호와께서 너에 앞서 나가지 아니하시느냐"(삿 4:14) 하고 말한 것이 중요한 이유는 무엇일까요?

이 말이 어떻게 바락에게 용기와 도전을 주었을까요?

불가능해 보이는 일 앞에서 하나님을 향한 믿음이 어떻게 우리에게 용기를 주고, 순종할 마음을 주는지 설명해 주십시오. 믿음의 기초는 자기 은사나 능력이 아니라, 확실한 하나님의 말씀과 그분의 흔들리지 않는 성품에 두어야 합니다.

하나님의 능력보다 자기 은사를 더 의지하면, 어떤 일이 벌어집니까?

사사기 5장에서 이야기 방식이 '서사'에서 '시'로 바뀌는 것에 주목하십시오. 시로 노래하는 것은 단순히 이야기를 들려주는 것과는 또 다른 관점을 제시해 줍니다. 자원자에게 사사기 5장 1~11절을 읽게 하십시오. 드보라와 바락의 노래는 승전가였습니다. 이것을 한 나라의 국가(國歌)와 비교해 보십시오. 그리고 노래에 있어서 기독교와 다른 종교들의 차이점을 살펴보십시오.

하나님이 우리를 통해 일하실 때 그분께 영광을 돌리는 것이 왜 중요할까요?

하나님이 하신 일에 대한 영광을 주님이 아닌 우리가 받는다면 어떻게 될까요?

그들의 노래 가사가 이스라엘 백성이 아닌 구원자 하나님께 초점을 맞추고 있음을 강조하십시오. 이 같은 노래를 부를 때, 우리는 하나님이 우리를 위해 행하신 일들을 기억하고 전하게 됩니다.

하나님을 찬양하는 것은 우리의 믿음을 어떻게 강화시킵니까?

하나님을 찬양하는 것은 교회를 어떻게 하나 되게 합니까?

3
믿는 자를 통해 일하시는 하나님께 모든 영광을!
(삿 5:1~11)

결론

드보라의 이야기와 노래가 우리 자신의 이야기와 어떻게 연결되는지 생각해 보십시오. 우리는 죄의 노예였으며 아무런 소망이 없었지만, 그리스도께서 홀로 구원 이야기의 주인공이 되셨습니다. 이 세션에서 배운 진리를 '하나님의 계획, 우리의 사명'에서 적용해 보십시오.

Session Content

8. 드보라, 지혜로운 하나님의 여인

도입

> "승리를 가져오는 분은 여호와이시기에 도구에 불과한 사람들 중에서 누가 가장 빛나는지 관심을 가져서는 안 됩니다."
> _데일 랄프 데이비스

> **Leader**
>
> 어렸을 때 저는 교회 어른들이 들려주는 흥미진진한 이야기들, 예를 들어, 사냥이나 낚시 중에 겪은 모험이라든가 작은 마을에서 일어났던 흥미로운 이야기들을 듣고 자랐습니다. 그들은 탁월한 이야기꾼들이었습니다. 모험이 가득한 삶을 살았고, 살아남아서 우리에게 그 이야기를 전해 주었던 것입니다. 저도 그들처럼 제 아이들에게 흥미진진한 이야기들을 들려주는 사람이 되고 싶었습니다.

10대 시절, 저는 음악을 통해 많은 이야기를 접했습니다. 마틴 루터 킹 목사의 암살 사건을 다룬 노래가 기억납니다. 가스펠 가수 스티븐 커티스 채프먼이 예수님을 따르는 삶이 얼마나 '위대한 모험'인지 노래하는 걸 들은 기억도 납니다. 교회는 "갈보리 산 위에 십자가 섰으니…"라는 찬송가를 통해 제게 그리스도의 사역을 가르쳐 주었습니다. 이처럼 우리는 노래를 통해 많은 이야기를 배우곤 합니다.

Q '이야기를 들려주는 노래' 하면 어떤 곡들이 생각납니까?

Q 그런 노래들이 사랑받는 이유는 무엇일까요?

예로부터 인류는 역사 속에 중요한 사건이 벌어지면, 그에 관한 기록을 다양한 형태로 남겨 왔습니다. 그 사건을 말로 전하거나, 이야기로 되새기거나, 시나 노랫말 속에 그것의 의미를 담곤 했습니다. 성경 저자는 자기 백성을 구원하시는 하나님의 이야기를 다시금 전하기 위해 드보라 기사에서 '서사'와 '시', 두 가지 형태를 사용했습니다. 사사기 4장은 역사적인 설명으로, 5장은 노래 가사로 쓰였지만 모두 구원의 하나님을 찬양하는 내용입니다.

Session Summary

> **Leader :....** 세션 7에서 우리는 이스라엘이 어떻게 하다가 죄와 반역, 회개와 구원, 그리고 다시 반역으로 이어지는 사이클에 빠지게 되었는지를 보았습니다. 그리고 하나님이 자기 백성을 구원하기 위해 어떻게 사사들을 세우셨는지도 보았습니다.

이 세션에서 우리는 하나님이 이스라엘의 사사로 세우신 지혜가 충만한 여인 드보라의 이야기를 공부할 것입니다. 그녀는 하나님을 위해 자기 은사를 사용했으며, 구원하시는 하나님의 능력에 대한 큰 믿음을 보여 주었습니다. 그리고 전능하신 주님의 역사를 찬양하며 영광을 올려 드렸습니다. 그녀의 삶에서 우리는 하나님께 순종하며 지혜와 용기를 발휘하는 믿음을 보게 될 것입니다.

전개

1. 믿는 자는 하나님을 위해 은사를 사용합니다 (삿 4:1~7)

> **Leader :....** 이제 하나님의 사람들이 함께 모여 그들의 은사를 사용하는 아름다운 장면이 펼쳐집니다. 여선지자, 전사, 가정주부가 구원의 역사에서 각자에게 주어진 역할을 잘 감당합니다. 그리고 그들의 행동을 통해 하나님이 영광을 받으십니다.

[1]에훗이 죽으니 이스라엘 자손이 또 여호와의 목전에 악을 행하매 [2]여호와께서 하솔에서 통치하는 가나안 왕 야빈의 손에 그들을 파셨으니 그의 군대 장관은 하로셋 학고임에 거주하는 시스라요 [3]야빈 왕은 철 병거 구백 대가 있어 이십 년 동안 이스라엘 자손을 심히 학대했으므로 이스라엘 자손이 여호와께 부르짖었더라 [4]그 때에 랍비돗의 아내 여선지자 드보라가 이스라엘의 사사가 되었는데 [5]그는 에브라임 산지 라마와 벧엘 사이 드보라의 종려나무 아래에 거주하였고 이스라엘 자손은 그에게 나아가 재판을 받더라 [6]드보라가 사람을 보내어 아비노암의 아들 바락을 납달리 게데스에서 불러다가 그에게 이르되 이스라엘의 하나님 여호와께서 이같이 명령하지 아니하셨느냐 너는 납달리 자손과 스불론 자손 만 명을 거느리고 다볼 산으로 가라 [7]내가 야빈의 군대 장관 시스라와 그의 병거들과 그의 무리를 기손 강으로 이끌어 네게 이르게 하고 그를 네 손에 넘겨 주리라 하셨느니라

심화 주석 반역하는 이스라엘의 공식처럼 되어 버린 새로운 사이클이 시작되었습니다 (참조, 삿 3:7, 12). 이번 대적은 이스라엘 북쪽 하솔에서 온 가나안 왕 야빈입니다. 여호수아가 1세기 전에 하솔에서 격파한 야빈이 있는 것으로 보아 여기서의 야빈은 왕조의 이름이 아니었을까 추측됩니다 (수 11:1~15). 하솔은 여호수아에 의해 멸망했지만, 사사기 1장 8절의 예루살렘처럼 후대에 사람들이 그곳에 다시 거하게 된 것으로 보입니다. 그 땅을 완전히 차지하지 못했던 탓에 이스라엘은 계속해서 괴롭힘을 당해야 했습니다. 세상의 관점에서 보면, 야빈의 힘의 근원은 900대에 이르는 철 병거 부대입니다. 특히 평지에서는 이스라엘을 압도할 정도로 군사력이 월등했습니다. 그러나 당시 야빈 왕이 이스라엘에 힘을 발휘할 수 있었던 가장 큰 이유는 하나님이 자기 백성을 징계하기 위해 그들을 야빈의 손에 넘기셨기 때문입니다.[2]

_이언 M. 두구드
HCSB Study Bible_

"내게 있는 은과 금을 모두 가져가셔도 좋습니다. 하나도 붙잡지 않겠습니다. 내게 있는 지성도 사용해 주십시오. 어떤 것이라도 취할 수 있으시니, 마땅히 취할 권능이 있으십니다."[3]
프랜시스 하버갈

이스라엘은 또다시 사사기의 사이클에 빠져들고 맙니다. 이스라엘의 우상 숭배는 불신앙에서 기인합니다. 그들은 하나님이 그들을 만족시켜 주실 수 있는지 믿을 수가 없었습니다. 그래서 다른 신들을 좇으며 "여호와의 목전에 악을" 행합니다(삿 4:1).

그러자 주님이 그들을 가나안 왕 야빈과 그 수하의 시스라 장군에게 넘겨 핍박받게 하셨습니다. 야빈 왕의 군대는 어떤 적을 만나도 두려움에 빠뜨릴 수 있는 철 병거가 900대나 있었습니다. 그들에게서 20년 동안 심하게 학대받은 이스라엘 자손이 마침내 하나님께 부르짖었습니다.

> **Leader** 불신앙으로 가득 찬 백성과 달리 몇몇 사람들은 하나님을 섬기며 그분의 영광을 위해 주어진 은사를 사용할 준비가 되어 있었습니다. 본문은 하나님이 어떤 분이신지 분명히 이해하고 헌신했던 주의 종 드보라와 바락을 소개합니다. 그들은 하나님의 말씀을 신뢰했습니다. 요한복음 6장에서 떡과 물고기를 예수님께 드린 작은 소년처럼 드보라와 바락은 자신이 가진 은사를 하나님께 드렸고, 주님이 그것으로 기적을 일으키시는 것을 목격했습니다.

다시 한번 하나님이 자기 백성에게 예상외의 인물을 지도자로 주십니다. 드보라에게 하나님의 백성을 다스리는 사사의 직분을 주신 것입니다. 드보라는 사사기에 기록된 12명의 사사 가운데 유일한 여성입니다. 그녀는 하나님의 말씀을 선포하고, 하나님을 대신해 신실하게 판단했습니다. 사람들은 그녀가 판단해 주기를 바라며 매일매일 문젯거리를 가지고 왔습니다. 여사사로서 그녀는 군대를 이끌지는 않았지만, 지혜의 은사를 사용한 유일한 사사였습니다.

하나님이 예상외의 인물을 지도자로 세워 일하시는 것을 보고, '어쩌면 나도 내 은사로 하나님을 섬길 수 있지 않을까?' 하고 기대하면서도 '과연 내게 그런 은사가 있을까?' 하고 생각할지도 모릅니다. 하나님은 우리 각자에게 맞는 은사를 부어주십니다. 드보라를 통해 일하신 하나님이 당신의 은사를 통해 주님의 뜻을 이루실 수 있도록 믿음을 견고히 하십시오.

Q 어떻게 하면 하나님이 우리에게 주신 은사를 발견할 수 있을까요?

Q 하나님이 주신 은사를 주님을 섬기는 데 사용하지 않으면 어떻게 될까요?

드보라의 군대 장관인 바락이 하나님 백성의 군대를 이끌었습니다. 언뜻 보면, 드보라는 믿음이 충만한데 바락은 두려움에 떠는 것처럼 보입니다. 그러나 사실은 그렇지 않습니다. 바락은 드보라가 함께 가야만 시스라의 군대와 싸우겠노라고 말합니다. 출애굽기 33장에서 모세가 하나님께 이스라엘 백성과 함께해 주시기를 간청했던 것처럼, 바락도 하나님의 음성을 대언하는 드보라를 통해 하나님이 그와 함께해 주시기를 간청했던 것입니다.

바락은 잠시 주저하긴 했지만 믿음을 나타내 보였으며(히 11:32), 주님께 순종함으로써 만 명의 군사를 거느리게 되었습니다. 그는 하나님이 주신 은사를 사용해 그분의 부르심에 신실하게 응답해 나아갑니다.

여사사와 머뭇거리는 군대 장관, 매우 다른 두 사람이 신실함으로 동역해 나아갑니다. 이들은 여러 지체를 가진 교회가 어떻게 한 몸이 되어 앞으로 나아가는지를 보여 주는 축소판입니다. 드보라 같은 사람들은 지혜와 조언으로 사람들을 이끕니다. 어떤 이는 소그룹을 이끌고, 또 어떤 이는 어린이들을 가르치는 일에 자원합니다. 우리는 모두 그리스도의 지체로서 감당해야 할 역할이 있습니다(롬 12:4~5).

> **Leader** 하나님이 주신 은사를 사용하며 믿음의 길을 걷다 보면, 이야기의 주인공이 우리가 아님을 깨닫게 됩니다. 일단 깨닫고 나면, 영광을 받을 자격이 있는 체도 하지 않고, 참된 자유를 누리는 가운데 진심으로 하나님과 다른 이들을 섬기게 됩니다. 우리는 이야기의 주인공이 아니라, 주인공을 가리키는 자들이기 때문입니다.

2. 믿는 자는 불가능한 상황에 용기 있게 맞섭니다(삿 4:12~16)

> **Leader** 하나님이 선택하신 지도자들은 불리한 상황 속에서도 그들의 은사를 사용해 용기 있게 맞서 나갑니다. 그 장면이 어떻게 묘사되는지 한번 보십시오.

¹²아비노암의 아들 바락이 다볼 산에 오른 것을 사람들이 시스라에게 알리매 ¹³시스라가 모든 병거 곧 철 병거 구백 대와 자기와 함께 있는 모든 백성을 하로셋학고임에서부터 기손 강으로 모은지라 ¹⁴드보라가 바락에게 이르되 일어나라 이는 여호와께서 시스라를 네 손에 넘겨 주신 날이라 여호와께서 너에 앞서 나가지 아니하시느냐 하는지라 이에 바락이 만 명을 거느리고 다볼 산에서 내려가니 ¹⁵여호와께서 바락 앞에서 시스라와 그의 모든 병거와 그의 온 군대를 칼날로 혼란에 빠지게 하시매 시스라가 병거에서 내려 걸어서 도망한지라 ¹⁶바락이 그의 병거들과 군대를 추격하여 하로셋학고임에 이르니 시스라의 온 군대가

핵심교리 99 **65. 그리스도인의 삶에서의 성령의 사역**

그리스도인의 삶에서 성령님의 역사는 한 사람을 그리스도로 이끄는 구원 사역에서부터 사는 동안 그리스도를 점차 닮아 가도록 하는 성화에 이르기까지 계속됩니다. 또한 성령님은 그리스도인들에게 능력을 부어 주시고, 그들 안에 거하시며, 그들을 위해 중보하시고, 하나님 나라를 섬길 수 있는 특별한 은사를 주십니다. 그리스도인들의 위로자인 성령님은 우리가 성경을 올바로 해석할 수 있도록 도우십니다.

심화주석 드보라는 폭풍이 몰려오는 것을 보고(삿 5:4~5), 공격 명령을 내렸을 가능성이 있습니다(삿 4:14), 왜냐하면 그때야말로 가나안 군대의 우세한 병력과 무기를 무력화할 절호의 기회이기 때문입니다. 주님은 경이로움과 권능으로 폭풍우를 몰고 찾아와 자기 백성을 도우시는 하나님으로 자주 묘사되곤 합니다(수 10:11; 삼상 7:10; 시 18:9~15).⁵

_아서 어니스트 쿤달

심화
주석 드보라는 유일한 여성 사사
였습니다. 마지막 사사 사무
엘처럼 그녀는 선지자와 사사의 직
분을 겸해 섬겼습니다. 그녀는 전쟁
터에서 군대를 지휘하기보다는 주로
백성 사이에서 사법적인 결정을 내
려 주는 일을 했습니다(삿 4:4~5). 여
선지자로서 그녀는 바락에게 하나님
의 말씀을 전하며, 그로 하여금 전쟁
을 지휘하게 합니다(삿 4:6~7).
하지만 바락이 하나님이 약속하신 승
리에 대해 굳건한 신뢰를 보이지 못했
기 때문에(삿 4:8) 전쟁의 공로는 바
락이나 드보라가 아닌 야엘에게로 돌
아갔습니다. 하나님이 다시 한번 예상
치 못한 방법으로 구원을 이루는 모
습을 보여 주십니다(삿 4:9,17~22). 하
나님은 인간의 일반적인 기대나 힘과
는 전혀 다른 방식으로 일하십니다[6]
_W. 브라이언 오커
Gospel Transformation Bible

*"하나님의 말씀을 액면 그대로
의지할 종들이 하나님께 있다는
사실을 세상이 볼 수 있도록
하나님은 우리 믿음의 진정성을
시험하실 것입니다. 이것이 바로
믿음의 삶입니다."[7]*
_리처드 십스

*"어둠이 주님의 얼굴을 감추는 듯
보일지라도 나는 주님의 변치 않는
은혜 가운데 안식합니다. 크고 강한
폭풍이 몰아칠지라도 나의 닻은 장막
속에서 굳건히 버팁니다."[8]*
_에드워드 모트

다 칼에 엎드러졌고 한 사람도 남은 자가 없었더라

결전의 날이 밝았습니다.

> 다볼 산 위에 선 하나님의 군대는 철 병거 900대가 그들을 압박해 오는 것을 봅니다. 시스라가 철 병거 수백 대를 이끌고 와도 이스라엘에는 만 명의 군사가 있으니, 승산 없는 싸움은 아니리라고 생각할지도 모릅니다. 하지만 이때는 원자폭탄도, 공중전도 없던 시대입니다. 철 병거를 본 사람조차 드물 때였습니다. 현실적으로 바락과 그의 군사들이 최신 무기를 장착한 시스라의 전차 부대를 제압하기는 어려워 보입니다. 어린아이들과 프로 축구 선수들이 경기하는 것이나 다름없습니다. 하나님의 개입 없이는 도저히 이길 수 없는 전투인 것입니다.

바락의 군대를 보십시오. 무기만 봐도 시스라와 그의 군대의 적수가 되지 못합니다(삿 5:8). 하나님이 함께하신다는 것을 빼면 불리한 점이 한두 가지가 아닙니다.

결전을 앞두고 그들은 어떤 마음이었을까요? 어쩌면 떨리는 마음을 다잡기 위해 출애굽의 기적 이야기를 주고받았을지도 모릅니다. "하나님이 홍해를 가르셔서 우리 조상들이 마른 땅을 걸어갔다지?", "기억나? 우리가 여호수아와 함께 약속의 땅에 도착했을 때, 요단 강이 갈라졌잖아", "하나님이 오늘은 또 어떤 기적을 베풀어 주실까?"

드보라와 바락과 하나님의 백성은 주님이 시스라를 그들 손에 넘겨주겠다고 하신 말씀을 믿었습니다. 하나님은 신실하시므로 승리에 관한 그분의 약속도 분명 이루어질 것입니다.

Q 드보라가 바락에게 "여호와께서 너에 앞서 나가지 아니하시느냐"(삿 4:14) 하고 말한 것이 중요한 이유는 무엇일까요?

Q 이 말이 어떻게 바락에게 용기와 도전을 주었을까요?

이야기의 핵심은 14절에 있습니다. "여호와께서 너에 앞서 나가지 아니하시느냐."

> 이곳은 하나님의 백성에게 믿음과 소망의 장소입니다. 주님이 그들보다 앞서 나가셨습니다. 주님이 길을 예비하시기에 이유가 없습니다. 주님이 분명히 약속하셨으므로 승리는 이미 그들의 것입니다. 그들은 주님을 잊고 포기하기도 했지만, 주님은 그들을 결코 포기하지 않으셨습니다.

불가능한 상황에 부딪혔을 때, 하나님에 대한 믿음은 우리에게 용기를 줍니다. 믿음은 하나님을 신뢰하며 그분에게 순종하고자 하는 열망을 통해 드러납니다. 믿음은 은사에서 나오는 것이 아니며, 재주에서 찾을 수 있는 것도 아니고, 야망에서 생겨나는 것도 아닙니다. 확실한 하나님의 말씀을 믿고, 그분의 변함없는 성품을 믿는 것입니다. 하나님의 백성으로서 우리는 주님의 약속 위에서 살아갑니다. 이것 외에는 어떤 것도 안전한 반석이 될 수 없습니다.

Q 하나님의 능력보다 자기 은사를 더 의지하면, 어떤 일이 벌어집니까?

3. 믿는 자를 통해 일하시는 하나님께 모든 영광을!(삿 5:1~11)

> **Leader**
> 4장에서 하나님의 구원 이야기를 전한 성경 저자는 5장에서 아름다운 시 한 편을 들려줍니다. 대부분 산문으로 이루어진 책 가운데 등장한 이 시는 하나님의 구원을 노래합니다.

[1]이 날에 드보라와 아비노암의 아들 바락이 노래하여 이르되 [2]이스라엘의 영솔자들이 영솔하였고 백성이 즐거이 헌신하였으니 여호와를 찬송하라 [3]너희 왕들아 들으라 통치자들아 귀를 기울이라 나 곧 내가 여호와를 노래할 것이요 이스라엘의 하나님 여호와를 찬송하리로다 [4]여호와여 주께서 세일에서부터 나오시고 에돔 들에서부터 진행하실 때에 땅이 진동하고 하늘이 물을 내리고 구름도 물을 내렸나이다 [5]산들이 여호와 앞에서 진동하니 저 시내 산도 이스라엘의 하나님 여호와 앞에서 진동하였도다 [6]아낫의 아들 삼갈의 날에 또는 야엘의 날에는 대로가 비었고 길의 행인들은 오솔길로 다녔도다 [7]이스라엘에는 마을 사람들이 그쳤으니 나 드보라가 일어나 이스라엘의 어머니가 되기까지 그쳤도다 [8]무리가 새 신들을 택하였으므로 그 때에 전쟁이 성문에 이르렀으나 이스라엘의 사만 명 중에 방패와 창이 보였던가 [9]내 마음이 이스라엘의 방백을 사모함은 그들이 백성 중에서 즐거이 헌신하였음이니 여호와를 찬송하라 [10]흰 나귀를 탄 자들, 양탄자에 앉은 자들, 길에 행하는 자들아 전파할지어다 [11]활 쏘는 자들의 소리로부터 멀리 떨어진 물 긷는 곳에서도 여호와의 공의로우신 일을 전하라 이스라엘에서 마을 사람들을 위한 의로우신 일을 노래하라 그 때에 여호와의 백성이 성문에 내려갔도다

심화주석 사사기 5장의 노래는 4장에서 생략된 부분을 보충해 줍니다. 이 이야기는 모든 사람이 자기 역할을 감당했고, 하나님이 그분의 백성보다 앞서 행하셨음을 보여 줍니다.

- 드보라는 주님의 말씀을 선포하지만(삿 5:12상), 스스로 영광을 취하지 않습니다. 그녀는 주인공이 아닙니다.
- 바락은 전쟁이 끝난 뒤 포로를 끌고 나오지만(삿 5:12하), 스스로 영광을 취하지 않습니다. 그도 주인공이 아닙니다.
- 시스라의 군대는 퍼붓는 비로 인해 패배합니다(삿 5:20~21).
- 한낱 아낙네에 불과한 야엘이 시스라를 처단하는 역할을 감당합니다(삿 5:24, "더욱 복을 받을 것이로다"). 그러나 영광은 그녀의 것이 아닙니다.
- 모든 찬송은 하나님의 것입니다(삿 5:9).

> Leader

어떤 때는 노래가 이야기를 전달하는 데 가장 좋은 수단이 됩니다. 미국인들은 스포츠 경기를 관람하기 전에 먼저 다 함께 일어나서 "오, 그대는 보이는가. 이른 새벽 여명 사이로"로 시작하는 노래를 제창합니다. 미국 국가 "별이 빛나는 깃발"(The Star-Spangled Banner)입니다. 법률가이자 시인이었던 프랜시스 스콧 키(Francis Scott Key)가 1812년 영국과 미국 교전 중에 경험한 이야기를 담아 작사한 것입니다. 국가(國歌)란 그것을 부르는 사람으로 하여금 자기 나라의 역사를 기억하고 자신이 누구인지 상기시켜 주는 역할을 합니다.

드보라와 바락이 부른 노래는 승전가였습니다. 우리가 이 노래에 공감하는 것은 우리도 이와 같은 하나님을 경험한 적이 있기 때문입니다. 실로 하나님은 신실하신 분입니다.

기독교에서 찬양의 역할을 한번 생각해 봅시다. 다른 종교, 즉 불교, 이슬람교, 힌두교에는 기독교만큼 널리 불리는 노래나 유명한 작사·작곡가가 없습니다. 그리스도인은 노래 부르는 것을 멈출 수가 없습니다. 우리 믿음에서 노래가 절로 나오기 때문입니다. 드보라와 바락도 하나님이 이스라엘 백성에게 승리를 안겨 주시자, 노래가 터져 나왔습니다.

Q 하나님이 우리를 통해 일하실 때 그분께 영광을 돌리는 것이 왜 중요할까요?

Q 하나님이 하신 일에 대한 영광을 주님이 아닌 우리가 받는다면 어떻게 될까요?

그들의 노래는 사건에 등장하는 인물들이 아닌 구원자 하나님께 초점이 맞추어져 있습니다. 중심인물들의 공로는 유일하신 하나님의 영광의 빛 가운데 사라지고 맙니다(삿 4:14). 하나님이 드보라를 사사로 부르셨습니다. 하나님이 바락에게 군대를 모아 그들을 훈련시킬 수 있는 기술과 리더십을 주셨습니다. 시스라 장군을 한 아낙네의 손에 넘기신 분도 주님이십니다(야엘이 시스라의 관자놀이에 장막 말뚝을 박아 쓰러뜨렸습니다). 그들 앞에서 이 모든 일을 행하신 분이 바로 주님이십니다.

드보라와 바락은 전능하신 하나님이 행하신 일들이 사람들의 뇌리에서 쉽게 잊히리라는 것을 잘 알았습니다. 그래서 길이 기억할 수 있도록 노래를 만들어 준 것입니다.

드보라와 바락의 노래처럼 성경에는 하나님이 행하신 일을 기리는 노래가 곳곳에 실려 있습니다(출 15장; 시편; 계 5장). 우리는 이런 노래들을 부르면서 하나님이 우리를 위해 행하신 일들을 기억하고 전합니다. 노래를 부르면서 서로 격려하고 세워 주기도 합니다(골 3:16).

> **Leader**
오늘날 우리 앞에 버티고 선 "철 병거 900대"는 무엇입니까? 전 세계에 걸쳐 벌어지는 하나님의 백성에 대한 핍박과 전쟁이 당신을 두렵게 합니까? 주님이 앞서 나아가십니다. 이 시대에 성적 죄악이 만연할 뿐만 아니라 찬사까지 받고 있으니 낙심됩니까? 주님이 앞서 나아가십니다. 전쟁터처럼 무질서한 가정을 보니 하나님의 존재가 의심됩니까? 주님이 앞서 나아가십니다. 당신 안에 있는 죄를 도저히 없앨 수가 없어서 그만 포기하고 싶습니까? 주님이 앞서 나아가십시다.
시내 산의 하나님이 곧 다볼 산의 하나님이십니다. 즉 과거에 함께하셨던 하나님이 미래에도 함께해 주실 것입니다.

우리는 노래하며 선포합니다. "주님이 앞서 행하신다!"

Q 하나님을 찬양하는 것은 우리의 믿음을 어떻게 강화시킵니까?

Q 하나님을 찬양하는 것은 교회를 어떻게 하나 되게 합니까?

결론

드보라의 이야기와 노래는 곧 우리의 이야기이자 우리의 노래입니다. 우리는 죄의 노예였으며, 아무런 소망이 없었습니다. 사탄과 900대나 되는 철 병거가 우리 앞에 있습니다. 우리 힘으로는 결코 이길 수 없습니다. 그런데 하나님이 우리 편에 서서 우리를 대신해 싸워 예상치 못한 방법으로 이기십니다. 바로 십자가를 통해서 말입니다.

> **Leader**
원수의 머리를 밟아 승리하게 하시는 주님의 이야기가 또 있습니다. 창세기 3장에서 하나님은 여자의 후손이 뱀의 머리를 상하게 하리라고 약속해 주셨습니다. 좀 더 정확히 옮기자면, 예수님이 사탄의 머리를 밟게 되시리라는 말씀입니다. 하나님은 '여자의 씨'(야엘)를 통해 '독사의 씨'(시스라)를 밟음으로써 자기 백성을 구원하셨습니다(삿 4:17~23).

오늘날 우리는 하나님의 백성이 되었습니다. 주님이 예수님을 통해 뱀의 머리를 짓밟으신 덕분입니다(마치 야엘이 시스라를 죽인 것처럼 말입니다). 이 놀라운 이야기를 통해 우리 죄가 단번에 영원히 사해졌습니다. 우리는 우상이 잘살게 해 주리라 믿으며 이리저리 쫓아다녔던 이스라엘 백성과도 같습니다. 세상이 우리에게 주는 것은 무엇입니까? 에덴동산에서 뱀이 주었던 것과 같은 것입니다. 뱀이 속삭입니다. "너는 하나님보다 위대해질 수 있어! 영광을 독차지할 수 있고, 주인공이 될 수 있다고!"

그러나 우리는 압니다. 이야기의 주인공은 오직 하나님 한 분뿐이시라는 것을 말입니다. 그리스도만이 우리 구원의 이야기의 주인공이십니다. 지금 이 순간, 아직 죄에서 구원받지 못했다고 느껴진다면, 주의 이름을 부르고 구원해 달라고 요청하십시오. 하나님은 이미 구원을 선포하고, 당신을 위해 싸워 오셨습니다. 우리를 구원하신 주님께 모든 영광을 올려 드립시다.

그리스도와의 연결
드보라는 하나님이 주신 지혜의 은사를 사용해 백성을 구하고 지혜롭게 다스렸습니다. 예수 그리스도께서도 그분의 교회를 말씀의 지혜로 다스리십니다. 그리하여 주님의 나라에는 공의와 화평이 가득하게 하십니다.

하나님의 계획 우리의 사명

선교적 적용 하나님은 주님을 알지 못하는 사람에게 복음을 전파하고, 그의 가족들을 가르치고 세우는 일에 우리 은사를 사용하라고 하십니다.

1. 하나님께 받은 은사로 주님을 섬기는 데 장애가 되는 것은 무엇입니까? 그러한 장애를 어떻게 극복할 수 있을까요?

2. 장애를 극복하고 주님이 주신 은사를 잘 사용할 수 있도록, 믿는 자들은 서로 어떻게 격려할 수 있을까요?

3. 복음을 전하는 일에 은사를 사용할 기회를 달라고 하나님께 요청하는 기도문을 써 보십시오.

Summary and Goal

이 세션에서 우리는 약하고 겁이 많음에도 불구하고 원수로부터 하나님의 백성을 구원하는 일에 쓰임받았던 기드온에 관해 공부할 것입니다. 기드온의 이야기를 통해 우리는 우리를 보내신 이가 곧 그 사명을 감당할 능력도 주신다는 사실을 알게 될 것입니다. 하나님은 우리의 연약함을 통해 승리하게 하심으로써 선하고 사랑이 많으신 성품을 보여 주십니다. 하나님의 은혜에 대한 반응으로 우리는 주님의 부르심에 응답하고, 나아가 우리가 사명을 감당할 수 있도록 힘주시는 주님을 신뢰해야 합니다.

- **성경 본문**

  사사기 6:11~16, 36~40

  사사기 7:16~22

- **세션 포인트**

  1. 우리를 보내신 이가 곧 주십니다(삿 6:11~16)

  2. 하나님은 인내하심으로 확신을 주십니다(삿 6:36~40)

  3. 하나님은 우리의 약함을 통해 승리를 주십니다(삿 7:16~22)

....

- **신학적 주제**

  하나님께 순종하고 그의 사명에 참여할 수 있는 힘은 우리 자신이 아니라 성령님에게서 나옵니다.

- **그리스도와의 연결**

  기드온에게 양털 뭉치를 통해 확신을 주셨던 하나님은 우리에게 하나님의 아들 예수 그리스도의 죽음과 부활을 통해 주의 임재와 능력에 관한 확신을 주시고 온 세상 구원에 우리를 참여시키십니다.

- **선교적 적용**

  하나님은 우리가 주님의 일을 할 때, 우리를 보내신 이가 곧 그 사명을 감당할 능력도 주신다는 사실을 신뢰하기를 바라십니다.

도입

사사기에서 이스라엘이 반복적으로 겪는 죄, 심판, 구원의 사이클을 강조하십시오 (부록 3: '사사기'를 계속 참고합니다). 이번에는 하나님이 자기 백성의 부르짖음을 듣고, 사사를 보내기 전에 선지자를 먼저 보내셨다는 사실을 지적해 주십시오. 백성에게 고통을 면하는 것보다 거룩하게 사는 것이 더 중요함을 가르치기 위해 보내신 것입니다.

"하나님, 이 시험에서 나를 건지소서" 하고 기도하는 것과 "하나님, 이 시험을 끝까지 견딤으로써 성장하게 하옵소서" 하고 기도하는 것에는 어떤 차이가 있습니까?

약하고 겁이 많은 사사였지만, 하나님의 백성을 원수로부터 구원해 내는 일에 쓰임 받았던 기드온의 이야기를 다루고 있는 이 세션을 요약하십시오.

전개

1
우리를 보내신 이가
힘도 주십니다
(삿 6:11~16)

사사기 6장 11~16절을 읽으십시오. 그러고 나서 기드온을 부르신 사건과 그와 함께하겠다고 하신 하나님의 약속에 관해 설명해 주십시오. 어려운 상황에서 하나님께 의구심을 품는 기드온의 모습과 우리의 모습을 비교해 보십시오. 기드온과 함께하겠다고 하신 하나님의 약속과 우리와 함께하겠다고 하신 그리스도의 약속을 연결 지어 생각해 보십시오.

하나님이 주신 사명에 순종하는 데 있어 어떤 것들이 당신을 주저하게 합니까?

기드온이 여호와의 사자를 "주"라고 부른 것으로 볼 때, 자신이 신적 존재를 만나고 있다는 사실을 이해하고 있었음을 강조하십시오. 하나님의 임재 앞에 기드온이 두려워 떨었다는 사실이 우리에게 기이하게 느껴지는 이유를 설명해 주십시오. 우리도 기드온처럼 하나님의 임재를 두려워할 필요가 있지는 않은지 돌아보게 하십시오.

하나님의 임재는 어떤 면에서 우리를 놀라게 합니까?

하나님의 임재는 어떤 면에서 우리를 위로하며 담대하게 합니까?

하나님이 자기 백성에 대한 사랑의 증거로 기드온을 불러 우상들을 모두 파괴하게 하셨다는 것을 상기시켜 주십시오.

만약 하나님의 백성이 여전히 우상을 섬기고 있는데도 하나님이 그들을 구원해 주셨다면, 어떻게 되었을까요?

하나님이 우리를 외적인 시험에서뿐만 아니라, 내면의 우상 숭배로부터도 구원해 주셔야 하는 이유는 무엇인가요?

자원자에게 사사기 6장 36~40절을 읽게 하십시오. 하나님의 뜻을 분별하기 위해 '양털 뭉치를 내다 놓은 것'은 기드온의 장점이 아닌 약점을 드러내는 것으로 우리가 반드시 따라야 하는 규범이 아니라는 사실을 설명해 주십시오. 이 이야기가 우리의 믿음 없음과 하나님의 오래 참으심을 어떻게 보여 주는지 지적해 주십시오.

자신이 제대로 가고 있는지 확신을 얻기 위해 하나님께 표징을 구한 적이 있습니까? 그 결과는 어땠나요?

> **2**
> 하나님은 인내하심으로
> 확신을 주십니다
> (삿 6:36~40)

기드온의 이야기는 인간의 연약함을 통해 구원을 베푸시는 하나님을 잘 보여 주고 있음을 설명해 주십시오. 그런 다음 사사기 7장 16~22절을 읽고, 이때의 승리가 전쟁은 여호와께 속했다는 사실을 어떻게 보여 주는지 가르쳐 주십시오. 이 진리를 우리의 연약함에도 불구하고 죄를 이기고 복음을 전파하게 하시는 하나님의 능력과 연관 지어 설명해 주십시오.

세상의 사고방식은 '강한 자가 승리한다'는 것입니다. 기드온의 이야기는 이러한 생각을 어떻게 바꾸어 줍니까?

기드온의 이야기는 연약한 당신에게 어떤 희망을 줍니까?

> **3**
> 하나님은
> 우리의 약함을 통해
> 승리를 주십니다
> (삿 7:16~22)

결론

우리의 연약함에도 불구하고 우리를 위해 승리를 쟁취해 주신 가장 놀라운 예가 바로 예수 그리스도의 십자가임을 상기시켜 주십시오(부록 2: '약속의 땅에서 예수님 바라보기'의 "기드온과 300용사" 부분을 참고하십시오). 우리가 주님의 부르심에 응할 수 있는 것은 우리의 능력 때문이 아니라, 함께하신다는 하나님의 약속 때문임을 강조하십시오. 이 세션에서 배운 진리를 '하나님의 계획, 우리의 사명'에서 적용해 보십시오.

9. 기드온, 하나님이 세우신 큰 용사

도입

사사기 6장에서 주님은 이스라엘을 7년 동안 그들의 원수에게 넘겨주셨습니다. 이로 인해 하나님의 백성은 자기 땅에 살면서도 산속에 굴을 파고 들어가 숨어 살아야 했습니다. 그동안 원수 미디안 족속이 그들의 땅을 차지했고, 소출을 비롯한 재산을 모두 빼앗아 버렸습니다. 저자는 당시 이스라엘의 상황을 다음과 같이 묘사합니다. "이스라엘이 미디안으로 말미암아 궁핍함이 심한지라 이에 이스라엘 자손이 여호와께 부르짖었더라"(삿 6:6).

> Leader
>
> 궁핍함이 심한 상황은 그들이 죄를 좇아 행하여 초래한 결과입니다. 죄는 우리가 원하는 것을 절대 주지 않을 뿐만 아니라 언제나 우리를 비참함으로 이끕니다. 죄는 우리가 가진 것을 빼앗아 가고 파괴합니다. 사탄이 "온 천하를 꾀는 자"(계 12:9)로 불리는 것은 이상할 것이 없습니다. 사탄은 자기가 절대 줄 수 없는 것을 약속합니다. 죄는 기쁨을 주겠다고 약속하지만, 수치와 정죄만을 줄 뿐입니다.

때가 되었습니다. 하나님이 자기 백성의 부르짖음을 들으셨습니다. 그런데 이번에는 사사 대신 선지자를 보내십니다. 백성은 구원자를 원했지만, 하나님은 당신의 말씀을 그들에게 선포해 줄 선지자를 보내 주신 것입니다. 선지자는 그들에게 하나님의 은혜에 관해(삿 6:8~9), 그분의 명령에 관해(삿 6:10상), 그리고 그들이 책망받는 이유에 관해(삿 6:10하) 일깨워 주었습니다.

선지자를 통해 말씀을 선포하시는 것 또한 자기 백성을 구원하는 하나님의 계획의 일부였습니다. 하나님은 백성이 진리를 배우기를 원하셨습니다.

하나님은 우리가 고난을 통해 배우기를 원하실 때가 있습니다. 하지만 우리는 그러한 상황에서 벗어나기만을 바랍니다. 하나님의 계획은 고통에서 벗어나게 해주는 것만이 아니라, 성장하게 하는 것입니다. 고통에서 벗어나는 것보다 거룩함을 얻는 것이 더 중요합니다. 이러한 점에서 때로는 고통도 유익이 될 수 있습니다. 왜냐하면 하나님은 시험을 통해 우리를 빚고 연단하시기 때문입니다(약 1:2~4).

 "하나님, 이 시험에서 나를 건지소서" 하고 기도하는 것과 "하나님, 이 시험을 끝까지 견딤으로써 성장하게 하옵소서" 하고 기도하는 것에는 어떤 차이가 있습니까?

Session Summary

이 세션에서 우리는 약하고 겁이 많음에도 불구하고 원수로부터 하나님의 백성을 구원하는 일에 쓰임받았던 기드온에 관해 공부할 것입니다. 기드온의 이야기를 통해 우리는 우리를 보내신 이가 곧 그 사명을 감당할 능력도 주신다는 사실을 알게 될 것입니다. 하나님은 우리의 연약함을 통해 승리하게 하심으로써 선하고 사랑이 많으신 성품을 보여 주십니다. 하나님의 은혜에 대한 반응으로 우리는 주님의 부르심에 응답하고, 나아가 우리가 사명을 감당할 수 있도록 힘주시는 주님을 신뢰해야 합니다.

> **심화 주석** 여호와의 사자와 기드온의 대화에는 유머러스한 요소가 있습니다. 자기 백성을 구원할 "큰 용사"(삿 6:12)로 묘사된 기드온이 자신의 연약함과 부적절함을 근거로 하나님의 계획에 이의를 제기하고 나섰기 때문입니다. 하나님이 사람을 들어 사용하실 때는 바로 그가 자신의 연약함과 상황의 열악함에 대해 온전히 이해하고 있을 때입니다. 자기 내면에 있는 힘을 의지하는 자는 주님께 은혜를 구하지 않고, 무언가를 성취해도 주님께 영광을 돌리지 않습니다. 그러나 하나님이 무조건 약하고 소심한 사람만 찾으신다는 것이 아니라, 강하고 결단력 있으며 용맹하게 변화될 사람을 찾으신다는 사실을 잊지 말아야 할 것입니다.[2]
>
> _아서 어니스트 쿤달

전개

1. 우리를 보내신 이가 힘도 주십니다(삿 6:11~16)

하나님은 선지자를 보내 자신의 뜻을 전하게 하신 후, 사람들이 전혀 예상하지 못했던 한 사람을 큰 용사로 세우십니다. 하나님이 기드온을 부르시는 장면을 보십시오.

11여호와의 사자가 아비에셀 사람 요아스에게 속한 오브라에 이르러 상수리나무 아래에 앉으니라 마침 요아스의 아들 기드온이 미디안 사람에게 알리지 아니하려 하여 밀을 포도주 틀에서 타작하더니 12여호와의 사자가 기드온에게 나타나 이르되 큰 용사여 여호와께서 너와 함께 계시도다 하매 13기드온이 그에게 대답하되 오 나의 주여 여호와께서 우리와 함께 계시면 어찌하여 이 모든 일이

우리에게 일어났나이까 또 우리 조상들이 일찍이 우리에게 이르기를 여호와께서 우리를 애굽에서 올라오게 하신 것이 아니냐 한 그 모든 이적이 어디 있나이까 이제 여호와께서 우리를 버리사 미디안의 손에 우리를 넘겨 주셨나이다 하니 [14]여호와께서 그를 향하여 이르시되 너는 가서 이 너의 힘으로 이스라엘을 미디안의 손에서 구원하라 내가 너를 보낸 것이 아니냐 하시니라 [15]그러나 기드온이 그에게 대답하되 오 주여 내가 무엇으로 이스라엘을 구원하리이까 보소서 나의 집은 므낫세 중에 극히 약하고 나는 내 아버지 집에서 가장 작은 자니이다 하니 [16]여호와께서 그에게 이르시되 내가 반드시 너와 함께하리니 네가 미디안 사람 치기를 한 사람을 치듯 하리라 하시니라

하나님이 기드온에게 놀라운 약속을 하십니다. "내가 너와 함께할 것이다." 본문이 여호와의 사자가 기드온에게 나타나 하나님의 임재에 대한 확신을 주는 것으로 시작해서("큰 용사여 여호와께서 너와 함께 계시도다"), 동일한 약속으로 끝난다는("내가 반드시 너와 함께하리니") 사실에 주목하십시오.

기드온은 당돌하게도 하나님의 약속에 의문을 제기합니다. "여호와께서 우리와 함께 계시면 어찌하여 이 모든 일이 우리에게 일어났나이까"(삿 6:13). 우리도 때로는 기드온처럼 자기 죄는 보지 못하고 성급하게 하나님을 탓하곤 합니다. 우리가 겪는 어려운 상황들은 대부분 하나님이 성실하지 않으시기 때문이 아니라 우리 자신의 죄 때문에 생겨납니다. 기드온의 반응은 하나님이 주님의 말씀을 선포할 선지자를 먼저 보내신 이유가 무엇인지를 잘 보여 줍니다. 하나님은 백성 스스로 자신들이 잘못을 저질렀으며 그로 인해 구원받을 필요가 있음을 알기 원하셨던 것입니다.

이어서 기드온은 자격 미달을 이유로 하나님의 명령에 이의를 제기합니다. "나는 내 아버지 집에서 가장 작은 자니이다"(삿 6:15). 그러나 하나님은 구원의 능력이 기드온에게서 나오는 것이 아니라, 하나님의 임재로부터 나온다는 사실을 일깨워 주십니다. "내가 반드시 너와 함께하리니"(삿 6:16).

> 이 장면은 모세가 하나님의 부르심에 이의를 제기하던 모습을 연상시킵니다. 두 경우 모두 문제는 '관점'이었습니다. 기드온과 모세는 능력의 근원이 자신에게 있다고 생각했으나 동시에 자기가 턱없이 부족하다는 사실 또한 알고 있었습니다. 하나님은 그들의 시선을 주님께로 돌리게 하십니다. 주님은 모든 것이 충만한 분

임을 알게 하신 것입니다.

하나님은 자신의 임재를 보이심으로써 자기 백성에게 확신을 심어 주십니다. "내가 너와 함께 있어 네가 어디로 가든지 너를 지키며 너를 이끌어 이 땅으로 돌아오게 할지라 내가 네게 허락한 것을 다 이루기까지 너를 떠나지 아니하리라 하신지라"(창 28:15).

"내가 너와 함께 애굽으로 내려가겠고 반드시 너를 인도하여 다시 올라올 것이며 요셉이 그의 손으로 네 눈을 감기리라 하셨더라"(창 46:4).

"두려워하지 말라 내가 너와 함께 함이라 놀라지 말라 나는 네 하나님이 됨이라 내가 너를 굳세게 하리라 참으로 너를 도와 주리라 참으로 나의 의로운 오른손으로 너를 붙들리라"(사 41:10).

주님이 함께하시면 인생의 폭풍 한가운데 들어가도 이겨 낼 수 있습니다. 시편 기자는 이렇게 고백합니다.

"내가 사망의 음침한 골짜기로 다닐지라도 해를 두려워하지 않을 것은 주께서 나와 함께하심이라 주의 지팡이와 막대기가 나를 안위하시나이다"(시 23:4).

기드온이 필요로 하는 모든 것이 "내가 반드시 너와 함께하리니"(삿 6:16)라는 짧은 말씀에 담겨 있습니다. 근본적으로 하나님은 자신을 내어주시는 것 말고는 더 하실 일도, 덜 하신 일도 없습니다. 함께하신다는 약속만 있으면 난관을 헤쳐 나갈 수 있습니다. 하나님은 질문에 일일이 답해 주시지 않습니다. 필수적인 것 몇 가지만 알려 주실 뿐이지요. 언제, 어디서, 어떻게, 왜에 대해서는 말할 필요가 없으십니다. 단지 '누가'에 관해서만 답하시면 됩니다.

"내가 너와 함께하겠다." 이 약속 하나면 충분합니다.

우리는 그리스도의 제자로서 성령을 통해 우리에게 권능을 주시겠다는 예수님의 약속을 신뢰해야 합니다(행 1:8). 스스로 자격이 없다고 느끼는 우리에게 하나님이 말씀하십니다. "큰 용사여!" 하나님께 순종하고 그분이 주신 사명에 동참할 능력은 우리에게서 나오지 않습니다. 오직 하나님이 보내신 성령님에게서 나옵니다. 그렇기 때문에 "그러므로 너희는 가서 모든 민족을 제자로 삼아"(마 28:19)로 시작한 지상 명령이 "내가 세상 끝날까지 너희와 항상 함께 있으리라"(마 28:20)라는 약속으로 끝나는 것이 조금도 이상하지 않습니다.

Q 하나님이 주신 사명에 순종하는 데 있어 어떤 것들이 당신을 주저하게 합니까?

핵심교리 99   **67. 부르심**

하나님이 사람들을 구원으로 초청하시는 데는 두 가지 방식이 있습니다. 외적으로는 복음의 선포를 통해서, 내적으로는 복음을 듣는 사람의 심령에 역사하시는 성령을 통해서입니다. 이 두 가지 방식은 그리스도를 믿는 믿음으로 이끄는 데 함께 작용합니다(딤후 1:8~10).

심화토론

- 성경에서 하나님이나 천사의 임재를 경험한 사람들의 반응은 어떠합니까?
- 그들의 반응이 기도와 예배에 임하는 우리의 자세에 어떤 영향을 줄 수 있을까요?

기드온은 그에게 나타나신 이가 신적인 존재임을 알고 있었습니다. 사사기 6장 13절에는 여호와의 사자를 향해 "오 나의 주여"라고 하다가 15절에서는 "오 주여"로 호칭을 바꿉니다. 기드온은 자기가 받은 메시지가 사실인지 확인하고자 표징을 구합니다(삿 6:17~21). 하나님은 그의 요청을 받아들여 그에게 하나님의 임재를 확신시켜 주십니다. 그런데 기드온은 오히려 두려움에 빠지고 맙니다. 그는 하나님이 다시 확신을 주신 후에야 비로소 예배로 반응합니다.

하나님의 임재 앞에서 두려움에 떨었던 기드온의 모습이 지나치다고 느껴집니까? 하지만 믿는 자라면 누구나 하나님을 가까이 느끼고 싶어 하지 않나요? 자신의 삶에 그분의 임재가 느껴지기를 바라지 않나요? 만약 기드온의 반응이 지나치다고 느껴진다면, 그것은 아마 하나님의 능력과 임재를 체험하는 것이 얼마나 놀라운 선물인지를 잊었기 때문일 것입니다.

구약의 성전 시대에는 오로지 대제사장 한 명만 한 해에 한 번 하나님을 뵐 수 있었습니다. 하나님의 백성과 하나님의 임재를 상징하는 지성소를 구분해 놓은 휘장을 넘어가서 말입니다. 예수님이 십자가에 못 박히셨을 때, 그 휘장이 위로부터 아래까지 찢어졌습니다.

예수님이 승천하신 후에는 성령님을 선물로 주셔서 능력을 받게 하고, 주님의 임재를 느낄 수 있게 해 주셨습니다. 어쩌면 우리에게는 기드온이 느꼈던 것과 같은 경외감이 필요한지도 모릅니다. 하나님의 임재와 능력에 진심으로 감사하고, 또 전심으로 예배할 수 있도록 말입니다.

Q 하나님의 임재는 어떤 면에서 우리를 놀라게 합니까?

Q 하나님의 임재는 어떤 면에서 우리를 위로하며 담대하게 합니까?

2. 하나님은 인내하심으로 확신을 주십니다(삿 6:36~40)

기드온에 관해 가장 잘 알려진 이야기를 보기 전에 우리는 하나님이 그에게 바알의 제단을 헐고, 아세라 상을 찍어 버리라고 명령하신 것을 기억할 필요가 있습니다. 가나안 사람들이 숭배하던 여신 '아세라'는 나무 기둥으로 세워져 있었습니다. 기드온은 주님을 예배할 제단을 세우고 수소를 번제물로 바칠 때, 아세라 상을 찍어 만든 장작을 사용했습니다.

> 하나님은 왜 이런 명령을 내리셨을까요? 왜냐하면 두 제단이 양립할 수 없기 때문입니다. 하나님을 위한 제단(삿 6:24)과 바알을 위한 제단(삿 6:25)을 동시에 섬길 수는 없습니다. 두 제단은 상호 배타적이기 때문입니다. 하나님이 자기 백성을 구원하러 오신다고 약속하셨으므로 모든 거짓 신은 사라져야만 합니다.
>
> *Leader*

하나님은 우리를 너무도 사랑하셔서 우리 안에 다른 우상을 허락하지 않으십니다. 하나님이 우리에게 베푸시는 가장 큰 사랑의 표시는 우리 안에 있는 우상을 모두 제거해 버리시는 것입니다. 우리 안의 우상이 모두 제거되어야 주님이 온전히 임하실 수 있고, 하나님이 임재하셔야 우리가 가장 큰 만족을 느낄 수 있기 때문입니다(참조, 시 24:3~4).

> 시편 기자의 말이 옳습니다.
>
> *Leader*

"여호와의 산에 오를 자가 누구며 그의 거룩한 곳에 설 자가 누구인가 곧 손이 깨끗하며 마음이 청결하며 뜻을 허탄한 데에 두지 아니하며 거짓 맹세하지 아니하는 자로다"(시 24:3~4).

Q 만약 하나님의 백성이 여전히 우상을 섬기고 있는데도 하나님이 그들을 구원해 주셨다면, 어떻게 되었을까요?

Q 하나님이 우리를 외적인 시험에서뿐만 아니라, 내면의 우상 숭배로부터도 구원해 주셔야 하는 이유는 무엇인가요?

> 기드온은 우상을 파괴하고 나서 자신에게 주어진 사명을 분명히 알면서도, 여전히 믿음의 갈피를 잡지 못한 채 하나님이 지시하신 방향에 대해 의심합니다. 본문을 보십시오.
>
> *Leader*

36 기드온이 하나님께 여쭈되 주께서 이미 말씀하심 같이 내 손으로 이스라엘을 구원하시려거든 37 보소서 내가 양털 한 뭉치를 타작 마당에 두리니 만일 이슬이 양털에만 있고 주변 땅은 마르면 주께서 이미 말씀하심 같이 내 손으로 이스라엘을 구원하실 줄을 내가 알겠나이다 하였더니 38 그대로 된지라 이튿날 기드온이 일찍이 일어나서 양털을 가져다가 그 양털에서 이슬을 짜니 물이 그릇에 가득하더라 39 기드온이 또 하나님께 여쭈되 주여 내게 노하지 마옵소서 내가 이번만 말하리이다 구하옵나니 내게 이번만 양털로 시험하게 하소서 원하건대 양털만 마르고 그 주변 땅에는 다 이슬이 있게 하옵소서 하였더니 40 그 밤에 하나님이 그대로 행하시니 곧 양털만 마르고 그 주변 땅에는 다 이슬이 있었더라

 **심화 주석** 기드온의 시험은 두 단계로 이루어졌습니다.

먼저 그는 양털 뭉치를 타작마당에 밤새 놓아두겠다고 말합니다. 만약 뭉치가 새벽이슬에 젖되 땅은 마른 상태로 있으면, 여호와께서 그의 손을 통해 이스라엘을 구원하시겠다는 약속을 이루실 것임을 믿겠다는 것입니다. 말씀을 이루시는 하나님의 진실성은 언제나 우리의 일반적인 기대를 뛰어넘습니다. 기드온이 아침에 확인하자 양털 뭉치가 이슬로 흠뻑 젖어 있어서 짜낸 물이 그릇에 가득할 정도였습니다.

그러나 하나님과 달리 기드온은 자기가 한 약속을 지키지 않습니다. 하나님의 거룩하신 약속을 믿지 않으려는 그의 태도는 혹시 하나님이 주신 사명에서 벗어나려는 것이 아닌가 하는 의심을 하게 만듭니다. 그는 변명하며 하나님께 또 다른 제안을 합니다. 여기서 분명한 사실은 그가 하나님을 조정하려 든다는 것입니다. 그러나 여호와께서는 기드온이 당신을 시험하도록 내버려 두셨습니다. 하나님은 그 백성이 영적으로 주님을 떠나 있어도, 그들이 자신들의 안전에 관심을 두는 것보다 더 그들의 안전에 관심을 가지십니다.[5]

_다니엘 L. 블록

심화 주석 처음에 주저하던 모습은 온데간데없이 사라지고, 이제 기드온은 군대를 이끌고 전장으로 나가 자기 지시를 따르라고 독려합니다. 미디안의 진영 근처에 도달한 기드온의 군대는 나팔을 불며 "여호와를 위하라! 기드온을 위하라!" 하고 큰소리로 외치기로 했습니다. 주님의 이름과 기드온의 이름이 짝을 이루는 것이 왠지 어색합니다. 사실 주님은 오직 주님의 힘으로 전투에서 승리함을 분명히 하고, 이스라엘로 하여금 자랑하지 못하게 하기 위해서(삿 7:3) 병사들의 수를 크게 줄이셨습니다. 모든 것이 하나님의 계획대로 정확히 실행되었습니다. "이경 초"(삿 7:19)란 '한밤중'을 가리킵니다. 기드온의 군대는 미디안 사람들이 마치 큰 군대가 온 것처럼 느끼도록 세 부대로 나뉘어 진영을 에워쌌습니다. 기습 공격과 하나님이 주신 두려움으로 미디안 군인들은 혼비백산 달아나거나 대혼란 속에서 서로 싸우게 되었습니다. 기드온의 군대가 승리할 수 있었던 것은 심리전을 잘 펼쳐서가 아니었습니다. 주님이 미디안 군사들로 하여금 서로 칼을 겨누며 싸우게 하셨기 때문이었습니다.[7]
_이언 M. 두구드
HCSB Study Bible

기드온은 양털 뭉치로 하나님께 두 번이나 표징을 구합니다. 그러나 분명한 사실은 기드온의 이러한 행동은 우리가 따라야 할 규범이 아니라는 것입니다. 기드온의 두 번의 요청은 그의 약함에서 나온 것이기 때문입니다.

기드온의 "시험하게 하소서"(삿 6:39)라는 말은 신명기 6장 16절의 인간이 하나님께 해서는 안 되는 행위 규정을 분명히 위반한 것입니다("너희의 하나님 여호와를 시험하지 말고"). 기드온 자신도 그것이 하나님이 원하시는 일이 아님을 알고 있는 듯합니다. 하나님께 "주여 내게 노하지 마옵소서"(삿 6:39) 하고 조심스럽게 요청하는 것을 보니 말입니다. 그는 하나님의 음성을 들었고, 그분의 뜻을 알았습니다(삿 6:14~16, 36).

우리는 기드온을 비난하기 전에 자기 자신을 돌아볼 필요가 있습니다. 우리는 하나님이 분명하게 보여 주셔도 언제나 마음속 의심, 두려움, 불신과 씨름하곤 합니다. 이 이야기는 하나님을 시험하려면 양털 뭉치를 어떻게 내다 놓으면 좋을지 알려 주기 위한 것이 아닙니다. 기드온의 믿음 없음을 보여 주기 위한 것도 아닙니다. 이 이야기의 핵심은 하나님을 믿기 힘겨워하는 우리를 오래 참으시는 하나님의 인내심에 있습니다. 하나님은 우리가 두려워할 때마다 기꺼이 기다려 주시는 분입니다.

Q 자신이 제대로 가고 있는지 확신을 얻기 위해 하나님께 표징을 구한 적이 있습니까? 그 결과는 어땠나요?

3. 하나님은 우리의 약함을 통해 승리를 주십니다(삿 7:16~22)

> 미디안에 대한 이스라엘의 승리는 구약에 등장하는 보기 드문 전쟁 이야기 중 하나입니다. 하나님의 능력은 약한 데서 온전해집니다(고후 12:9). 이것이 기드온의 삶에서 가장 주요한 주제입니다. 그는 자격이 부족했고 상대적으로 무명의 신분이었으며(삿 6:15), 미디안 사람들에 대한 두려움 때문에 그들을 피해 몰래 포도주 틀에서 밀 타작을 해야 했으며(삿 6:11), 아버지의 가문과 성읍 사람들을 두려워했습니다(삿 6:27). 그는 하나님께 확답을 얻고 싶었습니다(삿 6:36~40). 군대의 규모가 점점 더 작아지자(삿 7:2~8), 전투에 대한 두려움이 커지므로 더 많은 용기와 격려가 필요했습니다(삿 7:10~15).

기드온의 이야기는 그의 인간적인 약점을 줄곧 강조합니다. 왜 그런까요? 하나님이 기드온의 군대를 줄여 나가기 시작하시는 명령에서 그 답을 발견할 수 있습니다. "이는 이스라엘이 나를 거슬러 스스로 자랑하기를 내 손이 나를 구원하였다 할까 함이니라"(삿 7:2). 이것이 바로 구원에 이르는 길이요, 하나님의 능력에 이르는 비결입니다. 승리는 우리 노력에 달려 있지 않고, 하나님께 항복하는 데 달려 있습니다. 승리의 초점은 우리의 뛰어난 기술이 아닌 구원으로 나타나는 하나님의 영광에 있습니다.

> 사사기 7장 1~8절에서 하나님은 군사 3만 2,000명을 300명까지 줄이십니다. 이스라엘 백성에게 그들의 구원이 오직 하나님의 능력과 자비에 달려 있음을 보여 주시기 위함입니다. 그 과정에서 하나님은 기드온에게 거듭 확신을 주십니다. 마침내 기드온이 자신을 통해 하나님의 뜻이 이루어지도록 주님에 대한 믿음의 표시로 하나님을 예배합니다.

[16] 삼백 명을 세 대로 나누어 각 손에 나팔과 빈 항아리를 들리고 항아리 안에는 횃불을 감추게 하고 [17]그들에게 이르되 너희는 나만 보고 내가 하는 대로 하되 내가 그 진영 근처에 이르러서 내가 하는 대로 너희도 그리하여 [18]나와 나를 따르는 자가 다 나팔을 불거든 너희도 모든 진영 주위에서 나팔을 불며 이르기를 여호와를 위하라, 기드온을 위하라 하라 하니라 [19]기드온과 그와 함께 한 백 명이 이경 초에 진영 근처에 이른즉 바로 파수꾼들을 교대한 때라 그들이 나팔을 불며 손에 가졌던 항아리를 부수니라 [20]세 대가 나팔을 불며 항아리를 부수고 왼손에 횃불을 들고 오른손에 나팔을 들어 불며 외쳐 이르되 여호와와 기드온의 칼이다 하고 [21]각기 제자리에 서서 그 진영을 에워싸매 그 온 진영의 군사들이 뛰고 부르짖으며 도망하였는데 [22]삼백 명이 나팔을 불 때에 여호와께서 그 온 진영에서 친구끼리 칼로 치게 하시므로 적군이 도망하여 스레라의 벧 싯다에 이르고 또 답밧에 가까운 아벨므홀라의 경계에 이르렀으며

이스라엘은 오로지 하나님의 힘과 지혜에 힘입어 놀라운 대승을 거두었습니다. 승리하는 방식마저도 전쟁은 주님께 속했으며, 주님이 승

심화주석 이스라엘 백성은 전쟁에서 승리한 기드온을 왕으로 모시려고 했습니다. 그러나 그는 오직 하나님만이 그들의 왕이시라며 거부했습니다. 비록 왕의 자리에 앉지는 않았지만, 기드온은 상당한 부를 누리고(삿 8:26) 첩들을 거느리며(삿 8:30) 왕처럼 살았습니다. 기드온은 이스라엘 백성에게 약탈한 것 중에서 금귀고리 하나씩을 가져오라고 한 후 그것으로 금 에봇을 만들었습니다. '에봇'은 제사장이 입는 앞치마와 같은 옷입니다. 기드온의 에봇은 이스라엘 백성에게 숭배의 대상이 되었습니다(삿 8:27). 그가 금 에봇을 어떤 형상 위에 걸어 놓았는데, 이스라엘이 그것을 우상처럼 섬긴 것입니다. 히브리 역사 속 다른 지도자들처럼 기드온도 시작은 좋았으나, 끝이 좋지 않았습니다. 처음에는 주님을 잘 따랐지만, 나중에 이스라엘을 우상 숭배로 이끌고 말았기 때문입니다. 그는 자신의 아들들이 주님을 따르도록 양육하지 못했습니다. 기드온이 죽은 후에 이스라엘은 주님을 잊었고, 예전 길로 돌아가서 사사기의 사이클이 다시 반복되게 되었습니다.[8]

_J. 마크 테리_
Biblical Illustrator

리를 쟁취하셨음을 보여 줍니다. 300명의 용사들은 공격을 해 본 적도 없습니다. 그저 달아나는 미디안 군사들을 쫓아갔을 뿐입니다.

우리가 하나님을 의지하는 한, 하나님이 우리의 약함을 통해 승리를 주신다는 사실을 잊지 마십시오. 우리는 우리의 약함을 통해 구원받았으며, 주님을 의지함으로써 계속해서 건짐을 받고 삶을 유지합니다. 그예로 죄는 노력만으로는 극복할 수 없습니다. 하나님께 의지해야만 이겨낼 수 있습니다. 전도 역시 마찬가지입니다. 제아무리 달변가라도 우리를 통해 말씀하시는 하나님께 의지하지 않으면, 복음을 제대로 전할 수 없습니다.

우리는 원수와 대적해 싸우는 과정에서 하나님이 우리의 약함을 통해 자기 능력을 드러내심을 깨닫게 됩니다. 우리의 승리는 역설적입니다. 즉 믿음으로 하나님께 마음을 드려야만 승리할 수 있는 것입니다.

Q 세상의 사고방식은 '강한 자가 승리한다'는 것입니다. 기드온의 이야기는 이러한 생각을 어떻게 바꾸어 줍니까?

Q 기드온의 이야기는 연약한 당신에게 어떤 희망을 줍니까?

결론

하나님이 우리의 약함을 통해 우리에게 승리를 안겨 주신 가장 위대한 예는 예수님의 십자가입니다. 하나님이 친히 인간의 육신을 입고 깨어진 이 세상으로 들어오셨습니다. 죄와 죽음을 단번에 영원히 물리치기 위해서 말입니다.

> 유대인들은 메시아가 군사 통치자의 모습으로 오시리라 기대했지만, 오히려 하나님은 우리 죄를 지고, 우리 악함 때문에 고난당하는 종의 모습으로 오셨습니다(사 52:13~53:12). 그분은 죄와 죽음을 단번에 영원히 물리치기 위해 이 모든 일을 행하셨습니다.
>
> "우리 주 예수 그리스도의 은혜를 너희가 알거니와 부요하신 이로서 너희를 위하여 가난하게 되심은 그의 가난함으로 말미암아 너희를 부요하게 하려 하심이라"(고후 8:9).
>
> 십자가는 약함 가운데 주시는 하나님의 승리를 상징합니다. 십자가의 형틀은 자기 힘과 지혜를 의지하는 자는 걸려 넘어지리라는 메시지를 담고 있습니다.
>
> "십자가의 도가 멸망하는 자들에게는 미련한 것이요 구원을 받는 우리에게는 하나님의 능력이라"(고전 1:18).

Leader

우리는 우리의 약함을 통해 강함을 드러내시는 하나님을 인정해야 합니다. 그래야 비로소 하나님의 부르심에 담대히 응할 수 있습니다. 우리가 부르심에 응할 수 있는 것은 우리의 능력 때문이 아니라, 함께하신다는 하나님의 약속 때문입니다. 우리는 하나님이 믿음의 여정 내내 우리를 지켜 주실 것을 믿고 따라야 합니다.

그리스도와의 연결
기드온에게 양털 뭉치를 통해 확신을 주셨던 하나님은 우리에게 하나님의 아들 예수 그리스도의 죽음과 부활을 통해 주의 임재와 능력에 관한 확신을 주시고 온 세상 구원에 우리를 참여시키십니다.

하나님의 계획 우리의 사명

선교적 적용 하나님은 우리가 주님의 일을 할 때, 우리를 보내신 이가 곧 그 사명을 감당할 능력도 주신다는 사실을 신뢰하기를 바라십니다.

1. 어떻게 하면 사명을 감당할 힘을 주시는 하나님에 대한 확신을 가질 수 있을까요?

2. 섬김으로 이끄시는 하나님의 소명을 신뢰하고 순종하는 대신 기드온처럼 '양털 뭉치'를 꺼내 놓게 되는 때는 언제입니까?

3. "나의 여러 약한 것들에 대하여 자랑"(고후 12:9) 하는 것이 어떻게 예수 그리스도의 복음을 전하는 계기가 될 수 있습니까?

Summary and Goal

이 세션에서 우리는 이스라엘이 구원을 위해 부르짖지 않았는데도 하나님이 블레셋 족속에게서 그들을 구원하기 위해 보내신 마지막 사사 삼손의 이야기를 공부할 것입니다. 풍성한 은혜의 하나님이 그들을 위해 구원자를 세우셨습니다. 죄 많고, 허물 많은 삼손을 선택하신 것입니다. 하나님은 자기 백성과 자기 이름의 영광을 위해 그를 사용하셨습니다.

- **성경 본문**
  사사기 14~15장
  사사기 16:4~31, 15:30

- **세션 포인트**
  1. 삼손이 충동으로 인해 실패를 계속했습니다(삿 14~15)
  2. 삼손이 정욕으로 인해 무책임한 행동을 합니다(삿 16:4~31, 15:20)
  3. 삼손이 패배로 인해 하나님께 돌아왔습니다(삿 16:21~30)

- **신학적 주제**
  하나님은 죄로 실패한 지도자를 통해서도 자기 계획을 이루십니다.

- **그리스도와의 연결**
  예수님의 죽음은 그분의 완벽한 순종의 결과이지, 우리의 불순종의 결과였습니다. 하나님은 예수님의 죽음을 통해 자기 백성을 "단번에 영원히" 구원하셨습니다.

- **선교적 적용**
  우리는 죄에 빠진 사람들에게 죄를 던져 버리고 하나님께 돌아와 구원을 얻으라고 선포해야 합니다.

Session Plan

도입

우리가 팀을 꾸릴 때는 보통 어떤 사람들을 선택하는지에 관해 이야기를 나눈 후, 하나님이 자기 계획을 펼치기 위해 사용하시는 승산 없는 죄인들의 팀과 비교해 보십시오.

성경 이야기는 왜 주인공의 약점과 실패를 끊임없이 강조할까요?

성경에 등장하는 예상 밖의 인물들과 자신을 비교해 보게 하십시오. 사사들의 이야기는 최후의 사사이신 예수 그리스도를 가리키는 그림자에 불과하다는 사실을 지적해 주십시오(다시 한번 부록 3: '사사기'를 참고하십시오). 블레셋으로부터 이스라엘 백성을 구원하기 위해 삼손을 선택해 보내신 하나님에 관한 이 세션 내용을 요약해 주십시오.

전개

1

삼손이 충동으로 인해 서원을 깨뜨렸습니다
(삿 14:1~9)

여호와의 사자가 삼손의 어머니에게 아들을 낳으리니 그가 태어나면서부터 나실인의 규례를 따라야 한다고 전하는 장면을 설명해 주십시오. 나실인의 세 가지 규례를 구체적으로 나열한 후 사사기 14장 1~9절을 읽으십시오. 삼손이 블레셋 여인을 쫓아다닌 것이 왜 잘못된 행동인지 설명해 주십시오. 삼손은 자기가 보기에 좋았다는 이유만으로 여인을 향한 구애를 멈추지 않았습니다.

하나님의 명령에 불순종하는 것인 줄 알면서도 정당화하려고 애쓰는 욕망에는 어떤 것들이 있습니까?

삼손이 사자와 맞선 장면은 그가 나실인의 서약을 지키는 동안 발휘했던 괴력이 어느 정도였는지를 가늠하게 합니다. 삼손이 어떻게 서약을 어기게 되었는지를 당시 이스라엘 백성의 마음과 연관 지어 설명해 주십시오.

왜 매사에 '멋대로' 하면 안 되는 걸까요? 그렇게 살면 어떤 결과가 벌어질까요?

2

삼손이 성공으로 인해 무책임한 행동을 합니다
(삿 16:4~5, 15~20)

본문의 배경을 설명한 후 사사기 16장 4~5절을 읽으십시오. 삼손과 들릴라는 서로 원하는 바가 같았음을 지적해 주십시오. 그들은 자신의 영광을 원했습니다. 그들 사이의 쫓고 쫓기는 게임을 잠시 살펴보십시오.

삼손처럼 우리도 종종 이치에 맞지 않는 죄를 저지릅니다. 왜 그러는 걸까요?

자원자에게 사사기 16장 15~20절을 읽게 하십시오. 삼손이 자기 힘을 믿은 것이 곧 약점이었음을 설명하고, 독립적인 그리스도인이란 존재하지 않음을 기억하는 것이 왜 중요한지 설명해 주십시오.

하나님보다 더 의지하기 쉬운 것은 무엇입니까?

어떻게 하면 하나님께 온전히 의지하는 사람이 될 수 있을까요?

사사기 16장 21~30절을 읽으십시오. 삼손의 이야기에는 비극적인 요소가 가득하지만, 생애 마지막 순간에 그가 하나님께 드린 기도를 보면, 그의 이야기에도 구원의 요소가 담겨 있음을 확인하게 됩니다. 연약함에서 나오는 새 힘을 발견하기 때문입니다.

3

삼손이 패배로 인해 하나님께 돌아왔습니다
(삿 16:21~30)

삼손은 수치와 약함을 경험하고 나서야 정신을 차렸습니다. 하나님은 우리가 정신을 차리고 주님께 돌아올 수 있도록 어떻게 이끄십니까?

'삼손이 정말 주님을 믿었을까?' 하는 의심을 할 수도 있지만, 그의 이름이 히브리서 11장에 아브라함, 이삭, 야곱, 다윗과 나란히 등장한다는 사실에 주목해야 한다고 말해 주십시오. 자만심으로 가득 차 있던 인간 거인이 마침내 하나님의 은혜를 입게 된 것입니다.

삼손은 믿음의 사람이라고 합니다(히 11:32). 이것은 우리에게 어떤 희망을 줍니까?

결론

힘센 삼손보다 예수님이 더 힘이 세십니다. 예수님은 자신을 구해 줄 다른 존재가 필요 없으신 분이기 때문입니다. 삼손의 이야기는 그리스도인이나 비그리스도인 모두에게 시사하는 바가 큼을 강조하십시오. 이 세션에서 배운 진리를 '하나님의 계획, 우리의 사명'에서 적용해 보십시오.

10. 삼손, 구원이 필요했던 사사

도입

만약 어떤 일을 위해 팀을 꾸려야 한다면, 어떤 사람들을 선택하겠습니까? 아마도 상대 팀보다 체력적으로 우세한 팀을 만들기 위해 덩치가 크고, 힘이 세고, 빠른 사람들을 고르게 될 것입니다. 또는 정신적으로 우세한 팀을 만들기 위해 똑똑하고, 두뇌 회전이 빠른 사람들을 선택하겠지요.

그런데 성경 속 하나님은 자기 계획을 펼치기 위해 전혀 뜻밖의 사람들을 모으십니다. 그들은 모두 구원이 필요한 죄인들이었습니다.

> **Leader** 의심이 많았던 아브라함, 사기꾼 야곱, 살인자 모세, 간음한 자 다윗, 기생 라합 등 성경에 등장하는 인물들 한 사람 한 사람이 다 그렇습니다. 구속사 전반에 걸쳐서 이러한 패턴을 볼 수 있습니다. 하나님은 불완전한 사람들을 통해 일하기를 부끄러워하지 않으십니다.

Q 성경 이야기는 왜 주인공의 약점과 실패를 끊임없이 강조할까요?

이스라엘의 역사는 우리 이야기이기도 합니다. 그들처럼 우리도 공허하고, 생명 없는 것들을 쫓는 경향이 있습니다. 하나님이 생명과 자유를 찾는 방법을 알려 주셨지만, 우리는 여전히 자기 소견에 옳은 대로만 행합니다(참조, 삿 21:25). 사사들 중 어느 누구도 이스라엘의 궁극적인 문제, 즉 죄로 가득 찬 망나니 같은 마음을 해결해 주지 못했습니다. 그들은 최후의 사사이신 예수 그리스도를 가리키는 그림자에 불과합니다.

> **Leader** 사사기 후반부에 등장한 사사 삼손을 보십시오. 한편으로는 악당들을 찾아 죽이는 잭 바우어(미국 드라마 〈24시〉의 주인공 - 역주)를, 또 한편으로는 여자들 꽁무니를 쫓으며 스릴을 만끽하는 제임스 본드를, 또 다른 한편으로는 절대로 화를 돋우어서는 안 되는 헐크를 닮은 인물처럼 보일지도 모릅니다. 하지만 성적으로

문란하고 늘 화만 내던 힘센 사나이가 이스라엘을 구원한 이야기만 주목한다면, 핵심을 놓치는 것입니다. 삼손의 카리스마 때문에 초점이 흐려져서는 안 됩니다. 하나님이 하시는 일에 초점을 맞추어 읽으십시오.

Session Summary

이 세션에서 우리는 이스라엘이 구원을 위해 부르짖지 않았는데도 하나님이 블레셋 족속에게서 그들을 구원하기 위해 보내신 마지막 사사 삼손의 이야기를 공부할 것입니다. 풍성한 은혜의 하나님이 그들을 위해 구원자를 세우셨습니다. 죄 많고, 허물 많은 삼손을 선택하신 것입니다. 하나님은 자기 백성과 자기 이름의 영광을 위해 그를 사용하셨습니다.

전개

1. 삼손이 충동으로 인해 서원을 깨뜨렸습니다(삿 14:1~9)

> Leader

불임이었던 삼손의 어머니가 여호와의 사자로부터 곧 아들을 임신하게 될 것이라는 말을 듣습니다. 하나님은 자기 백성을 블레셋으로부터 구원할 자로 그녀의 아들을 선택하셨습니다. 여호와의 사자가 그녀에게 아기가 태어날 때부터 나실인의 서원을 지키게 해야 한다고(그녀도 출산 때까지 나실인의 식사 규정을 지켜야 한다고) 말해 주었습니다. 왜냐하면 하나님의 약속이 그 아들을 통해 이루어질 것이기 때문입니다. 보통 나실인의 서원은 이스라엘 백성이 하나님만 섬기는 삶을 살고자 할 때 자발적으로 지키는 것이었습니다.

삼손은 태어날 때부터 나실인이었습니다. 그런데 나실인은 세 가지 서원을 지킴으로써 하나님께 자신을 드려야 했습니다. 첫째, 시체를 만지면 안 되었습니다. 둘째, 술이나 발효시킨 음식을 먹으면 안 되었습니다. 셋째, 머리칼을 자르면 안 되었습니다.

불행하게도 삼손은 자라나면서 좌충우돌하며 서원을 지키지 못했습니다. 조상의 하나님만 섬기며 사랑하겠다는 마음이 흔들린 것입니다.

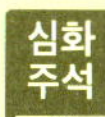

심화주석 삼손의 부모가 그에게 이스라엘에는 결혼할 만한 여자가 없느냐고 물었지만, 소용이 없었습니다. 이방인인 블레셋 사람과 결혼하는 것은 나실인의 서원을 거스르는 일입니다. 삼손의 배우자 선택은 첫 번째 사사 옷니엘이 갈렙의 딸을 선택한 것과 대조를 이룹니다.

삼손은 여자를 "보고"(삿 14:1) 그녀를 좋아한다고 말하는데, 이것은 말 그대로 '내 소견에 그녀가 좋다'는 뜻입니다. 이것은 당시 이스라엘 사람들의 성향을 묘사한 말이기도 합니다. 백성들이 각자 "자기 소견에 옳은 대로" 행했습니다(삿 17:6; 21:25). 바꾸어 말하면, '하고 싶은 대로' 행했다는 뜻입니다.

그러나 주님은 삼손의 악한 욕망까지도 자신이 계획하신 일을 이루는 데 사용하셨습니다. 사사기 14장 4절의 하반절을 문자적으로 해석하면 '그의 아버지와 어머니는 그녀가 주님께로부터 왔음을 알지 못하였다'입니다. 하나님은 이 블레셋 여인을 삼손을 자극하는 도구로 사용하여 당시 이스라엘을 지배하고 있던 블레셋과 갈등을 일으키게 하셨습니다. 그런데도 이스라엘이 주님 앞에 울부짖지 않았으니 놀라울 뿐입니다. [2]

_이언 M. 두구드
HCSB Study Bible_

**핵심교리
99**

41. 죄책과 수치

'죄책'이란 잘못된 행위에 대해 객관적 책임이 있음을 말하는 범책을 말하며, 또한 그렇게 범책을 짊어지는 자가 벌을 받아야 할 책임이 있음을 말하는 벌책을 포함합니다. 이러한 자에게 하나님은 죄에 따른 징계 또는 형벌을 내리십니다(마 5:21~22; 약 2:10). '수치'란 죄를 지음으로써 느끼게 되는 고통의 감정입니다. 성경은 객관적인 의미에서 인간에게는 죄책이 있으며, 주관적인 의미에서 수치심을 느낀다고 가르칩니다.

> Leader

그는 정신이 산만한 사사였습니다. 여자, 권력, 재밋거리를 쫓아다니며 언제나 길 잃은 사람처럼 자기에게 주어진 특별한 정체성을 거부하며 살았습니다. 그럼에도 불구하고 그를 선택하신 하나님은 그를 통해 계속 일하기로 결정하십니다.

이어지는 본문에서 우리는 그가 충동적으로 블레셋 여인을 아내로 삼으려고 하는 것은 물론이고, 시체를 만지지 말라는 나실인의 규정을 어기면서까지 충동적으로 사자의 시체를 만지는 것을 보게 됩니다.

¹삼손이 딤나에 내려가서 거기서 블레셋 사람의 딸들 중에서 한 여자를 보고 ²올라와서 자기 부모에게 말하여 이르되 내가 딤나에서 블레셋 사람의 딸들 중에서 한 여자를 보았사오니 이제 그를 맞이하여 내 아내로 삼게 하소서 하매 ³그의 부모가 그에게 이르되 네 형제들의 딸들 중에나 내 백성 중에 어찌 여자가 없어서 네가 할례 받지 아니한 블레셋 사람에게 가서 아내를 맞으려 하느냐 하니 삼손이 그의 아버지에게 이르되 내가 그 여자를 좋아하오니 나를 위하여 그 여자를 데려오소서 하니라 ⁴그 때에 블레셋 사람이 이스라엘을 다스린 까닭에 삼손이 틈을 타서 블레셋 사람을 치려 함이었으나 그의 부모는 이 일이 여호와께로부터 나온 것인 줄은 알지 못하였더라 ⁵삼손이 그의 부모와 함께 딤나에 내려가 딤나의 포도원에 이른즉 젊은 사자가 그를 보고 소리 지르는지라 ⁶여호와의 영이 삼손에게 강하게 임하니 그가 손에 아무것도 없이 그 사자를 염소 새끼를 찢는 것같이 찢었으나 그는 자기가 행한 일을 부모에게 알리지 아니하였더라 ⁷그가 내려가서 그 여자와 말하니 그 여자가 삼손의 눈에 들었더라 ⁸얼마 후에 삼손이 그 여자를 맞이하려고 다시 가다가 돌이켜 그 사자의 주검을 본즉 사자의 몸에 벌 떼와 꿀이 있는지라 ⁹손으로 그 꿀을 떠서 걸어가며 먹고 그의 부모에게 이르러 그들에게 그것을 드려서 먹게 하였으나 그 꿀을 사자의 몸에서 떠왔다고는 알리지 아니하였더라

삼손이 사는 곳에서 얼마 떨어지지 않은 곳에 '딤나'라는 마을이 있었습니다. 삼손은 그곳에서 결혼하고 싶은 여자를 만났습니다. 그런데 하필이면 블레셋 여인이었습니다. 그는 그녀에게 빠져서 하나님이 가나안 족속과 혼인하지 말라고 하신 분명한 가르침을 저버립니다(신 7:3). 그리고 "내가 그 여자를 좋아하오니"(삿 14:3)라고 말합니다. 이것은 인종이나 민족의 문제가 아닙니다. 서로 다른 신을 섬긴다는 것이 문제입니다. 삼손은 '그녀에게 하나님을 전하겠다'는 생각조차 하지 않았습니다. 그저 자기가 좋아하는 여자를 원한 것뿐입니다.

> 사실 죄가 우리에게 하는 짓이 그렇지 않습니까? 죄는 우리 욕망에 호소하면서
악한 욕망을 충족하라고 우리 등을 떠밉니다. 이 시대에 가장 위험한 거짓말은
"자기가 옳다고 믿는 대로 행하라", "마음이 흘러가는 대로 해라", "스스로 진리를
찾아보라" 하고 격려하는 말입니다.

Leader

그러나 성경은 자기 소견에 옳은 것이 아니라 하나님이 옳다고 하
시는 것이 중요하다고 가르칩니다. 하나님의 말씀은 바꿀 수 없으며, 하
나님만이 옳고 그름을 결정하십니다. 그러니 "마음이 흘러가는 대로 해
라"라는 대중문화의 조언이나, "당신이 옳다고 생각하는 일을 해라" 같
은 인본주의 철학자들의 가르침은 성경적이지 않습니다. 문화라는 우상
이 왕 노릇하려는 것일 뿐입니다. "나는 내가 옳다고 생각하는 대로 행
동할 것이다"라는 말은 일종의 주문입니다. 순전히 우상 숭배로 가득 찬
주문 말입니다.

Q 하나님의 명령에 불순종하는 것인 줄 알면서도 정당화하려고 애쓰는 욕망에
는 어떤 것들이 있습니까?

> 삼손은 날 때부터 나실인의 서원 아래 양육되었지만, 서원이 그의 마음속에 깊이
자리 잡지는 못했습니다. 어린 시절에는 어쩌면 부모를 따라 믿음의 길을 걸었을
지도 모릅니다. 그러나 성인이 되자 본모습을 드러내기 시작합니다. 사사기 16장
끝에 이르러, 그가 나실인의 서원을 깨뜨리는 장면을 보게 됩니다. 이스라엘 백
성처럼 그도 "자기의 소견에 옳은 대로" 행하기로 결정한 것입니다.

Leader

장난치듯 죄와 노는 삼손의 모습은 우리에게 교훈이 됩니다. 그리스도인으로서
우리는 '어떻게 하면 죄짓지 않으면서 세상에 가까이 갈 수 있을까?'가 아니라,
'예수님에 대한 사랑의 표현으로 얼마나 더 거룩하게 살 수 있을까?'를 고민하고
그렇게 살기 위해 노력해야 합니다. 삼손은 경계선을 가로질러 가는 일에 마음을
온통 빼앗겨 버렸습니다.

삼손이 젊은 사자와 맞서는 장면은 그의 힘이 얼마나 세었는지 보
여 줍니다. 그는 힘이 넘쳤고, 충동적이었습니다. 그의 힘은 그가 어떻게
쓰느냐에 따라 그를 보호할 수도, 죄에 빠지게 할 수도 있었습니다. 삼손
은 종이를 찢듯이 사자를 찢어 버렸습니다. 그 놀라운 힘은 나실인으로
서 순종한 덕분에 발휘된 것입니다. 그의 힘은 하나님에게서 나온 것입
니다.

나실인의 서원을 지키려면 사자를 죽이고 나서 곧바로 정결례를

드려야 했는데, 그는 그렇게 하지 않았습니다. 부모에게도 무슨 일이 있었는지 알리지 않았습니다. 심지어 집으로 돌아가는 길에 죽은 사자에게서 흘러나온 꿀을 보고 충동적으로 집어 먹고, 부모에게도 가져다주어 그들도 부정하게 만들어 버렸습니다.

> **Leader** 하나님이 선택하신 이 구원자는 우리가 기대해 온 그런 종류의 사람이 아니었습니다. 다른 사사들도 완벽하지는 않았지만, 하나님께 신실하려고 애쓰며 순종하기는 했습니다. 그런데 삼손은 주님을 전혀 두려워하지 않았습니다.

삼손처럼 우리도 타협하고 싶은 마음이 슬금슬금 들 때가 있습니다. 삼손의 이야기는 당시 이스라엘 사람들의 마음이 어떤 상태였는지를 잘 보여 줍니다. 삼손의 인생은 반항으로 일관하며 하나님이 아닌 다른 것들을 욕망했던 사람들의 축소판이라고 할 수 있습니다. 죄와 타협하고만 그의 이야기를 통해 하나님은 우리에게 이렇게 경고하십니다. "네 소견에 옳은 대로 행하는 것을 멈추어라."

Q 왜 매사에 '멋대로' 하면 안 되는 걸까요? 그렇게 살면 어떤 결과가 벌어질까요?

2. 삼손이 성공으로 인해 무책임한 행동을 합니다
(삿 16:4~5, 15~20)

> **Leader** 사사기 16장에 이르는 동안, 삼손은 나실인의 서원에 철저히 무관심합니다. 부모의 조언도 거부하고(삿 14:3), 기생과 밤을 보내는(삿 16:1) 등 그의 충동적인 성격은 점점 더 악화되어 갑니다. 심지어 블레셋 사람들의 밭을 불태우려고 여우 300마리의 꼬리를 묶어 불을 붙이기도 했습니다(삿 15:4). 성경에서 전설적인 전투 중 하나로 꼽히는 싸움에서 그는 나귀 턱뼈로 블레셋 사람 1,000명을 죽이기도 합니다(삿 15:15). 그러나 하나님을 영화롭게 하기 위해 싸운 것이 아니라, 자신의 의로움을 증명하기 위해서였습니다. 승승장구할수록 삼손은 자기 정체성을 잃어 갔습니다. 그는 그가 가진 모든 능력을 주신 하나님을 신뢰하는 대신 자기 자신의 힘을 신뢰했습니다.

[4]이 후에 삼손이 소렉 골짜기의 들릴라라 이름하는 여인을 사랑하매 [5]블레셋 사람의 방백들이 그 여인에게로 올라가서 그에게 이르되 삼손을 꾀어서 무엇으로 말미암아 그 큰 힘이 생기는지 그리고 우리가 어떻게 하면 능히 그를 결박하여

*굴복하게 할 수 있을는지 알아보라 그리하면 우리가 각각 은 천백 개씩을 네게
주리라 하니*

하나님이 선택하신 구원자가 절대 가까이하면 안 되는 여인과 함께 있습니다.

> **Leader**
>
> 흥미롭게도 삼손의 이름은 "햇빛과 같은 자"라는 뜻입니다. 자신이 해야 할 일과 하고 있는 일 사이에서 삼손의 갈등이 깊어질 때쯤 그는 들릴라와 어울리기 시작했습니다. 그녀의 이름은 "밤"이란 뜻입니다. '햇살이 가득한 자'와 '어둠이 충만한 자' 사이에서 사랑은 존재할 수 없습니다.

어쩌면 당신은 불쌍한 삼손을 변호하고, 그를 속인 들릴라를 탓하고 싶을지도 모릅니다. 그런데 두 사람은 원하는 것이 같았습니다. 바로 '자기 영광'입니다. 들릴라는 부와 권력을, 삼손은 사냥의 짜릿함과 성적 성취감을 원했습니다.

그래서 그들은 고양이와 쥐처럼 서로 속이며 쫓고 쫓기는 게임을 합니다. 들릴라가 삼손에게 괴력의 비결이 무엇인지 세 번이나 묻지만, 그때마다 삼손은 거짓으로 답하여 그를 노리는 자들을 낙담시킵니다.

> **Leader**
>
> 처음에는 삼손이 "마르지 아니한 새 활줄 일곱"(삿 16:7)으로 자기를 결박하면 약해진다고 말합니다. 들릴라가 시도해 보지만, 그가 곧 줄을 끊어 버립니다. (이쯤 되면 두 사람 사이를 정리해야 하는 거 아닌가 하는 생각이 들 것입니다. 여자가 삼손을 죽이려고 했는데도 어떻게 같은 게임을 계속할 수 있는지 궁금할 것입니다.) 들릴라가 다시 묻자 "쓰지 아니한 새 밧줄들로 나를 결박하면"(삿 16:11) 약해질 것이라고 말합니다. 그녀가 새 줄로 그를 묶고 나서 블레셋 사람들을 불러 공격하게 하지만, 삼손이 물리칩니다. 들릴라가 다시 묻자 삼손이 자기 머리털 일곱 가닥을 베틀의 날실에 섞어 짜면 힘을 잃게 되리라고 말해 주었지만, 그 역시 실패하고 맙니다.

Q 삼손처럼 우리도 종종 이치에 맞지 않는 죄를 저지릅니다. 왜 그러는 걸까요?

> **Leader**
>
> 이 장면은 마치 공포 영화를 보는 것만 같습니다. 음산한 음악 소리가 점점 커져 갑니다. 당신은 식은땀을 흘리며 손톱을 깨물면서 이렇게 말하고 싶을 것입니다. "삼손! 제발 그만하세요!" 하지만 삼손은 그칠 줄 모릅니다.

[15] *들릴라가 삼손에게 이르되 당신의 마음이 내게 있지 아니하면서 당신이 어찌*

"교회와 세상이 조화롭게 공존하는 것과 같은 일은 진리 안에서 있을 수 없습니다. 그 둘이 갈등 없이 공존한다면, 그것은 세상이 교회를 집어삼켰기 때문입니다."[5]
_마이클 윌콕

심화토론

- 죄책감을 갖는 것이 유익한 이유는 무엇입니까?
- 부끄러운 마음을 없애도 죄책감은 여전히 남아 있는 이유는 무엇일까요?

나를 사랑한다 하느냐 당신이 이로써 세 번이나 나를 희롱하고 당신의 큰 힘이 무엇으로 말미암아 생기는지를 내게 말하지 아니하였도다 하며 [16]날마다 그 말로 그를 재촉하여 조르매 삼손의 마음이 번뇌하여 죽을 지경이라 [17]삼손이 진심을 드러내어 그에게 이르되 내 머리 위에는 삭도를 대지 아니하였나니 이는 내가 모태에서부터 하나님의 나실인이 되었음이라 만일 내 머리가 밀리면 내 힘이 내게서 떠나고 나는 약해져서 다른 사람과 같으리라 하니라 [18]들릴라가 삼손이 진심을 다 알려 주므로 사람을 보내어 블레셋 사람들의 방백들을 불러 이르되 삼손이 내게 진심을 알려 주었으니 이제 한 번만 올라오라 하니 블레셋 방백들이 손에 은을 가지고 그 여인에게로 올라오니라 [19]들릴라가 삼손에게 자기 무릎을 베고 자게 하고 사람을 불러 그의 머리털 일곱 가닥을 밀고 괴롭게 하여 본즉 그의 힘이 없어졌더라 [20]들릴라가 이르되 삼손이여 블레셋 사람이 당신에게 들이닥쳤느니라 하니 삼손이 잠을 깨며 이르기를 내가 전과 같이 나가서 몸을 떨치리라 하였으나 여호와께서 이미 자기를 떠나신 줄을 깨닫지 못하였더라

삼손의 약점은 바로 그의 힘이었습니다. 승승장구하다 보니 그는 "이김은 여호와께"(잠 21:31) 있다는 사실을 잊고 말았습니다. 그는 힘의 근원보다 자기 자신을 더욱 믿게 된 것입니다.

우리도 마찬가지입니다. 일이 잘 풀릴 때는 주님을 쉽게 잊습니다. 만사가 태평하니 "온갖 좋은 은사와 온전한 선물이 다 위로부터 빛들의 아버지께로부터"(약 1:17) 내려온다는 사실을 잊어버립니다. 하나님보다는 돈, 인맥, 직책과 직분에 더 의지합니다. 자신을 과대평가함으로써 우리를 낮추기도 하시고 높이기도 하시는 하나님을 잊어버립니다.

교회 소그룹의 장점은 서로 속속들이 알 수 있어서 누군가의 신앙이 무뎌질 때 바로 권면할 수 있다는 것입니다. 죄에 빠진 사람에게 회개하고 하나님께 돌아오라고 말해 줄 수 있습니다. 넘치는 자부심과 씨름할 수 있도록 서로 도울 수 있습니다. 교회 공동체 안에 있어야 완전히 독립적인 그리스도인이란 있을 수 없다는 사실을 잊지 않게 됩니다.

Q 하나님보다 더 의지하기 쉬운 것은 무엇입니까?

Q 어떻게 하면 하나님께 온전히 의지하는 사람이 될 수 있을까요?

3. 삼손이 패배로 인해 하나님께 돌아왔습니다(삿 16:21~30)

> **Leader** : 삼손의 이야기는 전형적인 비극에 해당합니다. 생의 마지막 순간에서야 진정한 믿음의 회개를 합니다. 마침내 자신의 힘을 의지하는 것을 포기하고, 하나님께만 소망을 두게 된 것입니다.

²¹블레셋 사람들이 그를 붙잡아 그의 눈을 빼고 끌고 가사에 내려가 놋 줄로 매고 그에게 옥에서 맷돌을 돌리게 하였더라 ²²그의 머리털이 밀린 후에 다시 자라기 시작하니라 ²³블레셋 사람의 방백들이 이르되 우리의 신이 우리 원수 삼손을 우리 손에 넘겨 주었다 하고 다 모여 그들의 신 다곤에게 큰 제사를 드리고 즐거워하고 ²⁴백성들도 삼손을 보았으므로 이르되 우리의 땅을 망쳐 놓고 우리의 많은 사람을 죽인 원수를 우리의 신이 우리 손에 넘겨 주었다 하고 자기들의 신을 찬양하며 ²⁵그들의 마음이 즐거울 때에 이르되 삼손을 불러다가 우리를 위하여 재주를 부리게 하자 하고 옥에서 삼손을 불러내매 삼손이 그들을 위하여 재주를 부리니라 그들이 삼손을 두 기둥 사이에 세웠더니 ²⁶삼손이 자기 손을 붙든 소년에게 이르되 나에게 이 집을 버틴 기둥을 찾아 그것을 의지하게 하라 하니라 ²⁷그 집에는 남녀가 가득하니 블레셋 모든 방백들도 거기에 있고 지붕에 있는 남녀도 삼천 명 가량이라 다 삼손이 재주 부리는 것을 보더라 ²⁸삼손이 여호와께 부르짖어 이르되 주 여호와여 구하옵나니 나를 생각하옵소서 하나님이어 구하옵나니 이번만 나를 강하게 하사 나의 두 눈을 뺀 블레셋 사람에게 원수를 단번에 갚게 하옵소서 하고 ²⁹삼손이 집을 버틴 두 기둥 가운데 하나는 왼손으로 하나는 오른손으로 껴 의지하고 ³⁰삼손이 이르되 블레셋 사람과 함께 죽기를 원하노라 하고 힘을 다하여 몸을 굽히매 그 집이 곧 무너져 그 안에 있는 모든 방백들과 온 백성에게 덮이니 삼손이 죽을 때에 죽인 자가 살았을 때에 죽인 자보다 더욱 많았더라

삼손의 연약함에서 힘이 나오는 것을 봅니다. 하나님은 인간이 깨어질 때, 당신의 영광을 드러내십니다. 이 장면에서 처음으로 기도하는 삼손의 모습이 나옵니다. 그는 여자들의 뒤꽁무니만 쫓아다녔고, 치고 박고 싸우며 살았고, 어리석은데다가 부모에게 불순종하기까지 했습니다. 나쁜 짓이란 나쁜 짓은 죄다 하고 살았습니다.

그러나 이제 그는 다른 사람이 되었습니다. 괴력이 바닥났습니다. 블레셋 사람들에게 붙잡혀 두 눈이 뽑히고, 옥에서 맷돌을 돌리는 신세

심화 주석 비록 삼손의 기도는 하나님의 도우심을 구하는 처음이자 마지막 기도였지만, 대부분의 독자는 그가 마침내 자기 삶을 다스리시는 하나님을 깨달은 것을 보고 기뻐할 것입니다. 그는 마치 이스라엘 백성이 국가의 재난 앞에서 주님께 부르짖었던 것처럼, 하나님이 도와주시기를 간절히 부르짖습니다. 모든 것을 잃자 누구를 의지해야 할지 알게 된 것입니다. 그가 "내 앞에서 잔치를 벌이고 있는, 나를 괴롭혔던 자들이 조롱거리가 되게 해 주십시오. 제가 마지막에 웃을 수 있게 해 주십시오" 하고 여호와께 청했습니다. 실제로 그는 "주 여호와여" 하고 주님을 부르며 기도를 시작했는데, 마침내 자기 삶을 다스리시는 전능하신 하나님을 인정한 것입니다.

성경 저자는 그의 행동이 지닌 의미에 주목합니다. "삼손이 죽을 때에 죽인 자가 살았을 때에 죽인 자보다 더욱 많았더라"(삿 16:30)는 사실 말입니다. 일반적으로 이 진술은 삼손을 옹호하는 말로 해석됩니다. 그가 인생을 낭비하긴 했지만, 마지막에는 실제로 블레셋 사람들로부터 이스라엘을 구원했기 때문입니다. 그러나 이 진술이 칭찬으로만 해석되어서는 곤란합니다. 이것은 비극적인 언급입니다. 누구보다도 고귀한 소명과 비범하고 거룩한 은사를 받았던 이 사람은 자기 인생을 낭비했습니다. 살아서보다 죽어서야 하나님을 위해 더 많은 것을 성취했습니다.[7]

_다니엘 I. 블록

가 되었습니다. 위대한 용사가 어쩌다 이 지경이 되었을까요! 그러나 삼손은 마침내 약함을 통해 진정한 힘을 발견하게 됩니다.

> **Leader** 죄와 씨름하는 사람들과 상담할 때면, 저는 이렇게 질문하곤 합니다. "이것이 당신의 한계입니까? 더 이상 어찌할 도리가 없으니 이제 항복하시렵니까?" 그러면 대부분의 사람이 저를 빤히 쳐다보며 "아니요!"라고 대답합니다. 그 시점에서 저는 계속 죄를 지음으로써 파국을 맞지 말고 이제 그만 회개하고 이것으로 끝내라고 설득하곤 합니다.
>
> 이제 삼손은 자기 능력의 한계에 도달했습니다. 그는 더 이상 하나님께로부터 멀리 도망갈 수 없게 되었습니다. 주님은 이스라엘을 원수들의 손에 넘겨서 고쳐 주셨던 것처럼 이 사사도 그렇게 다루기를 원하셨습니다. 삼손은 약함을 통해 진정한 능력을 발견하게 됩니다.

Q 삼손은 수치와 약함을 경험하고 나서야 정신을 차렸습니다. 하나님은 우리가 정신을 차리고 주님께 돌아올 수 있도록 어떻게 이끄십니까?

> **Leader** 마지막 순간에 삼손은 자기 곁에 있는 이스라엘의 원수들을 물리칠 힘을 달라고 하나님께 부르짖습니다. 그가 태어나기도 전부터 그를 사사로 선택하셨던 하나님이 깨어진 삼손이 자기 백성을 위해 기도하자, 그 기도에 응답하십니다. 하나님은 믿음 없음에도 불구하고, 자기 백성을 구원하시는 분입니다. 삼손의 타락은 자신의 불순종에 기인한 것이었지만, 하나님은 그의 죽음을 통해 자기 백성을 구원하십니다.

'삼손이 과연 하나님을 진짜로 믿기는 한 걸까?' 하는 의심이 들지도 모릅니다. 만약 그의 이야기가 여기서 끝이라면 그렇게 의심해 볼 만도 합니다. 하지만 히브리서 11장을 한번 보십시오. 삼손의 이름이 등장합니다(히 11:32)! 그는 믿음으로 하나님과 동행했던 아브라함, 이삭, 야곱, 다윗과 나란히 이름을 올렸습니다. 비록 자만심을 벗어 버리는 데 오랜 세월이 걸렸지만, 이 거인은 마침내 하나님의 은혜를 덧입는 데 성공합니다.

Q 삼손은 믿음의 사람이라고 합니다(히 11:32). 이것은 우리에게 어떤 희망을 줍니까?

결론

수 세기 후에 천사의 고지를 받은 또 다른 아이가 태어납니다. 천사가 '마리아'라는 작은 소녀에게 "네가 잉태하여 아들을 낳으리니 그 이름을 예수라 하라"(눅 1:31)라고 말합니다. 하나님의 백성을 구원할 자이십니다. 그분은 다른 이의 구원이 필요 없을 뿐만 아니라 온 세상을 구원하게 될 것입니다. 예수님의 죽음은 그분의 완벽한 순종과 우리의 불순종이 낳은 결과입니다. 그 죽음을 통해 하나님의 백성이 "단번에 영원히" 구원될 것입니다.

힘이 세기로 소문난 삼손보다 더 힘이 센 분이 계십니다. 바로 예수님이십니다. 그분은 하나님의 말씀을 어기신 적이 없고, 충동이나 자기만족에 빠진 적도 없으십니다. 오로지 하나님 아버지의 일을 하셨으며, 그분의 죽음으로 말미암아 수많은 사람이 하나님의 자녀가 되었습니다.

하나님은 삼손의 이야기를 통해 이렇게 말씀하십니다.

"내가 너를 사랑한다. 네가 태어나기도 전부터 너를 택했다. 나는 너의 구원자다. 내가 네게 은사를 준 것은 내가 너의 좋은 아버지이기 때문이다. 그러니 네게 주어진 은사와 성품과 축복을 깨닫거든 나를 온전히 예배하거라."

삼손의 이야기를 기억하며, 아직 믿지 않는 이웃들에게 이렇게 전합시다. "삼손의 삶을 보십시오. 늘 여자만 쫓아다니던 난봉꾼, 화로 가득 찬 살인자를 하나님이 얼마나 사랑하셨는지 보십시오. 그분이 베푸신 자비를 보십시오. 하나님이 용서하시지 못할 죄는 없습니다. 그분의 자비는 끝이 없기 때문입니다. 그러니 하나님을 믿기로 선택하십시오. 예수님이 당신의 모든 죄를 용서해 주신 것을 믿으십시오."

하나님의 계획 우리의 사명

선교적 적용   우리는 죄에 빠진 사람들에게 죄를 던져 버리고 하나님께 돌아와 구원을 얻으라고 선포해야 합니다.

1. 자신을 괴롭게 하는 죄의 목록을 만들어 보십시오.

2. 교회/소그룹이 죄에 빠졌다고 느끼는 사람들을 어떻게 도울 수 있을까요? 또한 유혹과 싸워 이겨낸 사람들을 어떻게 격려할 수 있을까요?

3. 예수님의 구원의 복음을 설명하는 데 죄를 이기고 구원을 체험한 이야기는 어떤 역할을 할까요?

금주의 성경 읽기
수 19~24장; 삿 1장

Summary and Goal

룻의 이야기를 통해 우리는 어두운 시대 가운데 나타난 하나님의 아름다운 사랑을 엿볼 수 있습니다. 시어머니에 대한 룻의 헌신에서 하나님의 변함없는 사랑을, 룻에게 베푼 보아스의 친절에서 하나님의 따뜻한 사랑을 볼 수 있습니다. 또한 보아스의 결혼을 통해 하나님의 사랑이 우리의 필요를 어떻게 채우시며, 우리를 어떻게 구원하시는지를 볼 수 있습니다. 그리스도께서 우리를 포기하지 않고 따뜻한 사랑으로 구원해 주신 것처럼, 우리도 세상 사람들에게 구원을 베푸는 사랑을 실천해야 합니다.

11

- **성경 본문**
  룻기 1:1-9, 16-18
  룻기 2:1-3, 8-12
  룻기 4:13-17

- **세션 포인트**
  1. 하나님의 사랑은 관심과 ~니다(룻기 1:1-9, 16-18)
  2. 하나님의 사랑은 따뜻합니다(룻기 2:1-3, 8-12)
  3. 하나님의 사랑은 부족함을 채웁니다(룻기 4:13-17)

- **신학적 주제**
  룻과 보아스가 보여 준 사랑 이야기에서 자기 백성을 향한 하나님의 신실하신 사랑과 자격 없는 이들에게 베푸시는 친절을 엿볼 수 있습니다.

- **그리스도와의 연결**
  보아스는 '가족의 기업 무를 자'로서 이방인인 룻에게 과분한 친절을 베풉니다. 마찬가지로 예수님은 '우리의 구원자'로서 받을 자격이 없는 우리에게 은혜를 베풀며 가족으로 입양해 주십니다.

- **선교적 적용**
  하나님은 우리가 그분께 사랑받은 대로 변함없이 따뜻하게 맞이하는 구원의 사랑으로 다른 사람들을 섬기길 명하십니다.

도입

사사기의 교훈을 한 문장으로 요약하며 시작합니다. "우리가 신실하지 않을 때도 하나님은 신실하시다." 룻의 이야기는 이스라엘의 암흑기에도 자기 백성의 구원을 이루어 내시는 하나님의 신실하심을 계속해서 들려줍니다.

책에서 읽거나 영화에서 본 사랑 이야기 중에 가장 인상 깊었던 것은 무엇입니까?

그런 이야기들이 사람들의 마음속에 깊은 감명을 주는 이유는 무엇일까요?

가족이나 친척의 "기업 무름"으로 불리는 전통의 배경을 설명해 주십시오. 룻과 그녀의 이야기에 녹아 있는 하나님의 사랑을 보여 주는 이 세션을 요약하십시오.

전개

1
하나님의 사랑은 끈질깁니다
(룻기 1:1~9, 16~18)

룻기 1장 1~9절을 읽으십시오. 이야기의 초반에 룻에게 일어난 비극을 설명하고, 그 일이 사회적으로나 재정적으로 그녀에게 어떤 의미와 영향을 미쳤는지를 설명해 주십시오. 나오미와 함께 머물기로 한 룻의 놀라운 결정 과정을 살펴보고, 자원자에게 1장 16~18절을 읽게 하십시오.

고통과 비극 가운데 피어나는 신실하고 충성스러운 사랑을 경험했거나 목격한 적이 있습니까?

어떻게 하면 이처럼 변함없는 사랑을 하는 사람이 될 수 있을까요?

나오미에 대한 룻의 헌신이 보이는 특징을 살펴보고, 미지의 세계로 나아간 아브라함과 룻의 삶이 닮아 있음을 알게 해 주십시오. 룻의 헌신에는 나오미가 믿는 하나님께 대한 헌신도 포함되어 있음을 지적하고, 룻의 사랑이 하나님의 끈질긴 사랑을 어떻게 반영하는지 설명해 주십시오.

하나님은 주님의 끈질긴 사랑을 어떻게 증명하십니까?

사람은 서로를 향한 사랑을 어떻게 증명합니까?

2
하나님의 사랑은 따뜻합니다
(룻기 2:1~3, 8~12)

하나님이 나오미의 남편 엘리멜렉의 가문을 이어 줄 친척을 예비해 두셨음을 언급하고, 다음 본문으로 넘어갑니다. 룻기 2장 1~3절을 읽고, 하나님이 자기 백성을 구원하기 위해 룻과 보아스의 발걸음을 예비하셨음에 주목하십시오. 그리고 나서 룻기 2장 8~12절을 읽고, 따뜻하게 품으시는 하나님의 사랑과 은혜를 엿보게 해 주는 보아스의 친절함에 주목하십시오.

하나님이 사람을 통해 당신을 따뜻하게 품으시고 사랑해 주신 것을 느낀 적이 있습니까?

우리 교회는 다른 사람들에게 하나님의 사랑을 얼마나 베풀고 있습니까?

그리스도를 믿는 자들에게 베푸시는 하나님의 따뜻한 사랑과 롯의 이야기를 연결 지어 보고, 그 사랑이 열방 가운데로 어떻게 퍼져 나가는지 이야기해 주십시오.

다른 사람을 환영하지 않는 태도는 하나님과 그의 구원에 대해 어떤 인상을 남기게 될까요?

3
하나님의 사랑은 부족함을 채웁니다
(롯기 4:13~17)

롯기 4장 13~17절을 읽고, 보아스의 사랑이 우리를 구원으로 인도하신 예수님의 사랑과 어떻게 연결되는지 언급해 주십시오. 왕이 없던 시절부터 다윗에 이르는 이야기 가운데 나타난 하나님의 신실하심에 주목하십시오. 다윗은 이스라엘 역사상 가장 위대한 왕이었으며, 그를 통해 예수 그리스도께서 오셨습니다. 이러한 내용을 부록 2: '약속의 땅에서 예수님 바라보기' 중 보아스와 롯의 관계에서 확인하십시오.

본문에서 여인들이 보아스나 태어난 아기가 아니라, 주님을 찬양하는 것에 주목하십시오. 이런 상황에서 하나님을 믿은 여인들의 믿음이 중요한 이유는 무엇일까요?

롯의 이야기와 우리 삶을 연관 지어 생각해 보십시오. 예수님이야말로 그리스도인들이 롯의 이야기에 참여하게 되는 관문임을 설명해 주십시오. 왜냐하면 예수님을 통해 우리도 그분의 족보에 들어가게 되었기 때문입니다.

인생에서 힘든 일에 부딪혔지만, 그 일을 하나님이 선으로 바꾸어 주신 적이 있습니까?

결론

롯과 보아스의 이야기에서 예수님 안에 나타난 하나님의 사랑을 어떻게 맛보게 되는지, 그리고 다른 이들에게 그 사랑을 어떻게 나눌 수 있는지 다시 한번 강조하십시오. 이 세션에서 배운 진리를 '하나님의 계획, 우리의 사명'에서 적용해 보십시오.

Session
Content

11. 하나님의 사랑 맛보기

도입

> "하나님은 보호자이자 구속자인 분을 보내셔서 주님을 떠나서는 공허한 진공 상태에 놓일 수밖에 없는 우리를 건져 내어 주님과 함께 풍성한 삶을 누리는 새로운 세상으로 인도하셨습니다."[1]
> _마이클 윌리엄스

> Leader

룻의 이야기는 우울하고 굴곡진 사사 시대의 한복판에 불어온 신선한 바람과도 같습니다. 본문은 그와 같은 배경 설정을 보여 줍니다. "사사들이 치리하던 때에"(룻 1:1). 우리는 사사기를 통해 하나님의 백성이 그분의 선하심과 자비하심을 잊고 주님을 떠남으로써 불쌍한 노예 신세로 전락했다가 주님이 세우신 지도자를 통해 구원받는 일이 반복되는 역사를 보아 왔습니다. 사사기의 교훈은 다음 한 문장으로 요약할 수 있습니다.

"우리가 신실하지 않을 때도 하나님은 신실하시다."

암흑과 같은 때에 룻이 신실하신 하나님에 관한 이야기를 계속 이어갑니다. 이 이야기에서 우리는 자기 백성을 향한 하나님의 신실하신 사랑과 자격 없는 이들에게 베푸시는 친절을 볼 수 있습니다. 룻기의 핵심 주제는 사랑인데, 이야기의 중심에 구원이 있습니다(히브리어로 "구원하다", "구원자", "구원"이란 단어가 20회 이상 등장합니다). 룻과 보아스의 사랑 이야기에서 하나님은 구속 사역을 통해 신실하심을 보여 주십니다.

Q 책에서 읽거나 영화에서 본 사랑 이야기 중에 가장 인상 깊었던 것은 무엇입니까?

Q 그런 이야기들이 사람들의 마음속에 깊은 감명을 주는 이유는 무엇일까요?

> Leader

본문을 본격적으로 살피기 전에 배경을 살펴볼 필요가 있습니다. 룻의 이야기에는 가족이나 친척의 "기업 무를 자"가 등장합니다. 이것은 한 가정의 남자가 죽은 뒤에 그의 땅이 가족 외에 다른 사람의 소유로 넘어가는 일이 없도록 가까운 친척이 관리하게 하는 제도였습니다(레 25:23~28). 자식이 없는 과부가 죽은 남편의 형제와 결혼해서 자식을 얻음으로써 대를 이을 수 있게 하는 제도이기도 했습니다(신 25:5~6). 룻의 이야기에는 기업 무를 자의 두 가지 책무가 다 등장합니다.

Session Summary

　　룻의 이야기를 통해 우리는 어두운 시대 가운데 나타난 하나님의 아름다운 사랑을 엿볼 수 있습니다. 시어머니에 대한 룻의 헌신에서 하나님의 변함없는 사랑을, 룻에게 베푼 보아스의 친절에서 하나님의 따뜻한 사랑을 볼 수 있습니다. 또한 보아스의 결혼을 통해 하나님의 사랑이 우리의 필요를 어떻게 채우시며, 우리를 어떻게 구원하시는지를 볼 수 있습니다. 그리스도께서 우리를 포기하지 않고 따뜻한 사랑으로 구원해 주신 것처럼, 우리도 세상 사람들에게 구원을 베푸는 사랑을 실천해야 합니다.

전개

1. 하나님의 사랑은 끈질깁니다 (룻 1:1~9, 16~18)

[1]사사들이 치리하던 때에 그 땅에 흉년이 드니라 유다 베들레헴에 한 사람이 그의 아내와 두 아들을 데리고 모압 지방에 가서 거류하였는데 [2]그 사람의 이름은 엘리멜렉이요 그의 아내의 이름은 나오미요 그의 두 아들의 이름은 말론과 기룐이니 유다 베들레헴 에브랏 사람들이더라 그들이 모압 지방에 들어가서 거기 살더니 [3]나오미의 남편 엘리멜렉이 죽고 나오미와 그의 두 아들이 남았으며 [4]그들은 모압 여자 중에서 그들의 아내를 맞이하였는데 하나의 이름은 오르바요 하나의 이름은 룻이더라 그들이 거기에 거주한 지 십 년쯤에 [5]말론과 기룐 두 사람이 다 죽고 그 여인은 두 아들과 남편의 뒤에 남았더라 [6]그 여인이 모압 지방에서 여호와께서 자기 백성을 돌보시사 그들에게 양식을 주셨다 함을 듣고 이에 두 며느리와 함께 일어나 모압 지방에서 돌아오려 하여 [7]있던 곳에서 나오고 두 며느리도 그와 함께하여 유다 땅으로 돌아오려고 길을 가다가 [8]나오미가 두 며느리에게 이르되 너희는 각기 너희 어머니의 집으로 돌아가라 너희가 죽은 자들과 나를 선대한 것같이 여호와께서 너희를 선대하시기를 원하며 [9]여호와께서 너희에게 허락하사 각기 남편의 집에서 위로를 받게 하시기를 원하노라 하고 그들에게 입 맞추매 그들이 소리를 높여 울며

첫째, 고대 이스라엘에는 과부가 된 나오미와 그녀의 머느리들의 생계를 보장해 주는 은퇴 후 연금제도나 사회보장제도 같은 것이 없었습니다. 그렇다고 요즘 여성들처럼 일자리를 구할 수도 없었습니다. 고대 근동의 과부들은 매우 위태로운 삶을 이어 가야 했습니다. 왜냐하면 여성은 전적으로 남편이나 아들에 의지해서 살아야 했기 때문입니다. 그런데 이 이야기는 자식이 없는 세 과부로부터 시작됩니다.

둘째, 하나님은 핍절한 형편에 놓인 사람들을 위해 이스라엘의 법 규정을 만들어 두셨는데 그중 두 가지가 이 이야기에서 소개됩니다. 하나는 땅 주인이 자기 밭의 귀퉁이에서 자란 작물을 수확하지 않고 내버려 두어서 가난한 자들이 주워 가게 한 것입니다. 덕분에 룻이 부유한 보아스의 밭에서 일할 수 있었고, 그를 만날 수 있었습니다. 또 하나는 누군가 죽었을 때 그의 가장 가까운 친척이 그가 남긴 땅을 소유하도록 하는 법입니다. 그럴 경우 과부나 고아를 돌볼 책임을 함께 져야 합니다. 번역본에 따라 다르겠지만, 이러한 사람을 '가족의 기업 무를 자' 혹은 '친가의 기업 무를 자'라 불렀습니다. 이에 따라 보아스가 가족의 기업 무를 자가 되어 나오미와 룻에 대한 돌봄의 책임도 함께 떠맡았던 것입니다.[2]

조나단 리먼

핵심교리
99

19. 사랑이신 하나님

"하나님은 사랑이시라"라고 말하는 것은 사랑이 하나님의 고유한 성품이며, 삼위일체 하나님이신 성부, 성자, 성령 세 위격이 서로 완전한 사랑 가운데 계시며 사랑을 드러내신다는 뜻입니다. 인간들이 나누는 불완전한 사랑은 하나님 안에 있는 완전한 사랑의 희미한 그림자에 불과합니다. 하나님이 우리에게 보여 주신 가장 큰 사랑은 세상에 속한 좋은 것들을 주신 일이 아니라 우리가 하나님과 화목할 수 있도록 그리스도 안에서 자신을 내어 주신 일입니다.

룻의 이야기는 참담한 비극으로 시작합니다. 그 땅에 흉년이 들자 엘리멜렉과 그의 가족들은 살기 위해 약속의 땅을 떠나야 했습니다. 나오미는 남편과 두 아들을 잃었고, 대를 이을 자식 없이 두 며느리만 남게 되었습니다. 당시에 자녀가 없는 과부는 정기적인 수입원이 없기 때문에 재정적으로 매우 위태로울 수밖에 없었습니다. 나오미는 공동체의 도움이 절실히 필요했지만, 안타깝게도 외국 땅에 있으니 희망이 보이지 않았습니다. 하나님이 그녀를 이 불행에서 어떻게 건져 내실까요?

하나님이 "자기 백성을 돌보시사 그들에게 양식을 주셨다"는 소식이 들려왔습니다. 유다 땅의 기근이 끝난 것입니다. 나오미는 고향으로 돌아갈 채비를 한 뒤 두 며느리, 곧 룻과 오르바에게 각기 친정집으로 돌아가라고 말합니다. 왜 그랬을까요? 당시 이스라엘에는 남편이 죽으면 그 형제와 결혼해 대를 이어야 하는 관습이 있었습니다(레 25:5~10). 하지만 나오미에게는 다른 아들이 없으므로 룻과 오르바의 앞날이 막막했던 것입니다. 며느리들의 미래를 염려해 친정으로 돌아가라고 권한 것입니다.

나오미의 조언을 받아들인 오르바와 달리 놀랍게도 룻은 시어머니와 함께 남기로 결심합니다. 룻은 자기 미래에 해가 될 수 있는데도 믿어지지 않을 정도의 신실함을 보여 줍니다. 우리는 룻에게서 결과에 상관하지 않고 변함없이 충성스러운 사랑을 발견합니다.

¹⁶룻이 이르되 내게 어머니를 떠나며 어머니를 따르지 말고 돌아가라 강권하지 마옵소서 어머니께서 가시는 곳에 나도 가고 어머니께서 머무시는 곳에서 나도 머물겠나이다 어머니의 백성이 나의 백성이 되고 어머니의 하나님이 나의 하나님이 되시리니 ¹⁷어머니께서 죽으시는 곳에서 나도 죽어 거기 묻힐 것이라 만일 내가 죽는 일 외에 어머니를 떠나면 여호와께서 내게 벌을 내리시고 더 내리시기를 원하나이다 하는지라 ¹⁸나오미가 룻이 자기와 함께 가기로 굳게 결심함을 보고 그에게 말하기를 그치니라

> 이 이야기는 진정한 헌신과 신실함이 무엇인지 잘 보여 줍니다. 나오미는 룻의 앞에 놓인 어두운 미래를 상기시키지만, 룻은 나오미의 손을 잡고 그 어둠 속으로 기꺼이 들어갑니다. 그녀는 고국과 가족을 등지고 떠납니다. 자기가 사랑하는 사람들을 다시는 보지 못할 수도 있는데, 자신의 권리를 접고 나오미의 곁에 머물기로 한 것입니다.

Q 고통과 비극 가운데 피어나는 신실하고 충성스러운 사랑을 경험했거나 목격한 적이 있습니까?

Q 어떻게 하면 이처럼 변함없는 사랑을 하는 사람이 될 수 있을까요?

> 롯은 새 민족 가운데 새 관습으로 새 언어를 사용해야 하는 미지의 세계로 나아갑니다. 그녀의 행동은 하나님이 "내가 네게 보여 줄 땅으로 가라"(창 12:1)라고 하신 명령에 순종해 나아갔던 아브라함을 연상시킵니다. 그는 갈 바를 알지 못하고 나아갔으며, 온전히 하나님만 신뢰하며 약속의 땅에서 이방인으로 살았습니다 (히 11:8~9).

롯의 헌신은 나오미의 죽음 너머에까지 이릅니다. 그녀는 "어머니께서 죽으시는 곳에서 나도 죽어 거기 묻힐 것"(룻 1:17)이라고 약속합니다. 다시 말해 나오미가 죽은 뒤에도 자기 고향으로 돌아가지 않겠다는 것입니다. 여기서 우리는 놀라운 롯의 믿음을 다시 한번 발견합니다.

히브리서 저자는 구약에 등장하는 놀라운 믿음의 사람들에 관해 이렇게 묘사합니다.

"그들이 나온 바 본향을 생각하였더라면 돌아갈 기회가 있었으려니와 그들이 이제는 더 나은 본향을 사모하니 곧 하늘에 있는 것이라 이러므로 하나님이 그들의 하나님이라 일컬음 받으심을 부끄러워하지 아니하시고 그들을 위하여 한 성을 예비하셨느니라"(히 11:15~16).

롯은 나오미의 하나님께 헌신했습니다. 그녀는 "어머니의 백성이 나의 백성이 되고 어머니의 하나님이 나의 하나님이 되시리니"(룻 1:16) 하고 선언합니다. 아마도 롯은 남편에게서 주님을 소개받고 이스라엘의 하나님을 따르는 자가 되었을 것입니다. 더욱 놀라운 것은 그녀의 선언이 나오미가 "전능자가 나를 심히 괴롭게 하셨음이니라"(룻 1:20) 하고 주장한 직후에 나왔다는 사실입니다. 하나님을 향한 시어머니의 비통함에도 불구하고, 롯은 하나님께 변함없는 충성을 다짐한 것입니다. 롯은 세상의 안위에 안주하지 않는 거룩한 여인의 성품을 보여 주었습니다. 그녀는 끈질기며 한결같으신 하나님의 사랑을 믿었기에 다른 사람들에게도 동일한 사랑을 베풀 수 있었습니다.

> 롯과 나오미를 비교하면, 하나님께 불평하는 사람과 믿음으로 희생을 각오하는 사람 사이의 대조가 보입니다. 롯과 오르바를 비교하면, 실패로 얼룩진 인간의 사랑과 공허한 약속 위로 펼쳐지는 하나님의 끈질긴 사랑이 보입니다.

오르바는 믿음을 선택할 기회가 있었음에도 돌아섰는데, 롯은 나오미와 끝까지

"하나님은 가득 차 흘러넘치며 다함이 없는 사랑의 샘물과도 같습니다. 하나님은 변함없고 영원한 존재이시며, 또한 변함없고 영원한 사랑의 샘물이십니다."[3]
_조나단 에드워즈

함께하며 온전한 충성을 다짐합니다. 하나님은 우리를 이렇게 사랑하십니다.
"내가 영원한 사랑으로 너를 사랑하기에 인자함으로 너를 이끌었다"(렘 31:3).

그리스도의 사랑 안에서 영원히 구원받았다는 사실을 아는 것은
하나님과의 친밀한 교제로 나아가게 합니다. 주님은 우리를 절대로 떠나
거나 포기하지 않으시며, 우리를 따뜻한 사랑으로 돌봐 주십니다. 이에
대한 확고한 믿음은 우리로 하여금 그분께 나아가 죄와 걱정과 두려움
을 숨김없이 고백하게 합니다.

Q 하나님은 주님의 끈질긴 사랑을 어떻게 증명하십니까?

Q 사람은 서로를 향한 사랑을 어떻게 증명합니까?

2. 하나님의 사랑은 따뜻합니다(룻기 2:1~3, 8~12)

> 룻기 2장에서 우리는 하나님이 나오미와 룻을 어떻게 구원하시는지 보게 됩니
다. 하나님은 나오미를 향한 사랑의 징표를 이미 보여 주셨습니다. 유다에 기근
이 그치게 하여 나오미가 고향으로 돌아올 수 있는 길을 열어 주셨습니다. 또한
룻을 곁에 두어 그녀를 돌보게 하셨습니다. 이제 우리는 하나님이 나오미의 남편
인 엘리멜렉의 대가 이어지도록 그의 기업 무를 자를 예비하신 것을 볼 것입니다
(참조, 룻기 4:9).

¹나오미의 남편 엘리멜렉의 친족으로 유력한 자가 있으니 그의 이름은 보아스더
라 ²모압 여인 룻이 나오미에게 이르되 원하건대 내가 밭으로 가서 내가 누구에
게 은혜를 입으면 그를 따라서 이삭을 줍겠나이다 하니 나오미가 그에게 이르
되 내 딸아 갈지어다 하매 ³룻이 가서 베는 자를 따라 밭에서 이삭을 줍는데 우
연히 엘리멜렉의 친족 보아스에게 속한 밭에 이르렀더라

보아스는 하나님의 사람으로 "고귀한 성품을 가진"(of noble character,
HCSB) "유력한"(한글 개역개정) 사람이었습니다.

> 4절에서 보아스는 일꾼들에게 "여호와께서 너희와 함께하시기를 원하노라" 하
고 인사합니다. 여기서 우리는 하나님을 주일 예배에서 한 번 예배하는 대상으로
여기지 않고, 사업 영역에서도 중요한 분으로 인정해 드리는 한 남성을 봅니다.

그리고 시어머니를 지극정성으로 돌보는 한 여성을 봅니다. 그녀는 밭에 들어가 추수꾼들이 추수하고 남기는 이삭 줍는 일을 겸손하게 감당했습니다.

룻이 "우연히 엘리멜렉의 친족 보아스에게 속한 밭에"(룻 2:3) 이르렀습니다. 그곳에서 두 사람은 처음 만납니다. '우연히' 일어난 이 일은 결코 우연이 아니었습니다. 하나님이 자기 백성을 구원하려는 섭리 가운데 그들의 발걸음을 인도하신 것입니다. "사람이 마음으로 자기의 길을 계획할지라도 그의 걸음을 인도하시는 이는 여호와시니라"(잠 16:9). 하나님이 모든 일을 주관하십니다.

[8] 보아스가 룻에게 이르되 내 딸아 들으라 이삭을 주우러 다른 밭으로 가지 말며 여기서 떠나지 말고 나의 소녀들과 함께 있으라 [9] 그들이 베는 밭을 보고 그들을 따르라 내가 그 소년들에게 명령하여 너를 건드리지 말라 하였느니라 목이 마르거든 그릇에 가서 소년들이 길어 온 것을 마실지니라 하는지라 [10] 룻이 엎드려 얼굴을 땅에 대고 절하며 그에게 이르되 나는 이방 여인이거늘 당신이 어찌하여 내게 은혜를 베푸시며 나를 돌보시나이까 하니 [11] 보아스가 그에게 대답하여 이르되 네 남편이 죽은 후로 네가 시어머니에게 행한 모든 것과 네 부모와 고국을 떠나 전에 알지 못하던 백성에게로 온 일이 내게 분명히 알려졌느니라 [12] 여호와께서 네가 행한 일에 보답하시기를 원하며 이스라엘의 하나님 여호와께서 그의 날개 아래에 보호를 받으러 온 네게 온전한 상 주시기를 원하노라 하는지라

보아스는 룻이 그의 밭에서 이삭 줍는 것을 보고, 그녀에게 인사를 건네며 율법이 요구하는 것 이상으로 각별한 호의를 베풉니다.

먼저 룻에게 필요한 양식을 줍니다. 그리고 자기 밭에 머물며 계속해서 이삭을 주우라고 합니다. 이방인인 그녀를 쫓아낼 수도 있는데, 오히려 그녀가 원하는 만큼 이삭을 주울 수 있도록 허락합니다. 두 번째로 보아스는 룻을 보호해 줍니다. 일꾼들에게는 그녀를 건드리지 말라고 말함으로써 룻이 그의 보호 아래 안전할 수 있게 했습니다. 세 번째로 그는 그녀의 갈증을 해결해 줍니다. 물이 필요할 때면 언제든지 마실 수 있게 말입니다.

보아스는 율법이 요구하는 것 이상으로 은혜를 베풀었습니다. 율법에 명시된 나그네, 가난한 자, 과부, 고아 등을 위한 규정은 그들이 밭에 떨어져 있는 곡식이나 추수하고 남은 곡식 다발, 밭의 구석이나 경계에 심긴 곡식들을 모아 가져갈 수 있도록 허락하고 있습니다(레 19:9~10; 23:22; 신 24:19). 보아스는 룻을 보살피기

⋮⋯ 위해 정해진 의무 이상의 호의를 베푼 것입니다.

긍휼과 따뜻한 환영의 마음으로 나타난 보아스의 사랑에서 하나님의 사랑을 엿볼 수 있습니다.

룻처럼 하나님께 친절을 받을 자격이 없는 우리를 주님은 두 팔 벌려 안아 주셨습니다. 룻처럼 하나님과 그분의 백성으로부터 먼 이방인 같은 우리에게 주님이 자애로움으로 은혜를 베풀어 주셨습니다.

룻이 룻기에서 가장 중요한 질문을 던집니다. "나는 이방 여인이거늘 당신이 어찌하여 내게 은혜를 베푸시며 나를 돌보시나이까"(룻 2:10). 보아스는 룻이 시어머니인 나오미에게 선을 행했기 때문이라고 대답하지만, 진심은 뒤에 나옵니다. "여호와께서 네가 행한 일에 보답하시기를 원하며 이스라엘의 하나님 여호와께서 그의 날개 아래에 보호를 받으러 온 네게 온전한 상 주시기를 원하노라"(룻 2:12). 다시 말해 "하나님에 대한 당신의 믿음 덕분에 하나님이 나를 통해 당신에게 은혜를 베푸는 것이오"라는 말입니다. 룻이 행한 모든 고귀한 일은 여호와를 향한 믿음의 표현이라고 할 수 있습니다. 그녀는 세상이 주는 안락함 대신 주님을 선택했습니다.

Q 하나님이 사람을 통해 당신을 따뜻하게 품으시고 사랑해 주신 것을 느낀 적이 있습니까?

Q 우리 교회는 다른 사람들에게 하나님의 사랑을 얼마나 베풀고 있습니까?

> Leader ⋯⋯

보아스는 룻에게 "온전한 상"을 내려 달라고 하나님께 기도하면서 그녀가 잃은 것들, 곧 남편, 아버지, 어머니, 조국 등을 보전해 달라고 구했습니다. '온전한 상'이란 그녀가 상실한 것에 상응하는 보상을 의미합니다. 어쩌면 그것은 그녀가 자녀를 가질 수 있게 해 달라는 기도였는지도 모릅니다. 여기서 놀라운 사실은 보아스 자신이 룻을 위한 기도의 응답이 된다는 것입니다.

이야기는 주님을 믿는 자들을 따뜻하게 맞이하며 사랑을 베푸시는 하나님을 연상시킵니다. 하나님을 믿으면 '이방인'에서 '가족'으로 신분이 바뀝니다. 이것은 오늘날 예수님을 믿는 자에게도 똑같이 적용됩니다. 믿음을 통해 우리는 하나님을 아버지로 모시고, 다른 그리스도인들을 형제자매로 받아들입니다. 하나님은 인종이나 국적으로 차별하지 않으십니다. 하나님의 가족에게는 국경이 없습니다. 이전에는 하나님의 가족과 아무 상관없던 자였으나 이제 그리스도의 제자가 된 우리는 모든

민족에게, 특히 그리스도의 사랑을 알지 못하는 모든 사람에게 그분의
사랑을 전파해야 합니다.

 다른 사람을 환영하지 않는 태도는 하나님과 그의 구원에 대해 어떤 인상을
남기게 될까요?

3. 하나님의 사랑은 부족함을 채웁니다(룻 4:13~17)

> **Leader**
> 룻기의 마지막 장에 이르면, 우리는 보아스가 나오미의 남편과 가장 가까운 친척
> 을 만나는 장면을 보게 됩니다. 그 둘은 나오미의 재산이 회복되어야 할 필요성과
> 룻이 돌봄을 받아야 할 상황에 대해 상의합니다. 보아스는 공동체의 장로들과 이
> 야기를 나누고, 룻과 결혼해 그의 가문을 이어 갈 것을 선언합니다. 룻의 이야기
> 는 다음과 같이 마무리됩니다.

*13이에 보아스가 룻을 맞이하여 아내로 삼고 그에게 들어갔더니 여호와께서 그
에게 임신하게 하시므로 그가 아들을 낳은지라 14여인들이 나오미에게 이르되
찬송할지로다 여호와께서 오늘 네게 기업 무를 자가 없게 하지 아니하셨도다 이
아이의 이름이 이스라엘 중에 유명하게 되기를 원하노라 15이는 네 생명의 회복
자이며 네 노년의 봉양자라 곧 너를 사랑하며 일곱 아들보다 귀한 네 며느리가
낳은 자로다 하니라 16나오미가 아기를 받아 품에 품고 그의 양육자가 되니 17그
의 이웃 여인들이 그에게 이름을 지어 주되 나오미에게 아들이 태어났다 하여
그의 이름을 오벳이라 하였는데 그는 다윗의 아버지인 이새의 아버지였더라*

보아스는 룻을 구원할 의무가 없는데도 개인적인 손해를 감수하
고 그녀를 돕기로 결정합니다. 수천 년 동안 그리스도인들은 보아스의
신실함에서 예수님의 모습을 발견하며, 우리를 향한 주님의 사랑을 목
격해 왔습니다. 예수님은 우리의 구원자이십니다. 그가 피로 우리를 사
셨습니다.

> **Leader**
> 룻의 이야기는 룻과 보아스의 자손을 통해 엘리멜렉의 이름이 계속 이어지는 것
> 으로 끝납니다. 기업 무를 자로서 이 모든 것을 가능하게 해 준 사람은 바로 보아
> 스입니다. 마찬가지로 우리는 예수님 안에서 얻은 구원으로 말미암아 우리 이름

심화 주석 여자들은 나오미에게 축하
를 건네지만, 룻기에서 일관
되게 볼 수 있는 것은 모든 사람이 이
모든 복을 주님의 은혜로 돌리고 있
다는 것입니다. "찬송할지로다"는 감
사를 표현하는 흔한 말이었습니다.
… 이 책의 곳곳에서 등장하는 이 같
은 표현은 하나님의 섭리 가운데 모
든 일이 일어났음을 알게 해 줍니다.
나오미에게 복을 주신 분은 바로 하
나님이셨던 것입니다. 하나님께 감사
하는 이유는 그분이 나오미를 "기업
무를 자 없이"(AV) 남겨두지 않으셨
기 때문입니다.

지금까지 우리는 "기업 무를 자"(AV,
RV)가 보아스를 의미하는 것으로 이
해했지만, 여인들의 찬양(룻 4:14)
은 룻이 그 "기업 무를 자"를 낳았음
을 암시하는 다음 구절(룻 4:15) 끝에
서 절정을 이룹니다. 이것으로 미루
어 볼 때, 여인들은 새로 태어난 아기
에 대해 말하고 있음을 알 수 있습니
다. 하나님이 그 아기를 나오미의 "기
업 무를 자"('상속자')로 보내신 것입
니다. "이 아이의 이름이…"(AV)라는
구절은 아마도 "이 아이의 이름이 …
되기를 원하노라"(RSV)로 해석하는
편이 옳을 것 같습니다. 이것은 사람
들이 앞서 보아스를 위해 기도한 것
처럼 그 아이도 유명한 자가 되기를
기원하는 기도문이기 때문입니다(룻
4:11).[7]

_레온 모리스

이 생명책에서 지워지지 않게 되었음을 압니다. 예수님을 믿는 자에게 주어진 약속은 이것입니다.

"내가 그 이름을 생명책에서 결코 지우지 아니하고 그 이름을 내 아버지 앞과 그의 천사들 앞에서 시인하리라"(계 3:5).

룻의 이야기는 그리스도 안에서 얻는 구원을 상기시켜 줄 뿐만 아니라, 하나님이 자신의 뜻을 이루기 위해 우리 삶의 모든 영역을 어떻게 구속해 주시는지를 일깨워 줍니다. 룻기 4장 17절에서 놀라운 진술을 발견합니다. 여인들이 보아스와 룻에게서 난 아들에게 이름을 붙여 주면서 말하기를 "나오미에게 아들이 태어났다"라고 말한 것입니다. 매우 뜻밖입니다. 룻이나 보아스가 아닌 나오미에게 아들이 태어났다고 말했기 때문입니다.

룻의 이야기는 여기서 전기를 맞이합니다. 하나님이 나오미가 겪었던 모든 불행을 선으로 바꾸어 주셨기 때문입니다. 룻의 이야기는 "사사들이 치리하던 때에"(룻 1:1), 즉 왕이 없던 시절에 시작해서(삿 21:25) 이스라엘 역사상 가장 위대한 왕, 다윗으로 끝납니다(룻 4:22). 다윗의 후손으로 예수님이 오실 것입니다.

Q 본문에서 여인들이 보아스나 태어난 아기가 아니라, 주님을 찬양하는 것에 주목하십시오. 이런 상황에서 하나님을 믿은 여인들의 믿음이 중요한 이유는 무엇일까요?

룻기는 하나님의 구원의 사랑 이야기입니다. 하나님은 자신의 계획과 뜻을 이루기 위해 우리의 모든 고통과 마음의 상처와 삶의 굴곡을 씻어 주십니다. 하나님이 멀리 떨어져 계시는 것처럼 느껴지거나 당신을 외면하시는 것처럼 느껴질 때도, 하나님은 당신이 상상할 수 없을 만큼 큰일을 위해 토대를 만들고 계신 것입니다.

여기에 기록된 축복은 나오미와 룻만을 위한 것이 아닙니다. 마지막 절(룻 4:22)에서 오늘날 우리에게 주시는 놀라운 암시를 발견할 수 있습니다. 보아스와 룻에게서 오벳이 태어났고, 오벳에게서 이새가 태어나고, 이새에게서 다윗이 태어난다는 사실입니다. 다윗의 후손으로 우리 주 예수 그리스도께서 태어나실 것입니다. 바로 여기가 오늘날 우리와 연결되는 지점입니다. 예수님을 통해 구원받은 우리 또한 이 가계도의 일부가 되기 때문입니다. 우리는 나오미와 룻의 삶 속에서 행하신 하나님의 구속 사역으로 말미암아 은혜를 누립니다.

Q 인생에서 힘든 일에 부딪혔지만, 그 일을 하나님이 선으로 바꾸어 주신 적이
있습니까?

결론

룻과 보아스의 이야기에서 우리는 예수님의 삶과 사역 속에 나타
난 변함없이 따뜻하게 맞아 주시는 구원의 사랑을 엿볼 수 있습니다. 그
리스도의 제자로서 우리는 자기 목적을 위해 살아가는 것이 아니라, 하
나님과 그분의 부르심에 순종하며 살아가야 합니다. 하나님의 뜻을 신실
하게 따를 때, 주님이 우리를 하나님의 변함없이 따뜻하게 맞아 주시는
구원의 사랑을 전하는 사람으로 변화시켜 주실 것입니다.

하나님의 계획 우리의 사명

선교적 적용 하나님은 우리가 그분께 사랑받은 대로 다른 사람들을 변함없는 따뜻한 구원의 사랑으로 맞이하고 섬기기를 원하십니다.

1. 성경이 그 어떤 것도 "우리를 우리 주 그리스도 예수 안에 있는 하나님의 사랑에서 끊을 수 없으리라"(롬 8:39) 하고 말씀하는 것이 당신에게 어떤 위로와 격려가 됩니까?

2. 어떻게 하면 교회/그룹에 속해 있음에도 하나님과 동떨어진 삶을 살아가는 이들에게 하나님의 따뜻한 사랑을 전할 수 있을까요?

3. 어떻게 하면 가족이나 직장 동료에게 하나님의 구원의 사랑을 전할 수 있을까요?

Summary and Goal

사사 시대의 끝 무렵, 격동의 시기에 하나님은 사무엘이라는 한 소년에게 "믿음으로 말씀을 받고, 말씀을 믿으며, 말씀을 선포하라"고 말씀하십니다. 이 세션에서 우리는 사무엘의 이야기를 공부할 것입니다. 이를 통해 우리는 하나님의 음성을 들을 때 취해야 할 합당한 태도, 즉 '받기', '믿기', '선포하기'를 배울 것입니다. 우리는 성령님을 통해 성경으로 말씀하시는 하나님의 음성을 듣고, 주변 사람들에게 복음을 선포해야 합니다.

- **성경 본문**

  사무엘상 3:1~21

- **세션 포인트**

  1. 하나님이 믿음으로 말씀을 받을 준비를 하십시오(삼상 3:1~10)
  2. 하나님이 주시는 말씀을 믿으며 말씀 준비를 하십시오(삼상 3:11~14)
  3. 하나님의 말씀을 선포 준비를 하십시오(삼상 3:15~21)

- **신학적 주제**

  성령님은 우리가 하나님을 이해하고 신뢰하여 하나님께 순종할 수 있도록 말씀을 조명해 주십니다.

- **그리스도와의 연결**

  요한복음 1장 1절은 '예수님'이 곧 '말씀'이시라고 말합니다. 하나님은 예수님을 통해 자신의 모습을 세상에 보이셨습니다.

- **선교적 적용**

  하나님은 우리가 하나님의 말씀을 잘 듣고, 그 진리의 말씀을 다른 이들에게 전하기를 원하십니다.

도입

사사기의 악순환과 드보라, 바락, 기드온, 삼손 그리고 룻의 이야기를 간략하게 요약해 주십시오(부록 3: '사사기'를 이용해도 좋습니다). 하나님은 사건들을 통해 말씀하시며, 또한 하나님 자신이 사람들에게 알려지기를 원하십니다. 그러한 하나님의 마음을 강조하십시오. 하나님이 어떤 분이신지 알고 그분과 관계를 맺으며 살기 원한다면, 그분의 말씀을 잘 이해할 필요가 있음을 상기시켜 주십시오. 오늘날 우리가 성경 말씀에 얼마나 쉽게 접근할 수 있게 되었는지도 언급해 주십시오.

어떻게 하면 하나님의 말씀을 늘 가까이할 수 있을까요?

성경을 통해 말씀하시는 하나님을 경험한 적이 있습니까?

하나님의 음성에 적절히 반응하는 법을 가르쳐 주는 사무엘의 이야기가 담긴 이 세션을 요약하십시오.

전개

1
하나님의 말씀을 받을 준비를 하십시오
(삼상 3:1~10)

사무엘이란 이름의 기원과 그의 삶에 관해 설명해 주십시오. 자원자에게 사무엘상 3장 1절을 읽게 하십시오. 그가 다스리던 때에는 하나님의 말씀이 드물게 임했다는 사실을 지적해 주십시오.

이 시대는 성경을 쉽게 접할 수는 있지만 '하나님의 말씀은 희귀한 때'라고 할 수 있습니다. 이러한 때 하나님의 뜻을 아는 방법은 무엇일까요?

하나님이 말씀하시고, 교회가 그것을 듣는다면 어떤 일들이 벌어질까요?

사무엘상 3장 2~10절을 읽으십시오. 사무엘이 아직 주님을 알지 못했음을 지적해 주십시오. 결국 그가 하나님의 음성에 순종하게 된 것이 우리에게 어떤 본보기가 되는지 설명해 주십시오.

사무엘이 그동안 준비해 왔던 일들이 하나님의 음성을 듣는 그의 능력에 어떤 영향을 미쳤을까요?

하나님이 말씀하실 것을 기대한다면, 성경을 대하는 태도가 어떻게 달라질까요?

하나님이 사무엘을 선지자로 부르시면서 자기 백성에게 다시 말씀하기 시작하셨다는 사실에 주목하십시오. 오늘날에는 하나님이 선지자를 불러 새로운 계시를 주시지 않습니다. 그럼에도 불구하고 그리스도인은 성경 말씀을 통해 말씀하시는 하나님의 음성에 반응할 책임이 있습니다.

성경 말씀을 감사함으로 받아들이려면 마음의 준비를 어떻게 해야 할까요?

사무엘상 3장 11~14절을 읽으십시오. 엘리의 소극적인 가정교육이 아버지들에게 어떤 경고를 주는지 지적해 주십시오.

열린 마음으로 말씀을 받았지만, 위로보다는 책망을 들었던 적이 있습니까?

하나님의 말씀이 주시는 도전에 어떻게 반응했습니까?

사무엘과 엘리의 관계를 고려해 볼 때, 이 상황이 사무엘을 얼마나 곤란하게 했을지 알게 해 주십시오. 이것은 하나님이 무슨 말씀을 하시든지 그대로 받아 선포해야 한다는 것을 가르쳐 줍니다.

마음속 죄악을 지적하고 '심판'하는 성경 말씀을 만날 때 어떻게 반응합니까?

2
하나님이 무슨 말씀을 하시든 들을 준비를 하십시오
(삼상 3:11~14)

하나님의 말씀에 접근하는 방법에는 두 가지가 있습니다. 말씀을 판단하는 자리에 서는 것과 그 말씀을 당신보다 권위 있는 자리에 올려놓는 것입니다. 사무엘상 3장 15절~4장 1절을 읽으십시오. 사무엘이 하나님의 말씀에 어떻게 순종하며 행했는지, 그리고 그러한 태도가 남은 생애 동안 그의 사역에 어떤 영향을 미쳤는지 설명해 주십시오. 우리도 하나님이 주신 메시지를 나눌 준비를 해야 한다는 사실을 알려 주시기 바랍니다.

하나님이 주시는 말씀이라면 어떤 말씀이든 그대로 듣는 마음은 어떻게 준비할 수 있을까요?

어떻게 하면 하나님의 말씀을 다른 이들에게 신실하게 전할 수 있을까요?

3
하나님의 말씀을 전할 준비를 하십시오
(삼상 3:15~4:1)

결론

하나님의 말씀을 신실하게 전한 사무엘의 모습을 통해 장차 오실 더 위대한 선지자 예수님의 모습을 볼 수 있음을 설명해 주십시오(부록 2: '약속의 땅에서 예수님 바라보기'의 "사무엘"을 참고하십시오). 우리도 주님이 행하신 일들을 전하도록 준비되어야 합니다. 이 세션에서 배운 진리를 '하나님의 계획, 우리의 사명'에서 적용해 보십시오.

Session Content

12. 하나님이 말씀하실 때

도입 옵션

서너 명씩 짝지어 성경에 관한 각자의 첫 경험을 나누게 하십시오. 처음으로 갖게 된 성경책에 관해서 또는 처음 성경을 읽었던 때나 처음으로 성경 공부를 하던 때의 이야기를 나누어도 좋습니다. 잠시 시간을 준 뒤 다음 질문에 답하게 하십시오.
"만약 세상에 성경이 존재하지 않았다면 어땠을까요?"

"우리는 성경을 신뢰합니다.
바로 '하나님'의 성경이기
때문입니다.
우리는 하나님의 말씀을 신뢰합니다.
바로 '그분'의 말씀이기 때문입니다."
_케빈 드영

도입

> Leader

지금까지 하나님의 말씀을 공부해 오는 동안, 하나님은 계속해서 우리에게 말씀하셨습니다. 사사기의 사이클을 통해 자기 백성을 향한 풍성한 자비를 보여 주셨고, 드보라와 기드온의 이야기를 통해 자기 백성을 위해 싸우시는 하나님을 상기시켜 주셨습니다. 삼손의 이야기를 통해 원수에 대항해 승리를 쟁취하시는 하나님을 보게 하셨고, 룻기를 통해 자기 백성을 향한 구속자의 인애를 보여 주셨습니다. 각각의 이야기에서 하나님은 지속적으로 말씀해 오셨습니다.

성경은 하나님의 음성입니다. 하나님의 말씀을 펼쳐 읽을 때, 그분의 음성을 들을 수 있습니다. 디모데후서 3장 16절은 "모든 성경은 하나님의 감동으로 된 것"이라고 말합니다. 즉 하나님이 성경에 영감을 불어넣어 주셨다는 뜻입니다. 각 장에 쓰인 글자 하나하나에 하나님의 숨결이 담겨 있다는 뜻입니다. 하나님은 사람들이 그분을 알기 원하시며, 사람들 가까이에 있기를 바라시며, 예배받기를 즐거워하십니다. 그래서 그분은 말씀하십니다.

만약 우리에게 성경이 없었다면 어땠을지 상상해 보십시오. 하나님의 말씀이 없었다면, 우리는 이 세상이 어떻게 생겨났는지 그리고 악이 어떻게 세상에 들어왔는지 알지 못했을 것입니다. 성경이 없었다면, 우리는 하나님이 어떤 분이신지 그리고 주님과 관계를 맺기 위해서는 어떻게 살아야 하는지 알 수 없었을 것입니다. 무엇이 옳고 그른지도 알지 못했을 것입니다. 아니, 애초에 옳고 그름이 왜 존재하는지도 몰랐을 것입니다. 우리가 하나님과 세상 이치를 알 수 있었던 것은 주님이 우리에게 말씀해 주셨기 때문입니다.

오늘날 성경책을 여러 권 가지고 있는 사람들이 많습니다. 남성을 위한 성경, 여성을 위한 성경, 어린이를 위한 성경 등 종류도 다양합니다. 그리고 우리가 쓰는 컵이나 입는 티셔츠에도 성경 말씀이 쓰여 있습니다. 또한 과학기술의 발달로 성경의 다양한 번역본을 휴대전화에 담아

다닐 수 있게 되었습니다. 역사상 지금처럼 하나님의 말씀을 쉽게 접할 수 있었던 때는 없었습니다. 그러나 우리는 지금 주님의 음성을 듣고 있습니까?

Q 어떻게 하면 하나님의 말씀을 늘 가까이할 수 있을까요?

Q 성경을 통해 말씀하시는 하나님을 경험한 적이 있습니까?

Session Summary

사사 시대의 끝 무렵, 격동의 시기에 하나님은 사무엘이라는 한 소년에게 "믿음으로 말씀을 받고, 말씀을 믿으며, 말씀을 선포하라"고 말씀하십니다. 이 세션에서 우리는 사무엘의 이야기를 공부할 것입니다. 이를 통해 우리는 하나님의 음성을 들을 때 취해야 할 합당한 태도, 즉 '받기', '믿기', '선포하기'를 배울 것입니다. 우리는 성령님을 통해 성경으로 말씀하시는 하나님의 음성을 듣고, 주변 사람들에게 복음을 선포해야 합니다.

전개

1. 하나님의 말씀을 받을 준비를 하십시오(삼상 3:1~10)

> 사무엘상의 이야기는 사사 시대부터 시작해서 이스라엘의 첫 왕 때 끝납니다. 사사에서 왕으로 옮겨 가는 시기에 하나님이 사무엘이라는 선지자를 그의 백성에게 허락하셨습니다. 선지자로서 사무엘은 하나님을 대신해 백성에게 말했습니다(삼상 2장).

Leader

사무엘의 인생과 관련된 짧은 이야기가 펼쳐집니다. 이 아이는 태어나기 전에 선택을 받아 이스라엘 나라의 선지자가 되었습니다. 그의 어머니가 아들을 낳기 위해 간구하고, 그를 하나님께 드리기로 서원했기에 "내가 여호와께 그를 구하였다"(삼상 1:20)라는 뜻의 '사무엘'이라는 이름으로 불렸습니다. 한나는 사무엘이 젖을 떼자마자 성전으로 데려가 엘리 제사장의 손에 맡겼습니다.

심화 주석 사무엘은 엘리의 제자로서 그에게 복종했습니다. 주님이 새로운 시대를 열어 가실 것을 보여 주는 징조는 어디에도 없었습니다. 당시는 "여호와의 말씀이 희귀"했기 때문입니다. … 사무엘이 신탁을 받는다거나 환상을 볼 기회는 없었습니다. "그 때에 … 부르시는지라"(삼상 3:2~4)의 두 단어 사이에 나타난 묘사는 그 배경을 더 잘 이해할 수 있게 해 줍니다.

엘리의 시력이 점점 어두워졌기 때문에 사무엘이 성전에서 자며 그를 도왔다는 것을 알 수 있습니다. 저녁부터 아침까지 '등불'이 켜져 있어야 하는데(출 27:21) "하나님의 등불은 아직 꺼지지 아니하였으며"(삼상 3:3)라고 한 것으로 보아 아마도 이른 새벽이었을 것입니다. 사무엘이 엘리가 부른 것으로 착각하고 이른 새벽에 세 번이나 잠에서 깨어 반응한 것을 보면, 그가 얼마나 잘 훈련되어 있었는지를 알 수 있습니다. 이러한 자발적인 순종은 하나님의 말씀을 받을 수 있는 자격 조건입니다. "사무엘이 아직 여호와를 알지 못하고"(삼상 3:7)라는 말씀처럼 그는 주님의 부르심을 분별할 수 있을 정도로 하나님과 개인적으로 만난 적이 없었습니다(참조, 삼상 3:1). 여호와께서는 말씀만 하신 것이 아니라, 눈으로 볼 수 있도록 "임하여 서서"(삼상 3:10) 계셨습니다. 이제 사무엘은 말씀을 받을 뿐 아니라, 그분을 볼 수 있게 되었습니다.[2] _조이스 G. 볼드윈

핵심교리 99

6. 성경의 명료성

하나님은 생명과 믿음에 관한 모든 문제에 있어서 가장 권위 있는 판단의 근거로 우리에게 말씀을 주셨습니다. 그리스도인은 성령님의 도움 아래 누구나 하나님의 말씀을 이해할 수 있도록 성경이 쓰였다고 믿습니다. '성경의 명료성'은 성경의 모든 부분을 모든 사람이 똑같이 쉽게 해석할 수 있다는 뜻이 아닙니다. 또한 성경을 해석할 때 실수하는 일이 없다는 의미도 아닙니다. '성경의 명료성'이란 비록 뛰어난 학식이 없어도 하나님의 도움을 받을 때 믿음의 눈으로 부지런히 읽으면 구원에 관한 복음의 사실을 누구나 명료하게 이해할 수 있다는 뜻입니다.

"영감을 줌으로써 성경을 기록하신 성령님이 바로 성경을 조명해 주십니다. 그분은 우리가 지혜로워질 수 있도록 성경을 통해 우리에게 말씀하십니다."[3]
J.D. 그리어 & 트레빈 왁스

> **Leader**
엘리는 하나님과 백성 사이를 중재하는 이스라엘의 제사장입니다. 그에게는 홉니와 비느하스라는 두 아들이 있는데, 그들은 하나님을 알고 예배하는 일에 대해서는 아버지의 본을 전혀 따르지 않았습니다(삼상 2:12). 사람들이 하나님께 희생 제물을 드리러 왔는데, 엘리의 아들들이 예배에 간섭하며 사람들이 가져온 예물을 전부 가로챘습니다. 엘리는 나이가 들어 더 이상 집안을 다스릴 수가 없었습니다. 본문 이야기는 여기서부터 시작됩니다.

1아이 사무엘이 엘리 앞에서 여호와를 섬길 때에는 여호와의 말씀이 희귀하여 이상이 흔히 보이지 않았더라

"여호와의 말씀이 희귀하였다"는 부분에 주목하십시오. 이것은 하나님이 자기 백성에게 정기적으로 말씀하시지 않았다는 뜻입니다. 사람들은 하나님의 음성을 듣는 데 익숙하지 않았습니다. 하나님의 말씀을 듣지 못한 백성은 곤고함 가운데 살고 있었습니다.

> **Leader**
잠언 말씀에 "묵시가 없으면 백성이 방자히 행하거니와"(잠 29:18)라고 했습니다. 이 말씀은 문자 그대로 '하나님의 말씀이 없으면, 혹은 하나님이 보여 주시는 계시가 없으면 백성이 망한다'는 뜻입니다. 우리는 지금까지 백성이 하나님의 뜻과는 반대로 자기 소견에 옳은 대로 행하다가 정말로 망하는 것을 목격해 왔습니다.

"여호와의 말씀이 희귀"한 세상에 살고 있다고 생각해 보십시오. 그러다가 하나님의 말씀을 들으면 얼마나 감격스럽겠습니까? 성경은 그 말씀의 능력 때문에 교회와 예배의 중심에 놓입니다. 지도자의 창의성이나, 설교자의 카리스마나, 사역자의 지혜만으로는 불가능합니다. 교회는 반드시 하나님의 말씀 위에 세워지고 유지되어야 합니다.

Q 이 시대는 성경을 쉽게 접할 수는 있지만 '하나님의 말씀은 희귀한 때'라고 할 수 있습니다. 이러한 때 하나님의 뜻을 아는 방법은 무엇일까요?

Q 하나님이 말씀하시고, 교회가 그것을 듣는다면 어떤 일들이 벌어질까요?

> **Leader**
여호와의 말씀이 희귀했지만, 그런 상태가 오래 지속되지는 않았습니다. 하나님이 백성의 지도자나 장군을 선택하지 않고, 어린 소년을 택하여 그에게 말씀하십니다.

²엘리의 눈이 점점 어두워 가서 잘 보지 못하는 그 때에 그가 자기 처소에 누웠고 ³하나님의 등불은 아직 꺼지지 아니하였으며 사무엘은 하나님의 궤 있는 여호와의 전 안에 누웠더니 ⁴여호와께서 사무엘을 부르시는지라 그가 대답하되 내가 여기 있나이다 하고 ⁵엘리에게로 달려가서 이르되 당신이 나를 부르셨기로 내가 여기 있나이다 하니 그가 이르되 나는 부르지 아니하였으니 다시 누우라 하는지라 그가 가서 누웠더니 ⁶여호와께서 다시 사무엘을 부르시는지라 사무엘이 일어나 엘리에게로 가서 이르되 당신이 나를 부르셨기로 내가 여기 있나이다 하니 그가 대답하되 내 아들아 내가 부르지 아니하였으니 다시 누우라 하니라 ⁷사무엘이 아직 여호와를 알지 못하고 여호와의 말씀도 아직 그에게 나타나지 아니한 때라 ⁸여호와께서 세 번째 사무엘을 부르시는지라 그가 일어나 엘리에게로 가서 이르되 당신이 나를 부르셨기로 내가 여기 있나이다 하니 엘리가 여호와께서 이 아이를 부르신 줄을 깨닫고 ⁹엘리가 사무엘에게 이르되 가서 누웠다가 그가 너를 부르시거든 내가 말하기를 여호와여 말씀하옵소서 주의 종이 듣겠나이다 하라 하니 이에 사무엘이 가서 자기 처소에 누우니라 ¹⁰여호와께서 임하여 서서 전과 같이 사무엘아 사무엘아 부르시는지라 사무엘이 이르되 말씀하옵소서 주의 종이 듣겠나이다 하니

핵심교리
99

7. 성경의 조명

우리는 하나님의 지혜와 인간의 지혜 사이에 존재하는 커다란 격차와 죄성으로 인해 성령의 조명이 없이 자기 힘으로는 영적 진리를 온전히 파악할 수 없습니다. 그리스도인이 말씀의 뜻을 이해하고 해석할 때 궁극적으로 의지하는 것은 인간의 이성이나 학자들의 학문이 아닙니다. 오히려 신자의 마음과 성경에 말씀을 조명해 주시는 성령님의 역사입니다. (요 14:15~18; 16:7~15).

"당신에게 드리는 나의 조언은 당신의 문제를 기도하는 가운데 하나님께 가지고 나아가 '주여 말씀하옵소서. 종이 듣겠나이다' 하고 말씀드리라는 것입니다. 자신의 의견을 확증해 달라고 조르기보다 그 의견이 주님의 진리에 합당한 것이 되게 해 달라고 구하시기 바랍니다. 그 과정에서 간단명료한 하나님의 말씀을 따른다면, 당신은 성령의 빛이 거룩한 말씀 위에 가득 흘러넘치는 것을 보게 될 것입니다. 그리고 그 말씀을 읽을 때, 당신의 주인께서 '이것이 나의 말이다' 하고 말씀하시는 것을 듣게 될 것입니다."
_찰스 스펄전

사무엘은 하나님이 자기에게 말씀하신다는 사실을 깨닫기까지 세 번이나 확인해야 했습니다. 이것에 주목하십시오. 그가 "아직 여호와를 알지 못하고 여호와의 말씀도 아직 그에게 나타나지 아니한 때"(삼상 3:7)였습니다. 아직 하나님을 알지 못했지만, 사무엘은 하나님에 대해 조금씩 깨닫고 있습니다. 이 밤이 지나고 나면 그의 인생은 이전과는 완전히 달라질 것입니다.

> **Leader**
>
> 사실 엘리조차도 하나님이 말씀하실 것을 예상하지 못했습니다. 두 사람 모두 세 번째 부르심이 있고 나서야 한밤중에 사무엘을 부른 이가 하나님이심을 깨달았습니다. 사무엘은 하나님이 선택하신 도구입니다. 비유적으로 엘리의 시력은 점점 어두워져 갔고, 하나님의 말씀을 읽는 사무엘의 시력은 점점 밝아져 갔습니다.

하나님의 음성을 들은 사무엘의 마지막 반응은 묵상해 볼 만한 가치가 있습니다. "말씀하옵소서 주의 종이 듣겠나이다"(삼상 3:10). 그는 주님의 말씀을 들을 준비가 되어 있었습니다. 성경 말씀을 통해 우리에게 말씀하시도록 하나님께 요청한다는 것은 주님의 음성을 신실하게 듣고, 자기 삶을 드릴 준비가 되어 있음을 의미합니다.

Q 사무엘이 그동안 준비해 왔던 일들이 하나님의 음성을 듣는 그의 능력에 어떤 영향을 미쳤을까요?

Q 하나님이 말씀하실 것을 기대한다면, 성경을 대하는 태도가 어떻게 달라질까요?

사무엘의 경험은 구속 역사에서 기적 같은 순간이지만 이것이 하나님이 다시 말씀하기 시작하셨다는 놀라운 사실을 가리지 않도록 주의해야 합니다. 하나님은 말씀을 통해 계시하심으로써 자기 백성을 구원하십니다. 이것이 하나님의 방식입니다. 지금 하나님은 그리스도께서 오시기에 앞서 선구자 역할을 감당할 선지자를 부르고 계십니다.

오늘날에도 상황은 크게 다르지 않습니다. 하나님은 새로운 계시를 주시지는 않지만, 주님의 음성을 들을 수 있도록 우리를 준비시키시며, 말씀을 읽고 설교를 듣는 과정에서 사람들을 부르고 계십니다.

그리스도인은 언제나 하나님의 말씀을 들을 준비가 되어 있어야 합니다. 하나님의 음성을 들을 수 있는 청력을 기르고, 말씀을 받아들이는 마음가짐을 가져야 합니다. 또한 말씀을 펼치기 전에 기도하며, 주님의 영광에 초점을 맞추어 주님께로 우리 마음을 활짝 열어야 합니다.

> **Leader**
> 우리의 눈은 침침하고 흐릿했던 엘리의 눈과 같아서 주님이 우리 마음을 준비시켜 시야를 넓혀 주셔야만 말씀을 볼 수 있습니다. 때로는 하나님이 너무 멀리 계셔서 절대로 그 음성을 들을 수 없을 것처럼 느껴집니다. 때로는 성경조차 살아 숨 쉬는 말씀이 아닌 먼지 묻은 오래된 역사책처럼 느껴집니다. 만약 이것이 당신의 이야기라면 절대 포기하지 마십시오. 하나님이 당신에게 말씀하고 계십니다. 주님의 음성이 가장 크게 울려 퍼지는 곳은 바로 복음서입니다. 하나님은 당신을 향한 사랑과 수용의 마음을 그리스도를 통해 표현하셨습니다. 하나님의 음성을 듣기 위해 계속해서 준비해 나가십시오.

Q 성경 말씀을 감사함으로 받아들이려면 마음의 준비를 어떻게 해야 할까요?

2. 하나님이 무슨 말씀을 하시든 들을 준비를 하십시오

(삼상 3:11~14)

> **Leader**
> 우리는 사사기를 공부하면서 하나님이 대적들을 어떻게 심판하시는지 봐 왔습니다. 그런데 사무엘상에서는 심판이 제사장에게 부어지는 것을 보게 됩니다. 하나님이 말씀하신다는 기쁜 소식이 엘리에게는 나쁜 소식이 됩니다.

¹¹여호와께서 사무엘에게 이르시되 보라 내가 이스라엘 중에 한 일을 행하리니 그것을 듣는 자마다 두 귀가 울리리라 ¹²내가 엘리의 집에 대하여 말한 것을 처음부터 끝까지 그 날에 그에게 다 이루리라 ¹³내가 그의 집을 영원토록 심판하겠다고 그에게 말한 것은 그가 아는 죄악 때문이니 이는 그가 자기

의 아들들이 저주를 자청하되 금하지 아니하였음이니라 ¹⁴그러므로 내가 엘리의 집에 대하여 맹세하기를 엘리 집의 죄악은 제물로나 예물로나 영원히 속죄함을 받지 못하리라 하였노라 하셨더라

엘리 제사장의 집안은 문제가 많았습니다. 그의 뒤를 이어 제사장이 될 두 아들은 하나님을 모욕하기 일쑤였고, 엘리는 가정 안에서 리더십을 발휘하지 못한 채 소극적인 태도를 보였습니다. 그가 아들들을 가르치지 못한 것에 대해 뭐라고 말하는지 보십시오(삼상 3:13). 결국 그 가문에 하나님의 심판이 쏟아집니다.

아버지들을 위한 경고의 말씀이 여기 있습니다. 하나님은 아버지들에게 가족 모두를 주의 길로 인도하라고 요구하십니다. 어렵고 힘든 일이지만, 반드시 지켜야 할 일입니다.

> **Leader**
> 부모로서 저와 아내는 자녀가 죄를 지을 때마다 어떻게 반응해야 할지 몰라서 머뭇거리곤 합니다. 어떻게 하면 그들을 사랑 속에서 잘 연단해 예수님의 복음으로 나아가게 할지 고민합니다. 결코 쉽지 않은 일이지만, 우리는 자녀를 하나님께 이끄는 일에 적극적으로 나서야 한다는 사실을 잘 알고 있습니다. 우리는 자녀들이 방종에 빠지는 것을 원치 않기에 그들을 가르치고 연단하며 그들의 마

심화 주석

사무엘이 전한 주님의 끔찍한 계시는 사실 익명의 선지자가 엘리 제사장 가문에 진했던 심판을 확증하며 재차 주어진 것이었습니다(삼상 2:30~36). 예언의 메시지는 조건적일 수 있습니다. 예를 들어, 불순종이 계속될 때 일어날 수 있는 결과들에 대한 경고가 있습니다(욘 3:4).

그러나 엘리 제사장 가문에 내려진 선포는 확실한 것이었습니다. 약속된 모든 결과가 "처음부터 끝까지"(삼상 3:12) 현실이 될 것입니다. 그리고 엘리는 가문의 족장으로서 자기 아들들의 "경멸"을 받을 만한 죄악을 "알고도" "금하지 아니 하였기에"(삼상 3:13) 모든 비난을 한 몸에 받게 될 것입니다(참조, 신 21:18~21).

엘리가 자기 가정에 거룩한 율법을 의식적으로 집행하지 않은 것은 고의로 죄를 지은 것에 해당하기에 이는 "제물로나 예물로나 영원히 속죄함을 받지" 못하게 될 것입니다(삼상 3:14; 참조, 민 15:30~31). 게다가 하나님의 심판의 강도와 형태가 너무나 충격적이어서 "듣는 자마다 두 귀가"(삼상 3:11) 울려서 두려움으로 경악하게 될 것입니다(참조, 왕하 21:12; 렘 19:3)[5]

_로버트 D. 베르겐

음이 하나님을 향하게 되기를 기도합니다. 자녀들의 행동에 대한 궁극적인 책임이 부모에게 있는 것은 아니지만, 그들이 자라난 가정환경에 대해서는 책임을 져야 합니다.

Q 열린 마음으로 말씀을 받았지만, 위로보다는 책망을 들었던 적이 있습니까?

Q 하나님의 말씀이 주시는 도전에 어떻게 반응했습니까?

사무엘은 힘든 상황에서도 하나님의 음성을 들을 준비가 되어 있었습니다. 이것이 얼마나 힘든 일인지, 사무엘의 입장에서 한번 생각해 보십시오. 그는 비공식적으로 엘리에게 '입양'되었습니다. 그가 하나님에 관해 아는 모든 것은 엘리에게서 배운 것입니다. 엘리를 아버지처럼 따르고 사랑한 사무엘에게 그의 가문에 임할 저주를 선포하라는 명령이 내려진 것입니다. 어린 선지자에게는 감당하기 힘든 일이었습니다.

> 이때 주어진 하나님의 말씀은 위로를 주기 위한 것이 아니라, 직면하게 하기 위한 것이었습니다. 성경을 읽을 때, 우리는 자주 이해하기 힘든 내용들에 직면합니다. 구원자를 필요로 하는 죄인이 바로 자기라는 현실을 받아들이는 것은 쉬운 일이 아닙니다. 예수님만이 하나님께로 나아갈 수 있는 유일한 길이라거나, 죄 때문에 하나님의 심판을 받아 마땅한 존재라는 말은 우리를 매우 불편하게 만듭니다. 우리의 문화는 모두가 "자기의 소견에 옳은 대로 행하는" 문화이므로 세상이 듣기 원하는 것과 정반대되는 내용을 듣고 그것을 받아들이거나 선포하는 것은 지극히 어려운 일입니다.

우리는 성경이 무슨 말씀을 들려주든 듣고 믿을 준비를 해야 합니다. 술 취함에 관한 얘기건, 탐심에 관한 얘기건, 생명의 존엄성에 관한 얘기건 상관없이 말입니다. 하나님은 진리를 말씀하신 것에 대해서는 절대 사과하지 않으시는 분이기 때문에 우리도 그래야만 합니다. 그러나 하나님이 선하시고 인자하시고 자비로우신 것처럼 우리가 전하는 메시지도 사랑으로 가득 찬 것이어야 합니다. 우리 사명은 진리를 가슴에 품고 겸손하게 사람들을 사랑하는 것이지, 다른 사람들 위에 심판자로 군림하는 것이 아니기 때문입니다.

Q 마음속 죄악을 지적하고 '심판'하는 성경 말씀을 만날 때 어떻게 반응합니까?

심화 주석 엘리의 집안은 하나님께 드리는 제물과 예물을 멸시했기에(삼상 2:29) 그들이 바친 제물들은 아무런 효험이 없었습니다. 제사장들이 일반적으로 혹은 부지 중에 지은 죄악들이 제물을 바침으로써 사함받을 수 있었음에도 불구하고(레 4:3~12), 하나님께 대적한 엘리의 아들들의 죄악은 엘리 자신이 인정한 바와 같이(삼상 2:25) 결코 제거될 수 없었습니다(민 15:30; 히 10:26).[6]

_데이비드 토시오 츠무라
ESV Study Bible_

"우리는 때때로 성경 말씀을 판단하곤 하던 오만한 태도를 회개해야 합니다. 오히려 성경의 판단 아래 겸손히 앉아 있는 법을 배울 필요가 있습니다. 만약 우리가 뜻을 정하고 나서 하나님의 생각이 아닌 자기 생각의 메아리만 듣기 위해 성경을 펼친다면, 하나님은 우리에게 말씀하지 않으실 것이며 우리는 자기 편견에만 사로잡힐 것입니다. 우리는 성경 말씀에 직면해 말씀이 우리의 안도감과 안일함에 도전을 주고, 생각과 행동의 틀을 뒤집어 버릴 수 있게 해야 합니다."[7]

존 스토트

3. 하나님의 말씀을 전할 준비를 하십시오(삼상 3:15~4:1)

> **Leader**
>
> 하나님의 말씀에 집근하는 방법에는 두 가지가 있습니다. 말씀을 판단하는 자리에 서든지, 아니면 말씀이 나를 판단하도록 그 권위 아래 서는 것입니다. 성경을 읽을 때, "어디 이 말씀이 맞는지 틀리는지 다른 사람들에게도 한번 물어 봅시다" 하는 태도를 가져서는 안 됩니다. 반드시 "이것은 사실입니다"라고 우리 마음이 부르짖어야 합니다. 하나님의 메시지를 듣고 그것이 사실임을 믿는 자가 마땅히 행할 바는 그 내용을 다른 사람들에게도 전하는 것입니다. 이것이 바로 하나님의 말씀을 들은 사무엘이 담대하게 행한 일입니다.

[15] 사무엘이 아침까지 누웠다가 여호와의 집의 문을 열었으나 그 이상을 엘리에게 알게 하기를 두려워하더니 [16] 엘리가 사무엘을 불러 이르되 내 아들 사무엘아 하니 그가 대답하되 내가 여기 있나이다 하니 그가 [17] 이르되 네게 무엇을 말씀하셨느냐 청하노니 내게 숨기지 말라 네게 말씀하신 모든 것을 하나라도 숨기면 하나님이 네게 벌을 내리시고 또 내리시기를 원하노라 하는지라 [18] 사무엘이 그것을 그에게 자세히 말하고 조금도 숨기지 아니하니 그가 이르되 이는 여호와이시니 선하신 대로 하실 것이니라 하니라 [19] 사무엘이 자라매 여호와께서 그와 함께 계셔서 그의 말이 하나도 땅에 떨어지지 않게 하시니 [20] 단에서부터 브엘세바까지의 온 이스라엘이 사무엘은 여호와의 선지자로 세우심을 입은 줄을 알았더라 [21] 여호와께서 실로에서 다시 나타나시되 여호와께서 실로에서 여호와의 말씀으로 사무엘에게 자기를 나타내시니라 [1] 사무엘의 말이 온 이스라엘에 전파되니라

> **Leader**
>
> 사무엘이 하나님을 뵙고 난 뒤에 다시 잠자리에 들었지만, 잠들 수 없었던 것을 충분히 이해할 수 있습니다. 그는 인간의 귀를 가지고 주님이 속삭이시는 소리를 들었던 것입니다. 엘리도 깊이 잠들지 못했을 것입니다. 어쩌면 그는 그와 그의 가문을 향한 하나님의 심판이 임박해 있다는 말씀을 듣게 될지도 모른다고 예상했을지도 모릅니다.

엘리는 하나님이 무슨 말씀을 하셨는지 알아보기 위해 다음 날 아침 사무엘을 불렀습니다. 사무엘이 엘리에게 모든 것을 말했습니다. 중요한 순간이니만큼 주님의 말씀에 순종한 것입니다. 사무엘은 사람보다 하나님을 더 두려워했습니다. 사무엘은 일생 동안 이처럼 자기 백성에게 진리를 선포하는 데 절대로 타협하지 않았습니다. 그는 이스라엘의 첫 두

심화주석 사무엘은 그가 본 환상을 엘리에게 전하는 것을 두려워했습니다. 자신의 보호자요, 스승인 엘리에게 나쁜 소식을 전하고 싶지 않았기 때문일 것입니다. 엘리의 요구(삼상 3:17)는 거칠게 들리지만, 사실은 들은 내용을 소상하게 말하도록 그를 격려하기 위한 것이었습니다. 이것은 맹세할 때 흔히 사용하는 상투적인 표현이었습니다(참조, 삼하 3:35). 사무엘에게 주신 주님의 말씀은 엘리가 일찍이 하나님의 사람에게서 들었던 내용을 재확인시켜 주는 것이었습니다(삼상 2:27~36). "단"과 "브엘세바"는 이스라엘의 북쪽과 남쪽의 경계를 이루는 도시로 길이가 177km에 달하는 지역을 상징적으로 표현한 것입니다(삼하 3:10; 24:2). 사무엘은 하나님의 말씀을 받고, 언제나 그 말씀에 순종하고자 했기에 신실하지 못했던 엘리의 시대와 달리 "여호와께서 실로에서 다시 (계속해서) 나타나"(삼상3:21)셨습니다.[8]

_브라이언 E. 바이엘
HCSB Study Bible

왕, 사울과 다윗에게 기름을 붓는 대선지자로 성장했습니다.

> 사무엘은 새로운 유형의 선지자로 첫 세대를 이룬 사람입니다. 그는 백성의 삶 가운데 불쑥 나타났다가 사라지는 이가 아니라, 그들 사이에 살면서 지속적으로 하나님의 말씀을 대언한 선지자입니다. 주님은 사무엘과 함께하셨고, 그가 전한 말 중에 무의미한 것은 단 한마디도 없었습니다. 그가 전한 말씀이 효과적이었던 것은 그가 믿음으로 순종하며 행했기 때문입니다. 사무엘은 하나님과 동행했고, 하나님을 대신해 말했습니다.

사무엘처럼 우리도 하나님의 메시지를 나눌 준비를 해야 합니다. 우리에게 맡기신 메시지는 예수님의 영광스러운 '복음'입니다. 우리는 자기 힘이 아니라, 능력을 주시는 성령님께 의지해 복된 소식을 나누도록 부름받았습니다. 사도행전 1장 8절은 "오직 성령이 너희에게 임하시면 너희가 권능을 받고 예루살렘과 온 유대와 사마리아와 땅 끝까지 이르러 내 증인이 되리라"라고 말합니다. 우리는 내가 사는 지역과 주변에서 아직 복음을 믿지 않는 사람들을 위해 기도하면서 복음을 전할 준비를 해야 합니다. 또는 복음을 접할 수 없는 지역에 선교사로 가거나, 선교사를 보내는 일을 함으로써 복음을 전하는 데 삶을 드릴 준비를 할 수 있습니다.

Q 하나님이 주시는 말씀이라면 어떤 말씀이든 그대로 듣는 마음은 어떻게 준비할 수 있을까요?

Q 어떻게 하면 하나님의 말씀을 다른 이들에게 신실하게 전할 수 있을까요?

결론

    하나님은 말씀하십니다. 우리 삶의 어두운 영역에 대해서 말씀하시고, 의심의 순간에도 말씀하십니다. 여러 세대에 걸쳐 주님은 분명하게 말씀해 오셨으며, 우리는 하나님의 말씀을 기쁨과 즐거움으로 받아들여야 합니다. 하나님의 말씀 앞에 겸손히 행하며 준비해야 합니다. 말씀의 권위 아래 스스로 복종하며 하나님이 무슨 말씀을 주시든 믿어야 합니다.

    하나님의 말씀을 신실하게 대언한 사무엘을 통해, 우리는 장차 오실 더 위대한 선지자, 예수님의 그림자를 봅니다. 잠잠한 가운데 하나님이 말씀하실 것입니다. "말씀이 육신이 되어 우리 가운데 거하시매"(요 1:14)라는 말씀 그대로, 말씀이신 예수님이 우리와 함께하실 것입니다. 그리고 예수님을 통해 하나님이 말씀하실 것입니다. 우리 모두 하나님의 말씀을 간절히 사모하기를 원합니다. 하나님이 무슨 말씀을 하시든지 그것을 믿음으로 받기를 원합니다. 하나님이 주신 능력으로 담대함을 얻어 그분의 메시지를 전달할 준비가 되어 있기를 간절히 원합니다.

하나님의 계획 우리의 사명

선교적 적용 하나님은 우리가 하나님의 말씀을 잘 듣고, 그 진리의 말씀을 다른 이들에게 전하기를 원하십니다.

1. 어떻게 하면 하나님의 말씀인 성경을 더 자주 접하고, 열린 마음으로 대할 수 있을까요?

2. 오늘날 우리 사회에서 말씀과 충돌하는 영역은 어디입니까? 어떻게 하면 그 영역에서도 진리를 전할 수 있을까요?

3. 이번 3권 교재를 통해 깨달은 하나님의 메시지 중에서 당신의 교회/그룹에 도전과 격려가 되는 메시지는 무엇입니까?

금주의 성경 읽기
삿 10~18장

appendix

여호수아의 생애

출애굽기

- 애굽에서 노예로 태어나, 이스라엘 백성과 함께 출애굽하다(출 5~15장).
- 아말렉의 공격에 맞서 싸움을 이끌도록 모세의 택함을 받다(출 17장).
- 모세를 돕다.
  - 모세가 율법을 받을 때 시내 산에서(출 24:13)
  - 회막에 머물며(출 33:11)

민수기/신명기

- 가나안(약속의 땅) 정탐꾼의 한 사람으로 뽑힘(민 13:8, 16)
  - 모세가 이름을 '호세아'("구원")에서 '여호수아'("주님이 구원이시다")로 바꿈(민13:16)
- 갈렙과 함께 가나안 땅에 대해 긍정적이고 신실한 보고를 함(민 13~14장)
- 갈렙과 함께 약속의 땅에 들어갈 약속을 받음(민 14:30)
- 모세에 이어 주님의 택하심을 받음(민 27:12-22, 신 31장)
  "강하고 담대하라"는 격려를 받음(신 31:7, 23)
- 주님의 명령을 따라 각 지파에 땅을 분배해 줌(민 34:16-29)
- 모세가 죽고 나서 지도자가 됨(신 34장)

여호수아

- 모세를 계승할 지도자로 주님께 확약을 받음(수 1장)
  "강하고 담대하라"는 격려를 받음(수 1:6, 7, 9, 18)
- 이스라엘 백성을 이끌고 요단 강을 건너 마른 땅에 이름(수 3~4장)
- 할례와 유월절로 언약 갱신을 완수함(수 5장)
- 주님의 여리고 성 정복 지침에 순종함(수 6장)
- 아간의 죄 때문에 아이 성 전투에서 패하고, 아간이 심판을 받음(수 7장)
- 주님의 아이 성 정복 지침에 순종함(수 8장)
- 그리심 산과 에발 산에서 축복과 저주의 예식을 완수함(수 8:30-35)
- 주님께 묻지 않고 기브온 족속과 경솔한 조약을 맺음(수 9장)
- 약속의 땅에서 남방 도시들을 정복함(수 10장)
- 약속의 땅에서 북방 도시들을 정복함(수 11장)
  - 그 땅에 전쟁이 그침(수 11:23)
- 르우벤 지파, 갓 지파, 므낫세 반 지파가 요단 강 동쪽에 있는 자신들의 집으로 돌아가도록 허락함
  (수 13장)
- 남은 아홉 지파와 므낫세 반 지파에 약속의 땅을 분배함(수 14~21장)
- 모든 이스라엘 지파와 함께 마지막으로 언약 갱신을 완수함(수 23~24장)
- 110세의 나이에 죽음(수 24:29)

약속의 땅에서 예수님 바라보기

구약	신약
주님 온 땅의 주(수 3:11, 13)	**예수 그리스도** 모든 입이 주라 시인함(빌 2:9~11)
여호수아 하나님의 높여 주심에 자신을 맡김(수 3:7)	**예수님** 하나님의 심판에 자신을 맡기심(벧전 2:23)
여호수아(히브리어) 이름의 의미는 "주님이 구원이시다."	**예수님(헬라어)** 다른 이름으로는 구원을 얻을 수 없음"(행 4:12)
여호수아 자기 백성을 일시적인 안식으로 이끔(수 11:23)	**예수님** 자기 백성을 영원한 안식으로 이끄심(히 3~4장)
라합 믿음으로 구원받음(수 2, 6장, 히 11:31)	**예수님** 믿음의 주요 온전하게 하시는 이(히 12:2)
사사들 사는 날 동안 백성을 구원함(삿 2:18)	**예수님** 죽은 자 가운데서 살아나셔서 자기 백성을 영원히 구원하심(롬 8장)
기드온의 300 용사 약함으로 드러나는 하나님의 영광(삿 7:2)	**십자가에 달리신 그리스도** 하나님의 능력과 지혜(고전 1:24)
삼손의 죽음 우상을 숭배하는 적들에게 복수함 (삿 16:28)	**예수님의 죽으심** 전에 원수였던 믿는 자들을 구원하심(롬 5:8~10)
보아스 모압 여성에게조차 기업을 무른 사람 (룻 2:20; 4:1-12)	**예수님** 모든 백성을 위해 자신을 내어주신 구속자 (딛 2:11-14)
룻 다윗 왕의 증조모(룻 4:17)	**예수님** 다윗의 자손, 메시아(마 1장)
사무엘 하나님이 말씀으로 계시해 주신 선지자 (삼상 3:21)	**예수님** 하나님의 아들로서 마지막 날에 나타나신 하나님의 말씀(히 1:2)

부록
3

사사기

이스라엘은 여호수아와 여호수아 뒤에 생존한 장로들이 사는 날 동안 여호와를 섬겼다. 하지만 그 후에 일어난 다른 세대는 여호와를 알지 못하고, 여호와께서 이스라엘을 위해 행하신 일도 알지 못했다(삿 2:7-10).

죄	심판	구원
이스라엘 자손이 여호와의 목전에 악을 행하여, 바알을 섬기며 여호와를 떠남(2:11-13)	여호와께서 이스라엘에게 진노하사 주위에 있는 모든 대적의 손에 그들을 넘기심(2:14-15)	이스라엘이 부르짖으므로 여호와께서 사사를 세워 대적의 손에서 구원하심. 하지만 사사가 죽자, 이스라엘은 그들의 조상들보다 더욱 타락함(2:16-19)
이스라엘 자손이 여호와의 목전에 악을 행함(3:7)	메소보다미아 왕 구산 리사다임을 8년 동안 섬김(3:8)	이스라엘이 여호와께 부르짖으니 여호와께서 구원자로 **옷니엘**을 세우심. 여호와의 영이 그에게 임하셔서 그가 이스라엘을 다스림으로 40년 동안 평온함(3:9-11)
이스라엘 자손이 또 여호와의 목전에 악을 행함(3:12상)	모압 왕 에글론을 18년 동안 섬김(3:12하-14)	이스라엘 자손이 여호와께 부르짖으니 여호와께서 베냐민 사람 왼손잡이 **에훗**을 구원자로 세워 다스리게 하심으로 80년 동안 평온함(3:15-30)
	블레셋(3:31)	아낫의 아들 **삼갈**(이스라엘 자손이 아닌 듯)이 이스라엘을 구원함(3:31)
이스라엘 자손이 또 여호와의 목전에 악을 행함(4:1)	가나안 왕 야빈과 그의 군대 장관 시스라가 20년 동안 이스라엘 자손을 학대함(4:2-3)	이스라엘 자손이 여호와께 부르짖음. 사사가 된 여선지자 **드보라**가 바락에게 그들을 위해 싸우라는 여호와의 명령을 전달함. 바락이 주저하니 드보라가 그와 함께 감. 결국 바락이 아니라 야엘이 시스라를 죽임으로 40년 동안 평안함(4:3-5:31)
이스라엘 자손이 또 여호와의 목전에 악을 행함(6:1상)	미디안이 7년 동안 학대함(6:1하-6)	이스라엘이 여호와께 부르짖으니 여호와께서 한 선지자를 보내심. 그 후 여호와께서 연약한 **기드온**을 보내 그들을 구원하게 하심으로 40년 동안 평안함. 그러나 기드온은 에봇을 만들었고 그것이 백성과 그의 집에 우상이 됨(6:7-8:35)
		돌라가 일어나서 이스라엘을 구원함. 그는 23년 동안 이스라엘의 사사였음(10:1-2)
		야일은 22년 동안 이스라엘의 사사였음(10:3-5)
이스라엘 자손이 다시 여호와의 목전에 악을 행함(10:6)	블레셋 사람과 암몬 자손이 18년 동안 이스라엘 자손을 억압함(10:7-9)	이스라엘이 여호와께 부르짖자 여호와께서 그들이 택한 신들에게 부르짖으라고 하심으로 이스라엘이 이방 신들을 제함. 여호와의 신이 기생의 아들 **입다**에게 임해 그들과 싸우게 하심. 입다는 어리석은 맹세를 지키기 위해 딸을 희생 제물로 바침. 입다는 6년 동안 이스라엘의 사사였음(10:10-12:7)

죄	심판	구원
		입산은 7년 동안 이스라엘의 사사였음(12:8-10)
		엘론은 10년 동안 이스라엘의 사사였음(12:11-12)
		압돈은 8년 동안 이스라엘의 사사였음(12:13-15)
이스라엘 자손이 다시 여호와의 목전에 악을 행함 (13:1상)	블레셋 사람이 40년 동안 군림함 (13:1하)	여호와께서 **삼손**을 불러 이스라엘을 구원하게 하심. 삼손은 태어날 때부터 나실인이었지만 나실인 서약을 자주 어기고 블레셋 여인들을 탐함. 여호와의 영이 여러 번 삼손에게 임하셨지만, 결국 그의 머리카락이 잘림. 여호와께서 그를 떠나셨고, 그는 블레셋에 사로잡힘. 삼손은 살아 있을 때보다 죽을 때 더욱 위대한 사사였음. 삼손은 20년 동안 이스라엘의 사사였음(13:2-16:31)

그리스도와의 연결: 사사들은 백성을 죄의 결과에서 구원하기는 했지만 죄의 원인을 변화시키지는 못했다. 예수님은 우리 죄의 원인과 결과를 대신 해결하신 구세주이자 사사이시며, 우리에게 그분의 의를 사모할 새 마음을 주신다.

약속의 땅

믿음으로, 우리는 모두 이 땅에서 외국인과 나그네로 살면서, 하늘에 있는 하나님이 거하시는 본향을 찾고 있다 (히 11:13-16).

창조	
하나님은 엿새 동안 하늘과 땅을 창조하시고, 칠 일째 모든 일을 마치고 쉬셨다. 하나님은 생명나무와 물을 대 줄 강이 있는 에덴에 동산을 지으셨는데, 아담과 하와는 동산을 가꾸고 관리하기 위해 거기 살게 되었다(창 1-2장).	

타락한 세계	
구약	**신약**
아담과 하와는 뱀의 말을 듣고 속아 하나님을 거역했다. 이들의 처벌은 죽음과 에덴동산에서의 추방이었다. 땅은 저주를 받아 인간의 노동과 수확에 영향을 미쳤다 (창 3장).	저주 아래 있는 모든 피조물은 회복을 기다리고 있다. 하나님의 자녀들, 곧 하나님의 상속자이자 그리스도와 공동 상속자인 이들이 나타나기를 고대하고 있다. 우리는 인내와 소망을 가지고 그날을 학수고대하고 있다 (롬 8:19-25).

약속의 땅	
구약	**신약**
여호와께서는 아브람을 불러 고향을 떠나 그에게 보여 주시는 땅(가나안), 곧 그의 후손들을 위한 약속의 땅이며, 열방을 축복하게 될 유업인 땅으로 가라고 명령하셨다. 아브람을 통해 세상의 모든 백성이 복을 받을 것이다(창 12:1-3, 13:14-17, 15:18-20, 17:8). 하지만 이 언약의 성취는 400년 이상이 지나도록 이뤄지지 않았기에, 그때까지 족장들은 나그네로 살아가야 했다 (창 15:13-16).	믿음으로 아브라함이 약속의 땅에서 나그네로 살았던 것은 하나님이 계획하시고 지으실 터가 있는 성을 바랐기 때문이다. 그는 더 나은 본향, 하나님의 임재가 충만한 하늘의 본향을 사모했다. 우리 또한 믿음으로 살며 모든 무거운 것과 죄를 벗어 버리고, 인내로써 우리 앞에 당한 경주를 하며 예수님을 바라봐야 한다(히 11:10, 13-16, 12:1-2).
여호와께서는 모세를 키우셔서 자기 백성을 애굽의 노예 상태에서 이끌어내 약속의 땅으로 데려가게 하셨다. 여호와께서는 그들의 하나님이 되셔서 그들과 함께하시고, 그 땅에서 쉬게 하실 것이다(출 33:14). 여호수아와 갈렙을 제외하고, 애굽에서 나온 그 세대는 땅을 차지하는 데 순종하지 않았다. 따라서 하나님은 그들이 그 땅에 들어가지 못한다고 선포하셨다. 그래서 그들은 광야에서 죽었다 (민 13-14장).	모세의 인도로 애굽에서 나온 이 세대는 여호와의 음성을 들었고 그분의 역사를 보았지만, 약속의 땅으로 들어가 이를 차지하라는 명령을 거역했다. 하나님은 그들은 순종하지 않았기 때문에 하나님의 안식에 들어갈 수 없다고 선포하셨다. 그들과 마찬가지로 하나님의 안식이라는 복음을 받은 우리도 예수님을 믿어야만 그곳에 들어갈 수 있다. 바로 "오늘" 믿어야 한다 (히 3:7-4:7).
광야에서 40년이 지나고 모세를 계승한 여호수아는 여호와께서 명하신 대로 그 땅을 차지하기 위해 백성을 이끌었다. 그들은 땅을 정복했지만 전부는 아니었다. 이스라엘의 각 지파는 기업을 받았는데, 이스라엘 족속에게 분배된 땅의 경계였다. 여호와께서 주위의 모든 원수로부터 이스라엘을 쉬게 하셨다(수 23:1). 하나님의 선한 말씀이 하나도 틀리지 않고 응했다(수 23:14-16). 하지만 이스라엘 백성은 곧 하나님을 거역하고 이방 신을 섬겼다(사사기).	하나님이 약속의 땅에서 여호수아의 리더십을 통해 이스라엘 백성에게 주신 안식은 일시적이었으나, 그것은 더 큰 안식의 그림자였다. 하나님의 백성에게 남아 있는 안식이 있는데, 하나님이 일곱째 날 자기의 일을 쉬심과 같이 우리도 우리의 일을 쉬게 될 것이다. 우리는 그 안식에 들어가기 위해 믿음으로 순종하며 모든 노력을 기울여야 한다(히 4:8-11).

이스라엘 왕국	
구약	**신약**
여호와께서는 다윗 왕을 세워 그분의 백성을 인도하게 하셨는데, 그는 여호와의 마음에 합한 자였다. 다윗은 약속의 땅을 차지하는 사명을 완수했다. 그의 아들 솔로몬은 "평안의 사람"으로서 예루살렘에 여호와의 성전을 세웠다(대상 22:9-10). 여호와께서 백성에게 태평을 주셨으니 하나님의 모든 좋은 약속이 하나도 이루어지지 않은 게 없었다(왕상 8:56). 하지만 왕과 백성은 곧 하나님을 저버리고 이방 신을 섬겼다(왕상 11장).	예수님은 다윗의 아들 메시아로서(마 1:1), 그분의 나라는 천국이다(마 4:17). 그분의 나라는 모든 열방의 의인들, 곧 그 왕께 순종한 이들에게 유업으로 주어진다(마 25:31-40). 예수님은 성전보다 크시고, 안식일의 주인이시다(마 12:6, 8). 예수님은 수고하고 무거운 짐 진 자들을 오라고 부르신다. 그분의 마음이 온유하고 겸손하기에 그들이 쉼을 얻을 수 있기 때문이다. 우리는 예수님께 나아가 그분의 멍에를 메고 그분께 배워서 우리를 위한 안식을 발견해야 한다(마 11:28-30).
결국 불순종한 백성은 여호와께서 맹세하신 대로 그 땅에서 쫓겨났다. 하지만 포로로 지낸 지 70년 후 백성은 여호와께 돌이켜 그 땅으로 돌아오도록 허락을 받았다. 이 또한 여호와께서 약속하신 대로였다. 성전이 재건되었고, 예루살렘 성벽이 세워졌으며, 언약이 갱신되었다(에스라, 느헤미야). 하지만 여전히 왕도 왕국도 없었기에 백성은 메시아와 그 나라의 회복을 기다리면서 다른 열방에 복종해야 했다.	교회는 이 세상에서 방랑자요 이방인이요, 일시적인 거주자요, 유배자의 위치에 있는 존재다(벧전 1:1, 17, 2:11). 예수님은 제자들을 위해 거처를 예비하러 가셨고 그들을 위해 다시 오실 것이다. 예수님이 어디로 가시는지 그들도 그 길을 알게 될 텐데, 그 길은 바로 아버지께로 가는 길이다(요 14:1-6). 예수님이 우리를 죄에서 구하기 위해 예루살렘 밖에서 고난을 당하셨듯이, 우리도 그분의 치욕을 짊어지고 영문 밖으로 나가야 한다. 여기에는 영구한 도성이 없으므로 우리는 장차 올 것을 찾고 있다(히 13:12-14). 우리는 예수님으로 말미암아 우리 행위로 아버지를 영화롭게 하고, 우리 입술로 그분을 찬양해야 한다(벧전 1:17, 히 13:15).

새 창조
예수님의 재림과 함께 새 하늘과 새 땅이 나타나고, 새 예루살렘이 하나님께로부터 하늘에서 내려와 하나님의 장막이 사람들과 함께 있을 것이다. 거기에는 성전이 없을 텐데, 주 하나님 곧 전능하신 이와 어린양이 그 성전이시기 때문이다. 생명수의 강이 하나님과 어린양의 보좌로부터 나와 흐르고, 강 좌우에 생명나무가 있으며 다시는 저주가 없을 것이다. 하나님의 백성은 그분을 섬기며 세세토록 왕 노릇을 하게 될 것이다(계 21-22장).

주 / 1

Session 1

1. J. R. R. Tolkien, *The Fellowship of the Ring* (New York: Ballantine Books, 1982), 336.
2. R. Dennis Cole, in *HCSB Study Bible* (Nashville: B&H, 2010), 243-44, n. 13:27; n. 13:28-29; n. 13:32.
3. William Barclay, *The Gospel of Luke* (Louisville, KY: Westminster John Knox Press, 2001), 92.
4. Amy Carmichael, *If: What Do I Know of Calvary Love?* (Fort Washington, PA: CLC Publications, 2011), 21.
5. Gordon J. Wenham, Numbers, in *Tyndale Old Testament Commentaries* (Downers Grove: IVP, 1981), 122.
6. George H. Shaddix, "Caleb: All We Know," *Biblical Illustrator* (Winter 2011-12): 62.
7. Dietrich Bonhoeffer, *The Cost of Discipleship* (New York: Touchstone, 1995), 64.
8. R. Dennis Cole, *Numbers*, vol. 3b in *The New American Commentary* (Nashville: B&H, 2000), 231.
9. John Wesley, quoted in *Be Available*, by Warren Wiersbe (Colorado Springs: David C. Cook, 2010), 76.

Session 2

1. John Piper, "The Son of Man Must Be Lifted Up—Like a Serpent," Desiring God [online], 5 April 2009 [cited 10 June 2015]. Available from the Internet: www.desiringgod.org.
2. William Thomas Miller, *A Compact Study of Numbers* (Eugene, OR: Wipf & Stock, 2013) [eBook].
3. Kendell Easley, "Look and Live!" *The Gospel Project for Adults*(Spring 2014): 84.
4. Gregory of Nazianzus, *Oration* 45.22, quoted in *Exodus, Leviticus, Numbers, Deuteronomy*, ed. Joseph T. Lienhard, vol. III in *Ancient Christian Commentary on Scripture: Old Testament* (Downers Grove: IVP, 2001), 242.
5. Kendell Easley, "Look and Live!" *The Gospel Project for Adults*(Spring 2014): 83.
6. Justin Martyr, *Dialogue with Trypho*, 94, quoted in *Exodus, Leviticus, Numbers, Deuteronomy*, ed. Joseph T. Lienhard, vol. III in *Ancient Christian Commentary on Scripture: Old Testament* (Downers Grove: IVP, 2001), 242.
7. D. A. Carson, *The Gospel According to John*, in *The Pillar New Testament Commentary* (Grand Rapids: Eerdmans, 1991), 201.
8. Augustine, Sermon 6.7, quoted in *John 1–10*, ed. Joel C. Elowsky, vol. IVa in *Ancient Christian Commentary on Scripture: New Testament* (Downers Grove: IVP, 2006), 124.
9. Nancy Guthrie, *The Lamb of God* (Wheaton: Crossway, 2012), 234.
10. Richard L. Pratt Jr., *I & II Corinthians*, vol. 7 in *Holman New Testament Commentary* (Nashville: B&H, 2000), 360.
11. See "Impute, Imputation," by David S. Dockery, in *Holman Illustrated Bible Dictionary*, eds. Chad Brand, Charles Draper, and Archie England (Nashville: B&H, 2003), 812.

Session 3

1. Anthony R. Mayne, "U.S. Army drill and ceremony provides discipline, esprit de corps for more than 238 years," U.S. Army [online], 27 June 2013 [cited 17 June 2015]. Available from the Internet: www.army.mil.
2. Corrie ten Boom, quoted in *Do Hard Things*, by Alex and Brett Harris (Colorado Springs: Multnomah, 2013) [eBook].
3. F. R. Fay, *The Book of Joshua*, trans. George R. Bliss, vol. IV in *A Commentary on the Holy Scriptures* (New York: Charles Scribner & Co., 1872), 55.
4. Timothy George, "Let It Go: Lessons from the Life of William Carey," in *Expect Great Things, Attempt Great Things*, eds. Allen Yeh and Chris Chun (Eugene, OR: Wipf & Stock, 2013) [eBook].
5. Wilhelm Gesenius, *A Hebrew and English Lexicon of the Old Testament*, trans. Edward Robinson (Boston: Houghton, Mifflin, & Co., 1888), 845.
6. Michael Catt, *The Power of Surrender* (Nashville: B&H, 2010), 27.
7. Richard S. Hess, Joshua, in *Tyndale Old Testament Commentaries* (Downers Grove: IVP, 1996), 117.
8. Michael Horton, in *Gospel Transformation Bible* (Wheaton: Crossway, 2013), 270, n. 3:1-17.
9. Robert J. Morgan, *Then Sings My Soul* (Nashville: Thomas Nelson, 2003), 220-21.
10. Billy Graham, in *Billy Graham in Quotes*, eds. *Franklin Graham with Donna Lee Toney* (Nashville: Thomas Nelson, 2011), 136.
11. John of Damascus, On *Divine Images* 1.18, in *Joshua, Judges, Ruth, 1–2 Samuel*, ed. John R. Franke, vol. IV in *Ancient Christian Commentary on Scripture: Old Testament* (Downers Grove: IVP, 2005), 20-21.
12. Oswald Chambers, *My Utmost for His Highest* (Grand Rapids: Marshall Pickering, 1986), March 23.

주 / 2

Session 4

1. Augustine, quoted in "Augustine of Hippo," Christianity in View [online], 24 May 2013 [cited 1 July 2015]. Available from the Internet: www.christianityinview.com.

2. Wilhelm Gesenius, *Gesenius' Hebrew and Chaldee Lexicon to the Old Testament Scriptures*, trans. Samuel Prideaux Tregelles (New York: John Wiley & Sons, 1893), 339-40.

3. C. H. Spurgeon, *According to Promise* (New York: Funk & Wagnalls, 1887), 54.

4. "How to Blow a Shofar," The Huffington Post [online], 16 September 2012 [cited 1 July 2015]. Available from the Internet: www.huffingtonpost.com.

5. Søren Kierkegaard, *Fear and Trembling and The Sickness Unto Death* (Princeton, NJ: Princeton University Press, 2013), 77.

6. Idem., *Either/Or*, Part 1, eds. and trans. Howard V. Hong and Edna H. Hong (Princeton, NJ: Princeton University Press, 1987), 30.

7. Matthew Lee Anderson, *The End of Our Exploring* (Chicago: Moody, 2013) [eBook].

8. Richard S. Hess, *Joshua*, in *Tyndale Old Testament Commentaries* (Downers Grove: IVP, 1996), 148.

9. W. A. Criswell, "The New Leader," W. A. Criswell Sermon LIbrary [online], 11 October 1959 [cited 1 July 2015]. Available from the Internet: www.wacriswell.com.

10. Janice Meier, "Rahab in Jewish History," *Biblical Illustrator* (Summer 1994): 57.

Session 5

1. Robert Fulghum, *All I Really Need to Know I Learned in Kindergarten*, 15th ed. (New York: Ballantine Books, 2003), 108.

2. Elisabeth Elliot, *Quest for Love: True Stories of Passion and Purity* (Grand Rapids: Revell, 2002), 145.

3. David M. Howard Jr., *Joshua*, vol. 5 in *The New American Commentary* (Nashville: B&H, 1998), 193.

4. Daniel P. Caldwell, "Ai," *Biblical Illustrator* (Fall 2006): 61.

5. Henry T. Blackaby and Richard Blackaby, *Hearing God's Voice* (Nashville: B&H, 2002), 178.

6. Richard S. Hess, *Joshua*, in *Tyndale Old Testament Commentaries* (Downers Grove: IVP, 1996) [Biblia.com].

7. Ibid., 173.

8. John Chrysostom, "Homilies of Chrysostom," Bible Hub [online], 2014 [cited 14 July 2015]. Available from the Internet: biblehub.com.

9. Richard S. Hess, in *HCSB Study Bible* (Nashville: B&H, 2010), 353-54, n. 8:1; n. 8:2.

10. C. S. Lewis, *Mere Christianity*, in *The Complete C. S. Lewis Signature Classics* (New York: HarperOne, 2002), 121.

Session 6

1. See Søren Kierkegaard, *Purity of Heart Is to Will One Thing* (New York City: Start Publishing, 2012).

2. D. L. Moody, "The Way of Life," in *The D. L. Moody Collection* (Chicago: Moody, 1997), 313.

3. Martin H. Manser, "Dictionary of Biblical Themes," Bible Hub [online], 2009 [cited 16 July 2015]. Available from the Internet: biblehub.com.

4. David M. Howard Jr., *Joshua*, vol. 5 in *The New American Commentary* (Nashville: B&H, 1998), 435.

5. Ray C. Stedman, "Pots, Pressures and Power," Authentic Christianity [online], 1975 [cited 16 July 2015]. Available from the Internet: www.raystedman.org.

6. *The Prairie Overcomer*, quoted in *The Names and Character of God*, by Charles R. Wood (Grand Rapids: Kregel, 1991), 53.

7. Richard S. Hess, in *HCSB Study Bible* (Nashville: B&H, 2010), 382, n. 24:14-15; n. 24:19; n. 24:20; n. 24:23.

8. James Montgomery Boice, *Joshua* (Grand Rapids: Baker, 2005), 135.

9. Moody Monthly, quoted in *Alive 1: Daily Devotions*, by S. Rickly Christian (Grand Rapids: Zondervan, 1995), 72-73.

10. James MacDonald, *Vertical Church* (Colorado Springs: David Cook, 2012) [eBook]. 《버티컬 처치》(두란노, 2014), 59.

11. Richard S. Hess, *Joshua*, in *Tyndale Old Testament Commentaries* (Downers Grove: IVP, 1996), 340.

12. Rick Warren, *The Purpose Driven Life* (Grand Rapids: Zondervan, 2012) [eBook].

13. J. C. Ryle, *Expository Thoughts on the Gospels: Luke*, vol. 2 (Robert Carter & Brothers: Banner of Truth, 1875), 168.

Session 7

1. Preben Vang and Terry G. Carter, *Telling God's Story*, 2nd ed. (Nashville: B&H, 2013), 112.

2. Arthur Ernest Cundall and Leon Morris, *Judges and Ruth*, in *Tyndale Old Testament Commentaries* (Downers Grove: IVP, 1968), 70.

3. George H. Shaddix, "Who Was Baal?" *Biblical Illustrator* (Fall 1998): 26.

4. Andrew Robert Fausset, *A Critical and*

주 / 3

Expository Commentary on the Book of Judges (London: James Nisbet & Company, 1885), 53.

5. Michael Williams, *How to Read the Bible Through the Jesus Lens* (Grand Rapids: Zondervan, 2012), 40.

6. Daniel I. Block, *Judges, Ruth*, vol. 6 in *The New American Commentary* (Nashville: B&H, 1999), 126-27.

7. Douglas Moo, *The Epistle to the Romans*, in *The New International Commentary on the New Testament* (Grand Rapids: Eerdmans, 1996), 111.

8. Iain M. Duguid, in *HCSB Study Bible* (Nashville: B&H, 2010), 394, n. 2:16-19.

9. Oswald Chambers, in *The Quotable Oswald Chambers*, comp. and ed. David McCasland (Grand Rapids: Discovery House, 2008), 163.

10. J. Scott Duvall and J. Daniel Hays, *Living the Story* (Grand Rapids: Zondervan, 2012), 67.

11. Daniel Montgomery and Michael Cosper, *Faithmapping* (Wheaton: Crossway, 2013), 40.

Session **8**

1. Dale Ralph Davis, *Judges* (Great Britain: Christian Focus, 2011), 76.

2. Iain M. Duguid, in *HCSB Study Bible* (Nashville: B&H, 2010), 396, n. 4:1-3.

3. Frances Ridley Havergal, "A Stewardship Litany," quoted in *The Wideness of God's Mercy*, by Jeffery W. Rowthorn (New York City: Church Publishing, Inc., 2007), 125.

4. Iain M. Duguid, in *HCSB Study Bible*, 396-97, n. 4:4-5; n. 4:6-7.

5. Arthur Ernest Cundall and Leon Morris, *Judges and Ruth*, in *Tyndale Old Testament Commentaries* (Downers Grove: IVP, 2008), 88.

6. W. Brian Aucker, in *Gospel Transformation Bible* (Wheaton: Crossway, 2013), 306, n. 4:12-16.

7. Richard Sibbes, quoted in "Puritan Quotes: Faith," SermonIndex.net [online], 2002-2015 [cited 22 July 2015]. Available from the Internet: www.sermonindex.net.

8. Edward Mote, "The Solid Rock," in *Baptist Hymnal* (Nashville: LifeWay Worship, 2008), 511.

9. W. Brian Aucker, in *Gospel Transformation Bible*, 306-307, n. 5:1-31.

10. Timothy Keller, *Judges for You* (Purcellville, VA: The Good Book Company, 2013), 65. 《당신을 위한 사사기》 (두란노, 2015), 104.

11. Joachim Neander, "Praise to the Lord, the Almighty," trans. Catherine Winkworth, in *Baptist Hymnal*, 1.

Session **9**

1. Priscilla Shirer, *Gideon* (Nashville: LifeWay, 2013), 9.

2. Arthur Ernest Cundall and Leon Morris, *Judges and Ruth*, in *Tyndale Old Testament Commentaries* (Downers Grove: IVP, 2008), 104

3. Oswald Chambers, *My Utmost for His Highest*, ed. James G. Reimann (Grand Rapids: Oswald Chambers Publications, 1992), July 28.

4. Timothy Keller, *Judges for You* (Purcellville, VA: The Good Book Company, 2013), 77. 《당신을 위한 사사기》 (두란노, 2015), 125.

5. Daniel I. Block, *Judges, Ruth*, vol. 6 in *The New American Commentary* (Nashville: B&H, 1999), 273-74.

6. John Piper, "The Gideon Venture," Desiring God [online], 26 March 2000 [cited 23 July 2015]. Available from the Internet: www.desiringgod.org.

7. Iain M. Duguid, in *HCSB Study Bible* (Nashville: B&H, 2010), 404, n. 7:17-18; n. 7:19-25.

8. J. Mark Terry, "Gideon: His Life and Times," *Biblical Illustrator* (Summer 2009): 25.

9. Martin Luther, quoted in *Martin Luther's Basic Theological Writings*, 2nd ed., ed. Timothy F. Lull (Minneapolis: Augsburg Fortress, 2005), 57.

Session **10**

1. Michael Williams, *How to Read the Bible Through the Jesus Lens* (Grand Rapids: Zondervan, 2012), 39.

2. Iain M. Duguid, in *HCSB Study Bible* (Nashville: B&H, 2010), 416, n. 14:3-4.

3. Caesarius of Arles, Sermon 118.2, quoted in *Joshua, Judges, Ruth, 1–2 Samuel*, ed. John R. Franke, vol. IV in *Ancient Christian Commentary on Scripture: Old Testament* (Downers Grove: IVP, 2005), 146.

4. Arthur Ernest Cundall and Leon Morris, *Judges and Ruth*, in *Tyndale Old Testament Commentaries* (Downers Grove: IVP, 2008), 171.

5. Michael Wilcock, *The Message of Judges*, in *The Bible Speaks Today* (Downers Grove: IVP, 1992), 142.

6. Thomas Watson, *The Doctrine of Repentance* [PDF], 76. Available from the Internet: www.ntslibrary.com.

7. Daniel I. Block, *Judges*, Ruth, vol. 6 in *The New American Commentary* (Nashville: B&H, 1999), 467, 469.

8. Caesarius of Arles, Sermon 119.3, quoted in *Joshua, Judges, Ruth, 1–2 Samuel*, ed. John R. Franke, vol. IV

주 / 4

in *Ancient Christian Commentary on Scripture: Old Testament*, 167.

Session 11

1. Michael Williams, *How to Read the Bible Through the Jesus Lens* (Grand Rapids: Zondervan, 2012), 44.

2. Jonathan Leeman, "The Land," in *The Gospel Project for Adults* (Winter 2012-13): 76.

3. Jonathan Edwards, "Heaven, A World of Charity, or Love," in *Jonathan Edwards* in *the Pulpit* (Minneapolis: Curiosmith, 2012), 113.

4. Iain M. Duguid, in *HCSB Study Bible* (Nashville: B&H, 2010), 434, n. 2:1-3.

5. Theodoret of Cyr, *Questions on Ruth*, in *Joshua, Judges, Ruth, 1–2 Samuel*, ed. John R. Franke, vol. IV in *Ancient Christian Commentary on Scripture: Old Testament*

(Downers Grove: IVP, 2005), 186.

6. Robert Peterson, "Christ Our Kinsman Redeemer," in *Tabletalk* (May 1996): 54 [Biblia.com].

7. Arthur Ernest Cundall and Leon Morris, *Judges and Ruth*, in *Tyndale Old Testament Commentaries* (Downers Grove: IVP, 2008), 303.

8. Marva Dawn, *Talking the Walk* (Grand Rapids: Brazos Press, 2005), 170.

Session 12

1. Kevin DeYoung, *Taking God at His Word* (Wheaton: Crossway, 2014), 122.

2. Joyce G. Baldwin, *1 and 2 Samuel*, in *Tyndale Old Testament Commentaries* (Downers Grove: IVP, 2008), 68.

3. J. D. Greear and Trevin Wax, *Jesus, Continued…* (Nashville: LifeWay, 2015), 79.

4. C. H. Spurgeon, "The Child Samuel's Prayer," in Spurgeon's Sermons, vol. 10 (1864), Christian Classics Ethereal Library [online], 1 June 2005 [cited 30 July 2015]. Available from the Internet: www.ccel.org.

5. Robert D. Bergen, *1, 2 Samuel*, vol. 7 in *The New American Commentary* (Nashville: B&H, 1996), 87.

6. David Toshio Tsumura, in *ESV Study Bible* (Wheaton: Crossway, 2008), 497, n. 3:14.

7. John R. W. Stott, *Culture and the Bible* (Downers Grove: IVP, 1979), 12.

8. Bryan E. Beyer, in *HCSB Study Bible* (Nashville: B&H, 2010), 449, n. 3:15; n. 3:16-17; n. 3:18; n. 3:20; n. 3:21.

9. Anna Sophia of Hesse, "Speak, O Lord, Thy Servant Heareth," trans. George A. T. Rygh, in Lutheran Hymnal (St. Louis: Concordia, 1941). Available from the Internet: www.ccel.org.